4차 산업혁명이 만드는
진화와 혁신의 미래

오픈데이토피아

4차 산업혁명이 만드는 진화와 혁신의 미래

오픈데이토피아

초판 1쇄 인쇄 | 2017년 7월 25일
초판 1쇄 발행 | 2017년 7월 28일

지은이 | 이영호 · 문성기
펴낸이 | 박영욱
펴낸곳 | 북오션

편   집 | 허현자 · 김상진
마케팅 | 최석진
디자인 | 서정희 · 민영선

주   소 | 서울시 마포구 월드컵로 14길 62
이메일 | bookrose@naver.com
네이버포스트 : m.post.naver.com
전   화 | 편집문의: 02-325-9172   영업문의: 02-322-6709
팩   스 | 02-3143-3964

출판신고번호 | 제313-2007-000197호

ISBN 978-89-6799-331-3 (93320)

이 도서의 국립중앙도서관 출판예정도서목록(CIP)은 서지정보유통지원시스템
홈페이지(http://seoji.nl.go.kr)와 국가자료공동목록시스템
(http://www.nl.go.kr/kolisnet)에서 이용하실 수 있습니다.
(CIP제어번호: CIP2017014812)

*책값은 뒤표지에 있습니다.
*잘못 만들어진 책은 구입하신 서점에서 교환해 드립니다.

OPENDATATOPIA

오픈데이토피아

이영호 · 문성기 지음

4차 산업혁명이 만드는
진화와 혁신의 미래

북오션

경계를 넘어가는 길 위에서

고백하는데, 나는 순진한 낙관론자였다. 기술 학문에서 시작한 공부가 융합이라는 이름으로 학문 간의 높은 경계를 넘나드는 것을 지켜보며, 미래를 낙관했다. 인터넷의 등장과 확산에 열광했고, 그와 더불어 눈부시게 발전하는 자동화 기술의 진보에 들떠 있었다. 세계 곳곳의 학회와 박람회에 참석할 때마다, 우리가 만들어 내는 미래의 청사진에 대한 자부심으로 마음이 들떴다. 내가 연구하는 분야에서 만들어내는 결과물들이 세상을 훨씬 풍요롭고 여유롭게 만들어 줄 것이라고 믿었고 한정된 시공간의 구속으로부터 우리를 자유롭게 풀어줄 것이라고 기대했다. 그러나 한때 누구보다 낙관적이었던 내 눈에도 이제 미래는 더 이상 장밋빛만은 아니다. 시장 경제와 기술 진보 사이에 뭔가 석연치 않은 문제가 생겨나고 있기 때문이다.

19세기 초반, 호주에 식민지를 건설하기 시작한 유럽인들은 그 곳이 비옥하고 푸르른 대지라고 생각했다. 그리하여 풍요로움을 약속하는 듯한 이 땅에 내규모 투자를 감행했다. 그러나 10년이 채 지나지 않아, 그들은 호주의 드넓은 땅이 대부분 사막이나 다를 바 없음을 깨닫게 되었다. 단지 유럽인들이 이주를 시작한 시점이 드물게 찾아오는 매우 운 좋은 '농업의 황금기'였을 뿐이었다. 제러드 다이아몬드는 2005년 출간된 《문명의 붕괴》에서 이 기막히게 타이밍을 가진 행운의 황금기에 대한 이야기를 했다. 여기서 문득 자문해본다. 혹시 이 운 좋은 황금기가 과학기술이라는 이름으로 우리에게 찾아왔던 것은 아닐까? 어쩌면 우리는 이런 행운의 끄트머리에 서 있는 것은 아닐까?

꽤 오래 전부터 인류는 과학이라는 이름으로 '궁극의 만능 기계'를 만들려고 노력했다. 그리고 불과 십 수년 전에 이에 근접하는 기계를 발명하고 그 이름을 '컴퓨터'라 붙였다. 많은 문제에도 불구하고 인간의 적절한 개입과 통제 아래 풍요로운 미래를 보장해 줄 것이라고 기대했던 이 똑똑한 기계는 행운과 같은 기술 황금기를 잠시 선보인 뒤, 이제 우리 일상에 실제로 존재하는 위협으로 다가오고 있다.

불길한 징후는 여기저기서 나타나고 있다. 여러 상황을 종합해 보면, 인류는 사회 경제적으로 엄청난 스트레스를 받는 과정으로 나아가고 있는 게 분명해 보인다. 모든 기술의 근간을 컴퓨터에 의존하는 초지능정보기술은 4차산업혁명이라는 손에 잡히지 않는 거대한 담론을 우리 앞에 던져놓았다. 그리고 초지능정보기술의 중심에 바로 AI(인공지능)가 있다. '기계가 지능을 대신 할 수 있을까'란 물음에서 시작한 AI는 이제 끝을 모르게 발전하고 있다. 어마어마한 양의 정보를 인간 대신 처리할 수 있는 AI 역할은 더욱 더 정교해질 것이다. AI는 사물인터넷이라 부르는 방대한 인간 감각 플랫폼과 결합해서 교통, 환경, 자연현상 등 우리 주변 데이터를 모두 흡수할 것이다. AI는 통화내역, 신용카드 거래내역, 페이스북 댓글을 통해 사람들이 흘린 모든 정보를 모을 것이고, 이런 파편화되고 분절화된 의미 없는 데이터들을 훌륭한 재료로 삼아 일정한 패턴을 찾을 것이다. 그리고 이런 데이터 가공을 통해 인간의 지적 능력을 뛰어넘는 진화를 이룰 것이다

처음 도입됐던 1990년대말만 해도, 컴퓨터의 느린 연산속도로 인해 AI가 과연 인간이 가진 지적 능력까지 확장될 수 있을지 의심하는 이들

이 많았다. 그러나 얼마 전 우리 사회를 강타했던 알파고 사례에서 보듯, 현재의 인공 지능은 1990년 당시보다 성능이 1억배 이상 개선되었다. 더 놀라운 것은 이런 무서운 성장이 AI 시대의 시막에 불과하다는 사실이다. 물론 이에 대한 긍정적인 시각은 여전히 유효하다. 알파고의 아버지이자 딥마인드 대표인 데미스 허사비스는 알파고가 인류 앞에 놓인 수많은 난제를 해결하는데 도움을 줄 것이며, 특히 인간의 창의력과 융합될 때 엄청난 잠재력을 발휘할 수 있을 것이라 말했다. 하지만 AI로 인한 고용 창출 능력의 감퇴가 모든 산업계 전반으로 빠르게 확산되고 있는 것은 부인할 수 없는 사실이다. 특히 스마트 공장이라는 그럴 듯한 이름의 4차 산업혁명 물결이 빠른 속도로 저숙련 노동자의 일자리는 물론이고 고임금 전문가들의 생존 시장마저 위협하고 있다. 이미 기업의 핵심 직종인 구매나 자재 관리, 재고 파악 등의 작업이 초지능정보기술로 자동화되면서 상당수 직원들의 할 일이 없어지고 있는 추세다. 더불어 현실은 훨씬 더 복잡해지고 있다.

이 책에서 언급하겠지만, 신자본주의, 수정자본주의 등 이름만 조금 변경될 뿐인 시스템에서 우리 미래가 자본주의 균형 아래에서 먹고 사는 이상, 정부 혹은 우리가 만드는 사회공동체는 자본가들의 수익 논리를 이길 수 없을 것이다(이 글을 쓰는 순간에도 세계 최대 아이폰 조립업체인 대만 폭스콘이 무인 자동화 과정으로 중국 본토에서 고용한 직원 100만 명을 대체할 로봇 6만대를 설치했다는 등의 기사들이 넘쳐난다).

돌이켜보면, 우리의 역사는 몇 번의 거대한 변화의 물결을 온 몸으로 받아내야만 했던 시기가 있었다. 그 속에서 가장 옳은 선택이 무엇이었는가에 대한 정답을 찾기란 쉽지 않다. 어쨌든 우리는 지금껏 힘과 지혜를 모아 답을 찾아왔고, 앞으로도 그래야 한다. 우리를 지나쳤던 과거를 자세히 들여다보면, 해답의 실마리를 발견하게 될 것이다. 대중 지성으로 등장한 합리적 오픈 기술들은 AI의 부정적 미래를 방어할 여러 대안 중의 하나가 될 것이다.

대표적 오픈 기술인 인터넷 덕분에 거미줄처럼 연결된 글로벌 공유경제가 가능해졌고, 사람들은 집단의 힘으로 개개인이 가진 재능을 뛰어넘는 무엇인가를 만들어 내는 경험을 하기 시작했다. 이러한 경향은 가까운 미래에 더욱 가속화될 것이다. 초지능정보기술의 발전 속도도 빨리질 것이므로, 누군가가 하고 있는 일의 일부 혹은 전체가 AI와 결합할 가능성도 점점 높아진다. 이런 스마트한 AI들은 대량의 데이터를 점

점 더 많이 빠르게 흡수할 것이다. 이런 미래를 놓고 보면, 집단 지성으로 공유되는 각 분야의 오픈 데이터와 협력적 공개 기술을 통해 상호 견제와 자정의 노력이 자연스럽게 순환되도록 하는 일이 얼마나 중요한지 알 수 있다. 이제 네트워크로 연결된 개인들이 시장경제와 함께 변하고 있고 이와 함께 정부, 사회공동체도 새로운 옷으로 갈아 입어야 한다.

이 책은 전형적인 혁신을 이야기하는 책이 아니다. 이 책은 급속하게 변하고 있고 변하게 될 우리의 일상을 이해하고 준비하기 위한 방안을 찾아보고자 하는 노력에서 시작되었다. 그리하여 부족하나마 앞으로 다가올 혁신적 기술이 단독으로 미래를 만들어나갈 때 일어날 부작용을 경계하며, 오픈데이터의 개방과 협력적 기술 경쟁이 어떻게 우리의 해답이 될 것인지를 함께 고민해보려고 한다.

부록

Value

Knowledg

Informatic

Chapter 1

완벽해 보이던 성(城)이
무너지고 있다

완벽해 보이는 튼튼한 성(城)이었다. 견고하고 넘을 수 없어 보였던 거대함이었다. 그것을 지탱하던 산업시대의 삶은 일정했다.

중·고등학교 시절 열심히 공부하여 누구나 인정하는 좋은 대학을 가고 졸업한다. 그리고 모두의 선망과 부러움의 대상인 대기업에 입사한다. 깨끗이 잘 다려진 화이트칼라 와이셔츠와 넥타이를 착용하고 평생 직장의 꿈을 위해 야근도 마다하지 않고 열심히 일한다. 주어진 역할을 충실히 수행하는 것이 미덕이었으며 창의력과 아이디어를 내놓으라는 단어조차 생소했던 시절이었다.

누구나 정해진 시간에 잘 조직된 회사 매뉴얼을 통해 표준화된 생산 방식에 따라 일만 하면 정년을 마치고 풍족하지는 않아도 주택과 연금을 통해 남은 생애를 보낼 수 있었다. 1950~1960년대 미국 가전제품 전성기를 구가한 백색가전 산업의 황제 제너럴일렉트릭(GE)과 자동차 산업의 산 증인인 제너럴모터스(GM) 직원들이 그랬다. 그리고 1970~1980년대 일본 고도 성장기를 이끌었던 전자산업의 첨병들인 소니, 도시바, 파나소닉 등이 그 뒤를 이었다. 다시 1990년대부터 현재까지 삼성, LG 등 우리나라 업체들이 국가 주도의 수출 주력형 반도체와 전자 산업을 통해 세계 각국에 첨단 TV와 휴대폰을 판매하며 거대 국가 산업을 이끌었다.

이를 보고 있노라면 다시 한번 되풀이 되는 역사적 사건들처럼 미국, 일본, 한국으로 이어지는 하나의 선형 방정식을 만들 수 있다. 그리고 이제 우리 국가경제 중심인 반도체, TV, 휴대폰 산업은 선진국과 샤오미, TCL 등 중국기업들의 무차별 도전 사이에서 힘겨워하는 샌드위치 신세로 전락했다는 기사들이 언론을 장식하고 있다. 제록스와 소니, 삼성에 이르기까지 예외 없이 현대 산업을 시행한 대기업들은 합리적 방법으로 제품을 조립하고 브랜드를 판매해 왔다.

산업혁명 이후 국가 제도와 기업 시스템은 기술표준과 특허라는 칼날로 무장하고 '대마불사(Too-big-to-fail)' 신화를 통해 세계시장을 호령해 왔다. 이 잘 통제된 시스템은 16~19세기 영국 자본주의 발전의 정점에서 시작되, 18세기 산업혁명을 통해 100년 동안 확실한 '시대의 진리'로 자리 잡았다. 심지어 21세기가 시작된 정보혁명 시대에도 무리 없이 잘 작동해 왔다. 분명, 지난 몇 세기 넘게 우리는 이 매혹적인 유혹에 환호했고 순응했다. 그리고 우리 스스로 이 적당한 거래를 칭송하며 우리가 만든 학교, 국가, 사회제도에 기대어 우리 지도자들과 이 거대한 시스템을 찬양해 왔다. 그러나 이제 이 단단함과 완벽함이 흔들리고 있다. 사라지는 산업 영역과 허물어지는 학문 경계에서 폐쇄적이고 닫혀진 문이 열리고 있다. 왜일까? 완벽해 보이던 성이 어떻게 무너지고 있을까?

인간은 필요 없다. 인공지능에게 길을 묻다

우리보다 앞서 일본은 저출산과 이미 진입한 고령사회로 골머리를 앓고 있다. 2015년 현재 일본 노동 인구는 7682만 명으로 2045년에는 약 30% 감소한 5353만 명이 될 것으로 추정된다. 노동 인구의 감소는 일본뿐 아니라 우리나라와 미국, 유럽 등 선진국들의 공통 문제로 다가왔다. 이런 부족한 노동력 문제 해결사로 인공지능 로봇이 대안으로 떠오르고 있다.

우리들이 경험할 가장 가까운 미래는 인간 협업로봇(Co-Robot)의 발전으로 예상해 볼 수 있다. 그 단적 사례는 소프트뱅크사의 일본식 4차 산업혁명을 예고하는 로봇 페퍼(pepper)다. 로봇 페퍼의 궁극적 미래는 과거 애플이 아이폰 출시 이후 애플리케이션 시장 생태계를 만들었던 것과 같이 페퍼를 중심으로 하는 인공지능의 새로운 시장과 생태계를 연결하는 것이다.

미국 라스베이거스에서 열린 CES 2016에서 버지니아 로메티 IBM 회장은 인공지능을 주제로 기조연설을 했다. 그녀는 IBM '왓슨'이 탑재된 '페퍼'와 놀라운 상호작용을 보이는 대화를 공개하면서 인공지능 로봇시대의 서막을 알렸다. 페퍼 이전부터 세계로봇연맹(International Federation of Robot)은 제조용 로봇의 새로운 돌파구로 인간 협업로봇(Co-Robot)의 활용 증가를 예상하고 있었다.

지금까지 로봇은 주로 3D(힘들고, 더럽고, 위험한) 분야 대체, 보완자로, 혹은 생산성 향상 도구로만 여겨졌다. 하지만 점차 인간과 로봇의 협업 작업이 새로운 인공지능의 미래가 되고 있다. 인간 협업로봇은 미국의 첨단제조파트너십(Advanced Manufacturing Partnership), 독일의 인더스트리4.0(Industry4.0)과 같은 산업 변화 물결에서 예상보다 훨씬 빠르게 진화하고 있다.

인공지능시대 부와 노동의 미래를 예측한 스탠포드대학교 법정보학센터 교수이자 인공지능학자인 제리 카플란은 인공지능 발전이 넓은 의미에서 두 분야로 발전할 것이라 예측했다(Kaplan Jerry, 2015).

첫 번째는 경험에서 배우는 시스템 영역이다. 이 분야는 아직 정신(minds) 세계는 없지만 우리 일상 생활에서 수집된 방대한 데이터를 기반으로 정해진 임무에서 뛰어난 능력을 보이는 영역이다. 주로 딥러닝, 머신러닝, 신경망, 유전알고리즘 등 기존 소프트웨어를 활용하며 이런 종류의 지능을 인조지능(Synthetic intellect)이라 정의한다.

두 번째는 센서와 작동장치 등 기계적 장치와 결합을 통해 하드웨어적인 요소가 중심이 되는 물질적 '로봇'으로, 이들은 주로 반복적인 일상과 물리적인 작업을 수행하고 상식이나 일반 지능은 없지만 지치지 않고 일을 수행할 수 있다. 이런 통합시스템을 인조노동자(forged laborer)라 부른다. 이 인조지능과 인조노동자가 결합된 인공지능은 아주 가까운 장래에 대다수 우리들의 일자리를 위협할 것이다.

인간에게 노동은 단순히 밥을 벌어 먹고 살기 위한 수단을 넘어 육체를 사용하고 움직여 인식을 만들어가는 가장 근본적인 행위이다. 그런데 이런 인간과 노동 활동에 점차 인공지능이 깊숙이 개입하고 있다. 우리가 만든 로봇이 인간을 지배하는 상황, 인간보다 더 뛰어난 지능을 가진 인공두뇌의 탄생은 SF 소설이나 영화의 흔한

레퍼토리다. 하지만 아주 먼 미래로 보이던 인공지능 로봇이 이미 우리 가까이서 인간과 공생하고 있으며 노동 영역에서 상당 부분 인간을 대체하기 시작했다. 놀랄 정도로 많은 새로운 기기와 프로그램으로 무장한 인조지능, 인조노동자들이 오늘날 모든 노동시장을 교란시키고 있다. 더 큰 문제는 기존 우리 사회의 법과 제도로는 노동자들을 대체하며 일자리를 파고드는 이들 인조노동자들을 막을 수 없다는 것이다.

이미 오래 전 소매업 분야는 인터넷 인조지능과 함께 시작된 온라인 쇼핑 때문에 오프라인 노동시장 상당 부분이 잠식되었다. 일부 대형 소매업자들이 구매는 모바일이나 온라인 인터넷을 통해 하고 제품은 오프라인 매장에서 받아가도록 하는 몇 가지 타협점을 찾고 있지만 미래가 그리 낙관적이지는 않다. 전문가들은 "오프라인 소매업이 완전히 사라지지는 않겠지만 십 년 후 소매업은 예전 모습을 찾아볼 수 없을 것이며, 온라인과의 치열한 경쟁 때문에 가장 강한 오프라인 기업 몇 곳만이 살아남을 것이다"라고 전망하기도 했다(Perlow Jason). 소매업 분야에서만 2012년 현재 미국 노동자의 약 10%인 1450만 명이 일하고 이들을 대표하는 소매 점포 직원은 약 440만 명에 달한다. 하지만 이제 곧 이들은 새로운 일자리를 찾아 떠나야만 한다.

전 세계 노동시장은 이미 급격한 변화의 소용돌이를 실감하고 있다. 2013년 미국에서 취업의욕을 상실한 사람과 구직자 활동에 참여하고 있는 성인 실업자는 2190만 명에 이른다. 뿐만 아니라 영화에 자주 등장하던 무인자동차는 오늘날 대부분 현실이 되고 있다. 미국에서만 270만 명이 넘는 트럭 운전자가 있는데 이들도 2040년 대부분 실업자로 전락할 것으로 예상된다. 국제노동기구(ILO)는 2013년 실업자 수를 2억2천만 명으로 추정했으며, 2011년 전 세계 노동인구의 25퍼센트가 실업자이거나 구직 활동을 단념한 것으로 보고 있다.

이런 상황에서 2016년 미국 과학진흥협회(AAAS) 연차 총회에서 열린 인공지능 관련 토론회에서 나온 미래 예측은 더욱 우울하다. 인조지능과 인조노동자들이 앞으로 30년 안에 사람들 일자리 절반을 빼앗을 것이라는 암울한 미래를 예측했기 때문이다.

그동안 기계가 사람이 하는 일들을 대체하게 되면 사람들이 자유롭게 여가생활을 즐길 수 있을 것이란 기대감으로 사회 구성원 모두 신기술을 적극 수용했다. 하지만 기술발전이 결국 인류에게 혜택을 줄 것이라는 그간의 통념에 대해 깊은 의구심이 드러나기 시작했다. 인간들이 여가생활만 하는 것이 결코 좋은 점이 아니며 더 나아가 노동은 인간 복지에 필수적 에너지이고 삶의 요소임을 우리 사회가 이제 깨닫고 있는 것이다.

토론회에 나온 모슈 바르디(Moshe Vardi) 교수는 30년 내 컴퓨터는 인간이 하는 거의 모든 작업을 수행할 수 있을 것이며, 2045년까지 실업률은 50%를 넘어설 것으로 전망했다. 그는 자신의 일자리를 포함한 어떤 일자리도 인공지능으로부터 안전하지 않다고 비관적으로 예상했다(Korte Andrea, 14 February 2016).

우리나라에서도 한국언론진흥재단이 시민 1038명을 대상으로 실시한 여론조사 '진격하는 로봇: 인간의 일자리를 얼마나 위협할까' 를 살펴 보면, 인공지능과 자동화 기술이 우리 일자리를 빼앗아갈 것이라는 전망에 응답자 86.6%가 인정했다. 또 향후 30년 내 현재 일자리 50%를 대체할 것이라는 전망에 대해서도 76.8%가 그렇다고 답했다(연구센터 한국언론진흥재단, 2016. 3. 7 〈2권 2호〉).

경제학자들이 제시한 기존 경제이론은 파괴적 신기술이 생산성 을 향상시켜 비용을 줄이고 기업은 줄어든 비용으로 소비자들에게 더 좋은 제품을 공급할 수 있게 된다는 것이다. 언제나 처럼 새롭고 혁신적 기술들은 공급과 수요를 창출하는 최선의 사회 보호망이라 고 가정했다. 더불어 이 과정에서 만들어지는 일자리는 국가 산업 경제의 근본 동력이었다. 하지만 인공지능이라는 특이한 자동화 혁 신 때문에 기술이 사회, 경제 전반에 미치는 기존 이론들을 모두 수 정해야 할지 모른다.

세계적 경제학자이자 문명비평가, 미래학자로 잘 알려진 제러미 리프킨은 이미 1995년《노동의 종말》에서 "보다 정교한 소프트웨어 기술이 그 어느 때보다 노동자 없는 문명의 세상에 다가가게 할 것 이다"라고 너무나 섬뜩하고 예리하게 예언했다. 20년이 지난 오늘 날 리프킨 주장처럼 IT가 촉발한 자동화가 사실상 모든 경제 분야 에서 노동자를 대체하고 있다(Rifkin Jeremy, 1996).

리프킨 이외에 매사추세츠공과대학(MIT) 슬론경영대학원 교수이 자 MIT 디지털비즈니스센터장인 에릭 브린욜프슨도 '기계와의 경 쟁'에서 창조적이며 파괴적 기술 발전 때문에 암울한 미래를 예상했으며, 이제 대다수 전문가들은 기술 혁신의 미래보다 사라지는 일자리를 걱정하고 있다(Brynjolfsson Erik). 문제는 기술 발전 속도가 노동자들이 새로운 일에 적응하는 속도보다 훨씬 빠르기 때문에 이 위기를 극복할만한 다른 대안이 없다는 점이다. 결국 실업의 증가가 일자리 부족이라기보다는 인공지능과 같은 기술적 진보 때문에 발생하고 있음이 더욱 명확해지고 있다. 따라서 사회 전반에 지금까지와는 전혀 다른 제도와 시스템이 도입되어야 이 위기를 그나마 연장시킬 수 있다.

전통적인 시스템에서 노동자들은 학교를 마치고 그다음에 직업을 구하는 교육과 노동의 순차규칙을 따랐지만 이제는 경계가 모호해진 직업과 기술 발달로 다른 방법을 찾아야만 할 것이다. 이제까지 우리를 지탱하는 법과 제도는 개개인이 어느 정도 자유 결정권을 행사할 수 있다는 가정하에 설계되었다. 하지만 인조지능과 인조노동자의 영역 확대로 정부, 사회 구성원 모두 공공 이익과 혁신적 기술 발전의 사적 요구 사이에 어떻게 균형을 잡아야 할까에 대한 더 큰 고민을 해야 할 시점에 와 있다.

이미 시작된 파도, 데이터 이노베이션

세계 최대 온라인 상거래 플랫폼 알리바바 그룹 마윈 회장이 최근 가장 자주 언급하는 단어는 DT 즉, 데이터기술(Data Technology)이다.

마윈 회장은 아시안 리더십 컨퍼런스에서 세상은 지금 IT시대에서 DT시대로 가고 있다고 단언했다. 기존 IT시대 정보화 혁명이 정보 제어나 관리를 바탕으로 비즈니스 기회를 만들었다면 DT시대에는 데이터 기반 대중 서비스와 생산력 위주로 발전하게 된다는 것이다. 결국 미래 경쟁은 조직이 보유하고 있는 데이터가 사회에 얼마나 많은 가치를 창출하느냐가 중요하다는 것이다.

알리바바는 데이터를 활용해 돈을 버는 일이 미래 핵심가치가 될 것이라 미리 예상하고 기업 탄생 초기부터 클라우드 컴퓨팅과 빅데이터산업에 막대한 투자를 감행했다. 마 회장이 말하는 데이터기술은 개인화 데이터 분석을 통해 고객을 사전에 파악하고 이들에게 물건을 파는 것이며, 데이터를 통해 고객의 다음 행동을 미리 예측하는 것이다.

물론 이전에도 IT기술과 결합된 데이터기술은 존재해 왔다. 하지만 마 회장이 내다본 미래 데이터기술은 '이타주의 기술'이다. 마 회장의 이타주의 데이터기술은 한 마디로 '데이터에 기반한 오픈 플랫폼 전략'이라는 키워드로 설명할 수 있다. 마윈은 작은 기업이 DT시대 핵심 구성원이라 강조했다. 알리바바그룹의 존재 이유는 전자상거래 플랫폼에서 멈추는 것이 아니라 이들 작은 중소형기업들과 데이터를 공유하며 온라인 상거래를 더욱 잘하도록 돕는 것임을 다음과 같이 언급했다.

"다른 사람이 당신보다 중요하고, 똑똑하며, 일을 더 잘하고, 성공하는 이타주의를 의미합니다. (그들이 성공한 다음에야) 당신이 성공하는 것이죠."

마윈 회장이 자선사업가는 아니다. 오히려 무섭게 냉철하며 지구상에 가장 거대한 온라인 플랫폼을 운영하는 사업가다. 이런 그가 다시 한발 앞서서 새로운 데이터 이노베이션 파도를 예측하고 있는 것이다. 마 회장의 미래 예측이 아니더라도 우리는 날마다 눈에 보이지 않는 어마어마한 양의 데이터를 생산하고 있다. 기술발전과 IT의 일상화가 진행되어 2011년 불과 1.8ZB(제타바이트)에 불과하던 전 세계 디지털 정보 규모는 2020년 50ZB에 이를 것으로 예상된다. 1.8ZB만 해도 2시간 분량 HD급 영화 2000억 개의 양이며, 이 영화를 모두 시청하려면 4700만 년이 걸린다. 이는 32기가 아이패드 595억 개에 저장 할 수 있는 용량이다.

2011년 2월 미국 캘리포니아 주 산타클라라에서는 '데이터가 일을 하게 하라(Making data work)'라는 슬로건 아래 실리콘밸리 전문가 포럼인 STRATA 행사가 개최되었고, 여기에서 모임 전문가 그룹 참여자들은 '데이터'를 자동차, 우주항공, 석유산업과 같이 완전히 독립된 산업 분야로 선언한다(http://strataconf.com/strata2011). 데이터중심 산업의 탄생으로 데이터를 활용하여 가치 있는 정보를 추출하고, 이를 바탕으로 능동적인 대처 변화가 가능해 졌다. 그리고 인터넷의 폭발 이후 제2의 정보 산업혁명인 '빅데이터'라는 새로운 산업 연료를 만들었다.

빅데이터로 가장 대중의 시선을 사로 잡은 이야기는 2009년 세계적인 학술지 네이처(Nature)에 구글이 발표한 논문이다(Detecting influenza epidemics using search engine query data). 구글은 사람들이 구글 키워드 검색을 통해 주로 독감과 관련된 '독감증상', '독감 치료' 등으로 독감 증상이 있는 검색어를 입력하고 실제 관계가 있음을 발견하게 된다. 이를 통해 전 세계 여러 국가와 지역에서 독감이 얼마나 유행하는지 예측할 수 있다고 발표하였으며, 심지어 미국 질병통제예방센터(CDC: Centrals for Disease Control and prevention)보다 빠르게 독감 바이러스의 확산을 예측하기도 했다(비록 많은 문제에도 불구하고 이 사례는 빅데이터 확산의 신호탄으로 알려져 있다).

경제학 이론에서는 바나나처럼 특정인 한 사람만 소비할 수 있는 재화를 '경합재(rival good)'라고 하고 영화처럼 동시에 여러 사람들이 함께 소비할 수 있는 재화를 '비경합재(nonrival good)'라고 한다. 경제적 효용성 측면에서 데이터는 일상 생활에서 소비하는 식료품, 기호품들과 달리 사용되었다고 그 가치가 하락하지는 않는다. 데이터는 감가상각 없이 계속해서 사용할 수 있으며, 한 사람이 사용한다고 해서 다른 사람의 사용에 방해가 되지 않고 물질적으로 소멸되지도 않는다. 따라서 데이터는 대중이 공유하며 소비할 수 있는 가장 대표적 비경합재인 것이다.

또 비경합재라 하더라도 상영관 영화처럼 표를 구입하지 않은 사람들의 소비를 배제할 수 있는, 남들이 함께 소비하지 못하도록 막을 수 있는 재화를 '배제재(exclusive good)'라고 하고 부산 해운대 백사장의 불꽃놀이처럼 그렇게 하지 못하는 재화를 '비배제재

(nonexclusive good)'라고 한다. 우리 사회 전반의 많은 재화가 상호 경쟁을 통해 쟁취해야 하는 경합적이고 배제적인 것이지만 공동의 이익을 가지고 오는 비경합적이고 비배제적인 재화도 많이 있다. 예컨대 골목길 가로등이 그렇다. 내가 돈을 들여 가로등을 설치하면 그 혜택은 나를 포함한 내 이웃이 함께 누린다. 이처럼 비경합적이고 비배제적인 재화를 공공재(public goods)라고 하며, 반대로 완벽하게 경합적이고 배제적인 재화를 민간재(private goods)라고 부른다.

데이터산업 이전까지 여러 산업에서 비경합성과 비배제성으로 구성되는 재화의 공공성은 현실적으로 자원의 한계로 경제 주체 사이에 상충되며 불완전한 경우가 많았다. 하지만 넘치고 폭발하는 데이토피아시대, 특히 '오픈데이터'는 다수가 비경합적이고 비배제적 재화로 사용할 수 있는, 시장가치가 가장 큰 끝없는 자원이 되고 있다.

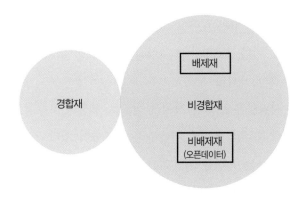

[그림] 경제적 관점의 데이터

많은 기업들이 자신들 비즈니스 영역에서 사용하는 디지털 장치와 데이터 활용에 따라 기업 가치가 달라진다는 것을 알게 되면서 데이터경제시대는 이미 변곡점을 지나고 있다. 데이터의 폭발적인 증가가 가져온 '빅데이터'란 용어가 마법의 상자로 포장되어 수많은 이야기와 화제를 뿌리며 신생 기업과 산업 혁신의 신무기로 등장하고 있는 이 시점에서 우리가 이야기하고자 하는 오픈데이토피아 세상은 어떤 혁신의 상자를 열어 줄 수 있을까?

빅뱅보다 빠른 오픈 패러다임 변화

우리는 역사 이래 늘 변화의 시계를 맞추어 살고 있다. 이 시계의 역사는 우리 인류의 숙명이다. 이를 패러다임의 변화라고 부른다면, 속도와 방향을 기준으로 '진화'(수직)와 '혁신'(수평)이라는 두 선을 마주하고 있다. 변화하는 속도를 기준으로 보면 진화는 인간이 좀처럼 인식하기 어려운 반면, 혁신(패러다임 변화)은 종종 우리들이 인식할 수도 있다. 패러다임의 변화는 누군가가 갑자기 기존 법칙을 무시할 때 시작된다.

대부분 사람들은 변화 환경에서 새로운 도전과 가능성을 발견하기보다는 예외적인 경우로 취급하려는 경향이 있다. 이런 이유로 혁신적 선구자들이 처음에는 대중들의 외면을 받게 된다. 패러다임 변화기는 절대적인 것처럼 보이는 덕목들이 하나의 미신이었다는 사실이 드러나면서 시작된다. 관습들은 오랜 기간 여러 세대를 거쳐 지혜로 대중들에게 당연시 된다. 동시에 대중들이 진실이라고 여겨지는 이 덕목들은 절대적 지지를 받게 된다. 그러므로 만약 누군가 이러한 덕목들이 쓸모 없는 것이라고 비판한다면 스티브 잡스처럼 대중들로부터 정신이 이상한 사람 취급을 받을 것이다. 하지만 분명 이러한 선구자들은 때로는 새로운 가능성을 우리들에게 제시하며 기존 패러다임을 뒤엎는 새로운 사고의 틀을 보여주기도 했다.

패러다임 변화기에 대중들의 인식 변화는 어떻게 일어날까? 가장 먼저 예외적인 존재들이 하나 둘 등장하기 시작한다. 그리고 그 흐름은 점차 가속화된다. 이에 따라 과거 법칙들이 점차 힘을 잃어가기 시작하고 결국 미신에 불과했다는 지적이 등장하며 대중들은 기존 법칙들이 단지 집단적인 사고, 또는 관념적인 유산에 불과했다는 점을 알게 된다. 이 과정에서 중요한 사실은 혁신과 고정관념의 경계가 시대에 따라 달라진다는 점이다.

혁신과 고정관념은 시간에 따라 변하기도 하면서 동시대에 공존하기도 한다. 그렇기 때문에 대중들은 혁신과 고정관념을 잘 구별하기 어렵다. 토마스 쿤은 이러한 변화를 《과학 혁명의 구조》에서 과학계에 존재하는 정신적 체계나 기본 가정이 과학 연구와 설명을 지배하는 세계관을 만들어 낸다고 주장했다. 쿤은 기존 패러다임에 들어맞지 않는 정보가 나타나면 과학 혁명이 일어나고, 패러다임이 전복되는 상황에 이른다고 하며 이 혁명을 '패러다임의 전환'이라고 불렀다. 아직까지 오픈이노베이션에서 시작된 '개방과 협력'이라는 오픈 패러다임의 변화는 의심의 그늘에서 벗어나지 못하고 있으며 증명이 완결될 때까지 계속 저항에 부딪치고 있다.

신기술의 등장이 어떻게 대중에게 전파되는지를 제시한 기술 패러다임 변화 모델은 1950년 말에서 1960년대 초, 아이오와 주립대 사회심리학자 에버렛 로저스(Everett Rogers)와 그의 연구팀이 발표한 이미 고전이 된 '기술수용(Technology Adaption)' 이론이다. 이 이론은 '혁신의 확산(Diffusion of innovations)'이라는 이름으로 더욱 유명하게 알려졌다. 이후 클레이튼 M. 크리스텐슨 교수(Clayton M. Christensen)는 1995년에 '하버드비즈니스리뷰'에 〈파괴적 기술: 시대적 변화의 흐름을 찾아서Disruptive Technologies: Catching the Wave〉라는 제목의 글을 기고하며 기술 혁신의 대표적인 용어로 '파괴적 기술' 이라는 단어를 세상에 던져놓았다. 하지만 최근 패러다임의 변화는 '혁신의 확산'이나 '파괴적 기술 혁신' 조차 너무 느린 기술 패러다임 변화로 치부해 버린다.

미국에 지도를 제작하던 두 회사가 있었다. 나름 가족 기업으로 전통과 가치를 지켜나가며 지도를 만들고 판매해 나가던 이 두 기업은 GPS와 네비게이션의 등장으로 한 순간에 몰락하고 만다. 패러다임 특이점을 넘어서는 빅뱅 파괴자들이 등장한 것이다. 2013년 액센츄어 컨설턴트 래리 다운즈와 폴 누네스가 새로운 패러다임 변화로 언급한 단어는 '파괴적 빅뱅(Big Bang Disruption)과 '특이점(singularity)'이다(Downes Larry, 2013).

파괴적 빅뱅은 주인공 빅뱅 파괴자들이 어느 날 갑자기 새로운 기술이나 신제품으로 무장하고 기존 기업들이 제대로 대응할 수 있는 기회조차 없을 정도로 매우 빠른 시간 급속도로 성장, 확산되어 기존 시장을 완전히 파괴하는 현상이다. 이전까지 패러다임 혁신은 사치품에서 일반 대중화가(위에서 아래로) 되는 경우, 반대로 기술의 발전을 통해 저가품에서 일반 대중화가(아래서 위로)되는 경우, 서로 다른 제품과 서비스를 조합해 새로운 영역을 (옆으로) 창출하는 블루오션 전략만이 있었다. 이제 인공지능, 빅데이터 등 기존과 다른 신기술 출현과 의사소통, 인맥유지, 비즈니스, 온라인 조사, 게임에 이르기까지 모든 사회, 문화적 패턴은 한 순간 빅뱅 파괴 기술들로 재탄생하고 있다. 더불어 새로운 비즈니스 모델인 오픈데이토피아 플랫폼들도 또 다른 빅뱅 패러다임의 일부가 되어 이제 막 진화를 시작하고 있다.

오픈데이토피아가 만드는 비즈니스 융합시대

전 세계 시청자수 5억 2천7백만 명, 우주왕복선 발사 시 중력가속도 3G보다 더 큰 5G를 견뎌야 하고, 한 시즌 동안 전 세계 19개국에 개최되며, 최고 시속 속도는 350km/h로 현존하는 가장 빠른 스포츠, 이 정도 이야기 하면 무슨 스포츠일지 짐작이 가는가? 자동차에 조금만 관심이 있는 사람이라면 누구나 한 번쯤 들어보았을 만한 월드컵, 올림픽과 함께 세계 3대 스포츠인 F1경기이다. 이 F1 자동차 대회가 단순히 사람들에게 재미와 오락을 주는 것으로 끝나지 않고 오픈데이토피아 세상에서 개방과 협력으로 수많은 아이들의 생명을 구했다.

1990년대 후반, 런던에 있는 그레이트 오몬드 스트리트 병원 (Great Ormond Street Hospital 이하 GOSH)에서는 시민들을 우울하게 하는 소식으로 고민에 빠져 있었다. 심장 병동 아이들의 사망률이 급격히 높아졌다는 것이다. 여러 이유 중 다른 아동 병원들과 마찬가지로 체형이 작은 아이들 가슴을 열고 심장 수술을 하는 것도 사망률 증가의 주요 원인 중에 하나였다. 그러나 가장 큰 이유는 의료진들이 수술실에서 수술을 마친 아이들을 중환자실로 옮기는 과정에 있다는 사실을 알게 되었다. 의료진들이 수술 부위를 봉합하고 산소호흡기나 모니터링 장비 등을 부착한 채, 응급실 수술대에서 바퀴가 달린 이동형 침대로 다시 중환자실 침대로 두 번이나 이동하는 과정에서 무려 15분 정도가 소요되었다. 수술에 지친 의료진들은 이 이동 과정의 복잡한 문제를 개선하려고 여러 해 동안 고민했다. 그러나 환자 이동 과정 중 장비와 의료진 오류 등이 결합된 문제는 좀처럼 개선되지 않았다. 항상 오랜 수술로 힘든 GOSH 소속 의사 마틴 앨리엇과 앨런 골드먼도 여느 날과 마찬가지로 휴식 시간 휴게실에서 TV를 보며 F1 경주를 지켜보고 있었다. 그러다가 그들은 F1 경기 도중 주유나 타이어 교체를 위해 잠시 정차하는 피트스톱(Pit-Stop) 장면을 보고 서로 눈을 마주보며 할 말을 잊었다. 앨리엇은 그 과정을 이렇게 설명했다.

"우리는 그 순간 레이서들이 피트스톱을 한 뒤 타이어를 교체하고 주유를 하는 것이 개념상 어린 환자 이동과정에서 진행되는 작업과 동일하다는 사실을 깨달았습니다. 피트에 대기하고 있던 팀원은 7초 내에 네 개의 타이어를 분리하고 연료 탱크를 채운 후, 새 타이어를 돌려 끼우고 차가 다시 트랙을 주행 할 수 있도록 물러섭니다. 마치 한 팀이 일산 분란하게 작업을 하는 F1의 스텝을 보고 있자니 우리 병원 스텝들은 산소 호흡기를 잡고 씨름하는 원숭이처럼 느껴졌지요."

곧바로 GOSH 의료진들은 이탈리아 자동차의 상징 페라리 팀을 만나게 된다. 그리고 페라리의 팀은 이들에게 피트스톱 작업을 시연해 주었다. 페라리 팀의 핵심은 '롤리팝 맨'이라고 불리는 총감독이다. 그는 차를 피트스톱이 가능하도록 정지시키고 전체 상황을 파악한 후 드라이버에게 준비 상황과 경주 트랙 진입 여부를 결정하며 알려준다. 더욱 놀라운 사실은 이 과정에서 페라리 경주팀은 피트스톱을 일사 분란하게 처리하고 대화 한 마디도 하지 않은 채 몇 초 만에 작업을 완료하고 자동차를 경주 트랙으로 내보내는 것이었다. 반면 GOSH 의료진은 수술을 마친 이후 아이들을 이동하는 과정에서 좁은 병원 복도 구조를 탓하며 여기 저기 부딪치기 일쑤였고 심지어 쓸모 없는 잡담을 하며 아이들을 살릴 수 있는 골든 타임을 놓치고 있었다. 페라리 팀의 놀라운 과정을 지켜본 GOSH 의료진에게 이제 더 이상의 변명은 통하지 않게 되었다.

그들은 바로 런던으로 돌아와 이송 작업 동선을 개선하고 이송 중 잡담을 금지하는 등 새로운 환자 운송 프로토콜을 만들어 적용하기 시작했다. 그 결과 놀랍게도 이동 시 발생하던 가장 심각한 사고 비율이 66% 가량 감소했다. 예술적 경지에 이른 페라리 경주팀 방

법을 융합한 GOSH팀은 전혀 다른 분야의 아이디어를 바탕으로 소
중한 생명을 구하는 놀라운 결과를 만들어 냈다(A nesthesia Pediatric)
(life Ferrari).

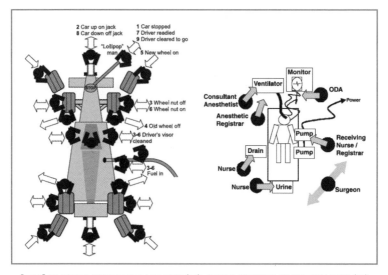

[그림] F1 자동차 대회의 피트스톱 과정(좌), GOSH 의료진의 새로운 개선 모델 (우)
출처 : Patient handover from surgery to intensive care:using Formula 1 pit-stop and
aviation models to improve safety and quality, Pediatric Anesthesia 2007 17: 470-478

기존 패러다임과 전혀 다른 새로운 철학이 결합되는 융합이 오픈
이노베이션 시대에서는 무에서 유를 창조하는 두렵거나 완전히 새
로운 혁신이 아니다. 이전에 존재하는 부품들(오픈데이터, 소스)을 재
사용하며 보다 적은 위험으로 남들보다 빠르게 앞서 나아갈 수 있는
'결합 혁신(combinational innovation)'을 의미하는 것이다.

나는 우리가 알고 있는 스티브 잡스가 이 시대 마지막 창조적 혁신가라는 것에 동의할 수 없다. 잡스는 단지 위대한 기존 제품을 결합하는 데 달인이었을 뿐이다. 잡스는 혁신적 제품을 새로 막대한 비용을 들여 개발한다는 것이 얼마나 무모한지 일찍이 알고 있었다. 그리고 스스로 혁신을 "현존하고 상용화된 모든 기술을 잘 조합해 사용자가 미치도록 좋아하는 제품을 만들어내는 것"이라고 정의했다. 미래 오픈이노베이션은 완전한 제품을 새롭게 창조하는 정적 혁신이 아니라 네트워크에 공개된 오픈 플랫폼들과 기존 제품을 조합해서 만드는 동적 혁신이 대세가 될 것이다. 실제 잡스는 여러 산업에 막대한 영향을 주었지만 그의 위대한 능력은 모든 분야에서 아무 것도 없는 상태에서 새롭게 창조한 것은 아니었다. 단지 변신과 결합의 귀재였을 뿐이다.

잡스의 위대함은 기존 비즈니스 모델을 보고 문제점을 발견해 그것을 어떻게 아름답고 단순하며 즐거움을 주는 것으로 만들지를 생각해 내는 것이었다. 잡스의 멘토이자 비디오 게임 제작업체 아타리(Artari)의 창업자이고 미국 게임업계의 아버지라 불리는 놀란 부쉬넬(Nolan Bushnell)은 "초기 애플의 모든 요소들은 기존 아타리에서 가져다 조립했다. 그것도 출처를 밝히지 않은 채….(중략) 애플의 모듈레이터는 정교한 장치로 애플2가 텔레비전과 연결되도록 해주는 것인데, 이것은 우리 재고 창고에 있던 설계를 바탕으로 한 것이다"라고 저서 《나는 스티브 잡스를 이렇게 뽑았다》에서 밝히기도 했다 (놀란 부쉬넬진).

이미 잡스 뒤를 잇는 새로운 혁신가들이 오픈데이토피아 재료들과 결합한 새로운 비즈니스 혁신 무기들을 만들 충분한 토양이 마련되고 있다. 또한 재사용 부품들을 활용할 수 있는 각종 오픈 플랫폼들도 거의 무제한 무료로 제공되고 있으며 최소한 이를 사용할 수 있는 가격도 지속적으로 하락하고 있다. 그리고 오픈 하드웨어, 오픈 소스 소프트웨어 등과 같이 활용할 수 있는 결합 재료들도 도처에 넘쳐난다. 단지 이들 재료들을 잘 조리할 수 있는 가공 능력이 요구되는 것이다.

이제 비즈니스 혁신을 위해 정확한 정보나 비교할 데이터가 없어서라는 변명은 더 이상 통할 수 없게 되었다. 오픈데이토피아 세상에서는 많은 도전자들이 장벽 없이 오픈 플랫폼들을 결합한 결합 혁신으로 더 빠르고 안전하게 새로운 비즈니스를 만들 수 있는 환경이 조성되고 있다. 오픈데이토피아에 펼쳐진 결합 혁신 비즈니스 모델들은 현존하는 내부 조직을 바꿀 수 있는 강력한 무기인 동시에 스타트-업과 같은 신생 기업들이 완전히 새로운 조직을 만들어 빠르게 성장 시키며 산업을 융합하는 놀라운 빅뱅 파괴 기술이 되고 있다.

Chapter 2

오픈데이토피아의
어제와 오늘

01
역사를 바꾼
오픈데이토피아

미래는 이미 와 있다.
단지 널리 퍼져있지 않을 뿐이다.
- 윌리엄 깁슨

아침에 일어나 스마트폰 앱으로 사는 동네의 기온을 확인하면서 두툼한 외투를 챙기고, 오후에 방문할 지역의 기상 상태를 보고 우산을 가방에 넣었다고 하자. 그리고 점심시간 동료들과 함께 인터넷에서 추천 받은 지역 맛집을 찾아 맛있는 점심 식사를 하고, 약속 장소로 출발하기 전 '티맵'이나 '올레네비' 같은 네비게이션 시스템으로 목적지를 정해 자동차 시동을 걸었다면, 우리는 이미 오픈데이토피아 세상 안에 살고 있는 것이다.

우리는 개방된 정보가 만들어 내는 편리한 삶의 수혜자이다. 그러므로 한 번쯤은 이 기술에 대해 진지하게 생각해 보아야 할 필요가 있다. 우연과 필연이 복잡하게 얽히고 혁신이라는 이름의 도전으로 장식된 오픈데이토피아의 역사를 말이다.

우리가 누리고 있는 이 기술의 짧다면 짧은 역사는 그저 '과거지사'라고 부르기에는 너무나 큰 영향력으로 우리 삶을 지배하고 있다. 그리고 '오픈'이라는 말이 시사하듯, 그 안에는 개방과 투명성이라는 정치적 사회적 대의가 크게 자리잡고 있다.

우리가 사는 이 지구를 캐나다 커뮤니케이션 학자 마셜 매클루언(Marshall McLuhan, 1911~1980)은 《구텐베르크 은하계The Guternberg Galaxy》라는 책에서 "지구촌"이라고 불렀다. 이제 이 '지구촌'은 스마트폰과 더불어 인터넷이라는 상호 연결이 가능한 네트워크를 통해 점점 더 크게 하나의 마을과 같은 긴밀한 공동체로 진화하고 있다.

1994년 최초의 상업용 브라우저 넷스케이프를 기억하는가? 넷스케이프는 인터넷 익스플로러나 크롬과 같은 웹브라우저의 조상이다. 이 넷스케이프를 통해 일반 인터넷 이용자들이 월드와이드웹이라는 신세계를 접할 수 있었다. 인터넷의 시작을 넷스케이프라고 본다면, 이 신세계가 열린 지 불과 20년 정도밖에 되지 않았다. 하지만 그 짧은 기간 동안 인터넷은 개인의 기본적인 삶뿐만 아니라 인류 지식의 접근 방식과 공유 체계를 개방이라는 방식으로 바꾸어 놓았다.

지난 20년간 진행된 인터넷 혁명은 구글, 아마존, 페이스북 등 전혀 생각지도 못한 다른 형태의 기업을 탄생시키며 세계 부의 지도를 바꾸고 있다. 뿐만 아니라 인터넷이 만들어 내는 사이버 공간이라는 가상의 신세계가 실존하는 세상의 정치, 경제, 문화, 사회를 움직이고 있다. 그리고 이제 이 20년간의 인터넷 혁명은 새로운 전환기를 맞고 있다. 그 간 양적으로 팽창한 디지털 자료와 검색 공간이 '개방'과 '공유', '투명성'이라는 철학을 등에 업고 오픈이라는 개방과 협력시대로 질적 전환을 꾀하고 있는 것이다. 이 진화된 또 다른 네트워크 연결의 혁신은 '재사용 가능한 정보의 공개(그 정확한 정의는 다시 한 번 다뤄보도록 한다)가 가져오는 기술과 산업의 혁신'이라 정의할 수 있다. 우리가 이 혁신을 발 빠르게 수용하고 적극적으로 이용할 것인지, 아니면 수동적으로 지켜보고 끌려갈 것인지를 선택할 수 있다. 자, 그럼 이 갈림길에서의 후회 없는 선택을 위해, 먼저 오픈데이토피아를 만든 결정적인 순간들로 과거 여행을 떠나보자.

새 세상을 알려주는 나침반의 탄생

길을 찾기 위해 지도책을 꺼내든 마지막 기억이 언제인가? 세상에서 재빠르게 잊혀지는 많은 물건 중에 종이로 만든 두꺼운 지도책도 분명 한 자리를 차지할 것이다. 지도책 대신 우리는 GPS(Global Positioning System)를 이용한다. 배, 비행기, 차 할 것 없이 지구상에 존재하는 다수의 교통수단이 GPS를 이용하고 있다. 심지어 도보로 길을 찾을 때조차 주머니 속에서 스마트폰만 꺼내 들면 우리는 GPS의 은혜로운 보살핌 아래 무사히 목적지에 도착할 수 있다. 어느새 GPS는 공기처럼 우리 생활 깊이 스며들어 있다. 그런데 이 엄청난 데이터와 신호는 대체 어디에 있다가 어느 날 갑자기 우리에게 찾아온 것일까? 이 데이터와 신호는 처음부터 우리의 것이었을까?

1957년 10월, 미국 메릴랜드의 젊은 물리학자 윌리엄 가이어와 조지 웨이펜바크는 세계 최초로 소련이 쏘아 올린 인공위성 스푸트니크 1호에 관한 대화를 나누고 있었다. 냉전시대의 정점을 살던 대부분의 당시 미국인들은 스푸트니크 1호를 공산주의의 홍보물 정도로 취급할 뿐이었다. 그러나 비전이 남달랐던 이 두 물리학자들은 이 소련의 인공위성으로부터 나오는 전파를 이용할 가능성에 대해 생각했다. 그리고 오스트리아 물리학자 크리스티안 도플러가 발견한 도플러 효과를 이용하여 인공위성이 지구 궤도를 움직이는 속도를 계산해 내는데 성공하였다(Global Positioning System Monitoring Station) (Where are you now? The history and evolution of GPS). 인공위성 고도에 따라 전파의 주파수가 바뀌는 점을 활용하여 위치를 계산할 수 있게 된 것이다. 그 이후 이루어진 미 국방부의 수많은 연구와 투자는 범지구위성항법시스템 즉, GPS를 현실로 만들었다.

미 국방부는 현재도 GPS를 유지하기 위해 새로운 위성을 발사하고 노후한 위성을 교체하는 등의 비용으로 연간 7억 5천만 달러를 쓴다고 한다. 당연히 이 방대하고 비싼 데이터 시스템이 처음부터 우리 것은 아니었다. '열려라 참깨'처럼 GPS 데이터가 활짝 오픈되지 않았다면, 우리는 여전히 나침반과 지도책에서 벗어나지 못했을지도 모른다. 그런 점에서 GPS는 오픈데이토피아 세상의 스타 중의 스타다. 그런데 이 스타가 탄생한 배경에는 슬픈 이야기가 숨어있다. 다른 어느 나라 사람보다 특히 우리에게 가슴 아픈 이야기이다.

1983년 러시아 시베리아 사할린 영공에서 대한항공 007편이 격

추되는 비극이 있었다. 뉴욕 존 F. 케네디 공항을 출발, 앵커리지를 경유하여 김포국제공항으로 가던 비행기는 조종사의 항법장치 조작 실수로 소련 영공을 침범하였고, 이를 미국 정찰기로 오인한 소련 전투기의 미사일 공격으로 격추당하여 탑승자 269명 전원이 사망하였다. 사망자에는 미국 정치인도 상당수 포함되어 있었다.

사건 후, 미국 레이건 대통령은 그동안 군사용으로만 사용하던 GPS 전송 신호 암호를 풀어 민간인도 신호를 이용할 수 있도록 하겠다고 선언했다(wiki GPS).

하지만 GPS가 실제 이용 가능한 오픈데이터가 되기까지는 시간이 좀 더 걸렸다. 독일 통일과 소련의 붕괴로 시작된 냉전시대의 종식은 오히려 GPS의 군사적 이용가치가 더 위력적이었음을 반증해 주었기 때문이었다.

그러나 결국 10년이 지난 1996년 3월 29일 백악관은 미국이 보유한 GPS를 국가 자산으로 관리하고 민간 사용을 허가하는 새로운 정책을 승인하였다. 당시 백악관에서 앨고어 부통령이 한 발표는 오픈데이토피아가 미칠 파급효과에 대한 기대를 잘 보여준다.

"클린턴 대통령은 미국 GPS가 민간 상업시장에서 급속한 성장의 문을 열고 10만 명의 일자리를 창출하고, 연간 매출을 20억 달러에서 오는 2000년까지 80억 달러로 확대시켜 줄 것이라 기대하며, 새로운 GPS 운영 및 사용에 대한 새 지침을 승인하였습니다. 이를 토대로 수천 명의 일자리가 캘리포니아 지역에서 나올 것입니다." (National Archives and Records Administration. U.S. Global Positioning System Policy. March 29, 1996)

이 발표가 있은 지 6년 후인 2000년 5월 1일 클린턴 대통령은 GPS의 정확도를 떨어뜨리는 '선별적 활용(SA Selective Availability)'이라는 제한을 없앨 것임을 전 세계 언론에 공표함으로써 민간부분 신호를 개방하는 실질적 조치를 취하였다(Selective Availability).

이로써 GPS 수신기 사용자는 주위에 신호를 막는 물체가 없을 경우 고도 약 2만200킬로미터 상공에 위치한 24개의 위성에서 나오는 신호 중 최소 4개 이상의 신호를 수신할 수 있게 되었다. 이를 다시 삼각측량 기법으로 위치를 산출하는 기술을 통해 세계 어디서나 정확한 실시간 위치 정보를 확인할 수 있게 되었다.

과거 일부 용도로 사용되던 수천 달러씩 하는 GPS 수신기 가격도 10분의 1 이하로 급격하게 떨어졌다. 이로서 실시간 경로 계산, 교통정보 제공 등 새로운 개방된 오픈데이터에 기반한 오픈데이토피아의 신산업들이 생겨나기 시작하였다. 그리하여 GPS는 오늘날까지도 항공기, 선박, 자동차, 자전거, 스마트폰에 이르기까지 수많은 현대 혁신 기술과 서비스의 바탕이 되었다.

위치기반 정보를 활용한 데이터 이노베이션

GPS를 활용한 위치기반 서비스(LBS)를 실생활의 다양한 영역에 본격적으로 적용시켜 준 주역은 단연 스마트폰이다. 우리는 스마트폰 각종 앱에서 GPS를 자유롭게 이용할 수 있게 되면서 위도와 경도 같은 단순한 1차원 위치 정보 숫자들을 다양한 서비스와 결합하게 되었다. 원하는 목적지까지의 최적 경로를 실시간으로 알려주는 길안내(네비게이션) 서비스나 나의 현재 위치를 기반으로 주변의 맛집을 추천해주거나, 인근의 부동산 정보, 주유소 가격 정보 등을 제공하는 위치기반 검색 서비스가 그런 것들이다.

이뿐만 아니라 SNS와 위치 정보를 결합하여 근거리에 있는 친구들을 연결시켜주는 서비스, 사진을 촬영하거나 메모를 작성할 때 위치 정보를 함께 저장하여 나의 일상을 기록해주는 라이프 로그 서비스, 실제 위치를 찾아다니며 즐기는 위치기반 게임 등으로 더 다양하게 발전하고 있다. 이렇게 위치기반 산업은 실생활에서 개인의 불편함을 해소하고 삶의 질을 높이는 서비스로 발전에 발전을 거듭하여 기업들에게 다양한 비즈니스의 기회를 제공하고 있다.

모바일 SNS기업인 포스퀘어(Foursquare)는 사용자가 어느 위치에서 무엇을 하는지 알리고 메모를 남김으로써 친구들과 정보를 공유할 수 있는 서비스를 제공하였다. 그 결과 이미 2013년 12월 기준 6억 5천만 달러의 기업 가치를 기록 중이다(techcrunch.com). 물론 세계적으로 GPS 데이터를 가장 잘 활용하고 있는 기업은 구글이다. 구글은 이미 구글맵, 구글어스 등을 활용하여 많은 위치기반 파생서비스를 제공하고 있으며 구글의 운동 기록 서비스인 마이트랙(My Track)은 걷기, 뛰기, 자전거 타기 등의 야외활동을 하는 동안 경로, 속도, 거리, 고도를 기록해 준다. 또한 데이터 플랫폼인 구글 드라이브나 구글 퓨전 테이블 등에 내 운동기록을 저장하거나 외부 저장소에 내보낼 수도 있다. 구글맵과 연동하면 구글+, 페이스북, 트위터 등을 통해 친구나 동료와 지도 URL을 공유할 수도 있다. 이들을 공유하며 또 다른 오픈데이토피아 전략인 오픈소스 소프트웨어(OSS)로 공개하고 있다.

위치기반 정보의 활용 가능성은 각종 비스니스 세계에서 실로 무궁무진하다.

지리정보 시스템(GIS), 인구 통계 정보, 학군 정보, 범죄율 등 어떤 개방된 오픈데이터를 활용하느냐에 따라 다양하고 창의적인 서비스가 가능하다. 2006년 등장한 질로우(Zillow.com)는 주택보유자, 구매자, 판매자, 임대업자, 중개업자, 대부업자, 토지소유자, 감정평가사 등이 필요로 하는 정보를 무료로 제공하고 있다. 온라인상에 대형 부동산 시장을 개설한 셈이다.

이 사이트에서는 자기가 거주하고 있는 지역 우편번호만 있으면 광범위한 내용의 부동산 관련 정보에 접근이 가능하다. 1억1000만 건이 넘는 미국 주택 데이터를 기반으로 만들어진 이 사이트는 현재 30억 달러가 넘는 자본을 부동산 시장에 유입시키는 효과를 가져왔다는 평을 듣고 있다. 2011년 질로우 닷컴의 매출은 6000만 달러(환화 약 618억 원)의 매출을 올렸으며, 8월 1일 기준 시가총액이 58억 5000만 달러(약 6조284억 원)에 이르고 있다. 미국에서 질로우 닷컴은 집을 사거나 빌리려고 할 때 꼭 들어가 봐야 하는 사이트로 통용되고 있다.

이 사이트의 창업자는 최고의 여행자용 앱으로 평가받는 '트로버(Trover)'를 만든 리치 바튼과 로이드 프링크이다. 프링크는 마이크로소프트에서 근무하다 온라인 여행업체인 '익스피디아(Expedia)'를 설립해 큰 성공을 거둔 바 있다. 두 사람은 사람들이 집을 구할 때 가격, 면적, 건물의 모습 같은 기본적인 정보뿐만 아니라 훨씬 다양한 주변 정보를 원하고 있다는 사실에 주목했다. 그리고 정부에서 공개하고 있는 다양한 지역 정보를 활용하기로 했다. 정부에서 관리하고 있는 인구통계 정보, 학군 정보 등 가능한 한 많은 정보를 제공받아 부동산 정보와 융합한 것이다.

광범위한 정보가 담긴 질로우 닷컴이 2006년 8월 온라인상에 등장하자마자 뜨거운 반향을 불러일으켰다. 부동산 정보를 다루고 있는 언론 매체들이 정부 공유를 요청해 오면서 2009년에는 질로우 신문 콘소시엄(Zillow Newspaper Consortium)이 만들어졌고, 지금까지 성공의 가도를 달리고 있다(Zillow−http://en.wikipedia.org/wiki/Zillow).

비슷한 예로 워싱턴 DC와 볼티모어를 중심으로 '실시간 부동산 정보'를 표방하며 서비스를 제공하는 MRIS(http://www.mris.com)는 위치 정보 외에 관심지역의 학생, 교사, 학급수, 인종 비율 등의 공개 데이터를 실시간으로 제공하고 있다. 이 서비스는 이용자의 만족도를 크게 높여 2012년 거래 매물 11만여 건, 거래액 384억 달러를 기록했으며, 현재 서비스를 계속 확장 중에 있다.

이런 사례들은 인터넷 기반 산업에 조금이라도 관심을 가진 사람이라면 전혀 새삼스러울 것이 없는 유명한 이야기들이다. 그럼에도 여기서 굳이 말을 꺼내는 이유는 이런 유의 성공 사례를 보는 시각을 달리했으면 하는 바람에서이다. 지금까지 설명한 기업 성공신화를 단순히 인터넷 기업의 신화로 보지 말았으면 좋겠다. 이들 성공담의 핵심은 오픈데이토피아 세상을 만들고 있는 선구자들이 바로 우리 자신이라는 점에 주목해야 한다.

역사와 일상을 바꾼 오픈데이토피아 현장

앞서 말했듯이 우리는 오픈데이토피아 세상에서 이들 개방된 데이터의 활용 가능성에 주목하고 있다. 오픈데이터가 어떤 가능성을 가지고 있는가를 말할 때 절대 빼놓을 수 없는 것이 바로 기상 데이터이다. 잠시 2023년 대한민국의 어느 무더운 여름날을 앞서 가 보자.

'2023년 여름, 서울의 한낮 기온은 방콕을 연상케 한다. 뚜렷한 사계절은 이미 먼 나라 이야기가 된 지 오래이다. 사람들은 여름과 겨울 단 두 계절 만을 준비하며 살아간다. 고온 다습한 아열대의 여름은 습하고 뜨거운 열기를 거리에 내뿜고 있다. 각종 자외선 차단 상품이 등장했음에도, 사람들의 평균적인 피부색은 과거에 비해 현저히 검어져 동남아인을 연상케 한다. 한국인의 특징인 근면과 성실은 급격하게 변한 기후와 충돌을 일으켜 큰 사회 문제가 되었다. 아열대 기후를 감안하지 않고 대낮부터 여기저기 거래처를 돌던 세일즈맨들이 일사병으로 쓰러져 응급실에 실려 가고 사망하는 경우까지 발생했다. 정부에서는 바깥 기온이 가장 높은 오후 1~2시대에 강제적으로 '외출금지령'을 내렸다. 이 시간에 냉방이 갖춰진 교통수단을 이용하지 않고 외출을 하는 사람들은 벌금을 각오해야 한다. 가정에서는 주부들이

집 안에서 요리하는 일을 멀리하게 되었다. 특히 에어컨을 24시간 돌리는 것이 부담스러운 중산층 이하의 가정을 중심으로 외식이 오히려 경제적으로 이익이라는 생각이 자리 잡게 되었다. 냉장고는 식재료보다는 음료나 가벼운 간식거리로 채워지면서 대형 냉장고에 대한 수요가 줄어들었다. 배달이나 외식으로 끼니를 해결하는 사람들이 급속하게 늘어난 덕분에 2023년의 외식업계는 때 아닌 호황을 누리고 있다.'(기후변화 대응, 이번이 마지막 기회!)

물론 이런 일이 일어나지 않기를 바란다. 그러나 만약 이런 기후변화가 일어난다면, 사람들의 생활은 위에서 상상해본 것 이상으로 변하게 될 것이다. 그리스의 철학자 아리스토텔레스는 이미 2400년 전에 '날씨는 인류의 모든 것을 지배한다'고 말했다(Meteorology by Aristotle). 우리가 아침에 일어나 가장 먼저 확인하는 것 중 하나가 기상정보이고, 자기 전에 흔하게 하는 일이 인터넷이나 뉴스에서 내일의 날씨를 확인하는 일이다. 날씨에 민감한 업종에 있는 사람들은 말할 것도 없고, 그렇지 않은 사람들조차 무슨 옷을 입을지, 어떤 교통수단을 이용할지, 누구를 언제 만날지, 어떤 행사를 계획할지 결정하는 순간마다 기상정보에 많은 부분을 의지하게 되는 것이 사실이다.

아리스토텔레스가 말해주지 않았어도, 우리는 우리 삶에 날씨가 얼마나 큰 영향을 미치고 있는지를 이미 잘 알고 있다. 역사 속에서 날씨는 명백하고 직접적인 영향을 미쳐왔다. 날씨는 게르만 민족을 남쪽으로 이동시켜 유럽의 역사를 바꾸었고, 이순신 장군의 12척

배를 세계 해전사(海戰史)의 신화로 만들기도 했다. 2014년 개봉되어 2010년의 3D 영화 '아바타'를 제치고 관객수 1761만 명을 기록하여 국내 박스 오피스 1위를 차지한 〈명량〉은 이순신 장군의 명량해전 미스터리에 관한 영화이다. 승산 없는 전쟁을 승리로 이끈 명량해전의 배경에는 기상정보와 지형, 심리전을 활용한 이순신 장군의 치밀한 전술이 있었다.

1579년 명량해전이 벌어졌던 명량해협은 전남 해남군 화원반도와 진도 사이에 있는 '울돌목'이다. 바다가 운다는 뜻의 '울돌목(鬱陶項)'이라는 말이 시사하듯, 이 곳의 지형은 독특하다. 우리나라 바닷길 중 가장 협소하고 물살이 빠른 곳으로 이 빠른 물살이 암초에 부딪히며 소용돌이치는 소리가 20리 밖에까지 들린다고 해서 명량(鳴梁)이라는 이름이 붙여진 곳이다. 이 곳으로 밀물을 타고 진입한 왜선들은 전투 중 밀물이 썰물로 바뀌자 당황할 수밖에 없었고, 결국 조선 수군의 공격에 무참히 무릎을 꿇고 말았다. 12척의 배로 300척 대군을 상대해 보겠다는 이순신 장군의 대담한 결심 뒤에는 지형과 기후 변화에 대한 철저한 분석이 있었다. 그리고 기상정보의 적절한 활용은 결국 불가능을 가능으로 바꾸는 기적의 승리를 낳았다.

2차대전이 막바지에 이른 1944년, 히틀러는 서유럽을 해방시키기 위해 미국을 중심으로 한 연합국이 상륙작전을 펼칠 것을 예견했다. 심지어 그 장소가 노르망디가 될 것이라는 것까지 정확히 예측했다. 독일은 가장 뛰어난 장군이었던 롬멜을 노르망디 지역 방어 사령관으로 임명했다. 연합국도 이에 맞서 '오버로드 작전(Operation

Overlord)'을 세웠다. 미군 250만 명을 포함한 총 350만 명의 병력이 동원된 말 그대로 '사상 최대의 작전'이었다. 이 과감하고 위험한 상륙작전의 최대 관건은 날씨였다.

최적의 기상조건을 갖춘 작전일을 가려내는 임무는 영국군 제임스 스태그 대위가 이끌던 기상 분석팀이 맡았다. 야간 작전에 '시야 확보에 어려움이 없도록 구름 없는 보름달 전후의 맑은 날 가운데 새벽 시간 조수 간만의 차이가 적은 날'을 꼽으라는 지침이 이들에게 내려졌다. 당시의 낙후된 장비와 기술로는 아무리 뛰어난 기상 전문가라 해도 수행하기 쉽지 않은 임무였다.

분석팀은 북대서양의 선박들이 보내온 자료를 기반으로 3시간 단위로 일기도를 그리며 일기변화를 예측했다. 작전일이 임박하면서 전파 송수신 마저 금지되자, 비둘기 통신을 활용하여 자료를 모았다.

아이젠하워 사령관은 작전을 앞두고 당시에는 불가능에 가까웠던 장기 예보를 지시하고, 매일 실제 결과를 확인하면서 기상예보의 신뢰 여부를 점검했다고 한다. 그리고 예정된 작전일을 코앞에 두고 기상 분석팀의 건의를 받아들여 24시간 작전 연기를 결정하는 결단을 내렸다. 작전일이 연기되던 날 쓴 스태그 대위의 일기를 보면 변덕스런 날씨를 예측하기 위해 애를 태웠을 그의 모습이 생생히 그려진다.

"새벽 회의에서 내일 공격은 최종적으로 취소됐다. 점점 초조해진다. 악몽이나 다름없다."

기상팀 대원이었던 헤럴트 체케츠도 비망록에 '날씨에 작전의 성패가 달렸기 때문에 작업의 초점은 기상 변수의 위험을 최소화하는 데 맞춰졌다'라고 적고 있다. 아이젠하워는 작전 성공 후 "고맙습니다. 전쟁을 지켜준 신에게도 감사합니다"라는 메모를 스태그 대위가 작성한 보고서에 적어 회신 서류로 보내기도 했다. 모두 노르망디 상륙 작전의 성공에 날씨가 얼마나 중요한 역할을 하였는지를 보여주는 반증이며, 기상 정보가 얼마나 인간에게 대단한 영향력을 발휘할 수 있는지를 보여주는 일화들이다(D-day anniversary: The weather forecast that paved the way for the Normandy landings).

기상정보의 가치가 전쟁에만 발휘되는 것은 물론 아니다. 비즈니스 세계로 눈을 돌려보자.

22살 청년 데이빗 프리드버그(David Friedberg)는 2002년 어느 비 내리는 오후 샌프란시스코 해안을 끼고 나 있는 고속도로를 달리며 작은 자전거 대여점을 보았다. 그는 속으로 "이런 비가 오는 날 과연 누가 자전거를 빌릴까? 저 사람에게 날씨는 곧 매출과 직결되는 일인데, 누구보다도 정확한 날씨 정보를 수집해서 팔면 돈이 되지 않을까?"라고 생각했다. 그는 곧 잘 다니던 구글을 뛰쳐나와 '클라이밋 코퍼레이션'을 창업하였다(How The Climate Corporation Built Big Weather Data).

'클라이밋 코퍼레이션'은 농경지의 기후 및 작물 데이터를 분석하고 이를 토대로 농업 종사자들에게 관련 보험상품을 판매하는 업체로 성장하였다. 이 회사는 미국 전역을 2000만 헥타르 단위로 나누어, 각 지역별 주요 작물의 토지, 지형, 날씨에 따른 단위별 연간작황 정보를 보유하고 있다. 기후상황 시뮬레이션 때 사용하는 데이터 값이 5조 개에 달할 정도로 정밀함을 자랑한다. 이 기업을 2013년 10월 세계적 종자기업이며 전 세계 유전자조작농산물(GMO)시장의 90%를 장악한 몬산토(Monsanto Company: MON)가 $1.1B (1.2조 원)의 매우 높은 가격에 인수하였고(Monsanto Buys Weather Big Data Company Climate Corporation For Around $1.1B), 창업자 데이빗은 물론 갑부가 되었다.

전문가들은 몬산토가 강수, 토양, 유전자 등 방대한 데이터를 활용해 작황을 극대화하고 리스크를 최소화하는 신개념 농업을 촉진하기 위해 이같은 결정을 한 것으로 분석한다. 그리고 이 인수를 통해 몬산토가 바이오기술(BT), 정보기술(IT), 환경기술(ET)은 물론 보험 분야까지 갖춘 거대 농업기업으로 거듭 발전할 수 있었다.

몬산토가 실적부진에 시달리면서도 이처럼 과감한 투자를 결정한 것은 오픈데이터와 결합된 분석이 작물의 신품종 개발 및 생산량 확대 등 1차산업인 농업 분야에 일대 혁신을 일으킬 것이라는 기대감에서다.

이미 미국과 유럽 농업부문에서는 데이터 분석을 전문으로 하는 IT벤처들이 속속 등장하고 있으며, 농민들은 비료사용이나 급수시기 등을 결정하는 데 이들의 서비스를 이용하고 있다.

〈뉴욕타임스NYT〉는 기사에서 기존 농업에 오픈데이터와 결합한 분석 기술을 활용하는 '차세대 농업'은 현재 미국에 한정된 얘기지만 점차 관련기술을 갖춘 기업들이 성장하면서 중국·인도 등의 농업 분야로도 진출할 것으로 내다봤다. 특히 제너럴일렉트릭(GE)이나 오라클 등 다국적기업들도 분석 기술확보를 위한 연구개발에 박차를 가하면서 앞으로 농업뿐만 아니라 글로벌 산업계 전반에서 이 시장의 주도권을 잡기 위한 싸움이 치열할 것이 분명해지고 있다 (Why Big Ag Likes Big Data). 농업이 하늘만 바라보며 기도를 하는 시대는 지난 것이다.

스페인의 포도재배 농가가 기상관련 데이터 분석을 활용해 제초제와 살충제 사용량을 20% 줄이면서도 생산성은 15% 올렸다는 사례나 몬산토의 글로벌 라이벌인 듀폰사도 농민에게 토질과 작황 데이터를 제공하는 '필드360' 서비스를 시작한 것, 이 외에도 세계 최대 농기계 업체인 존디어 역시 이와 유사한 '존디어 필드커넥트' 서비스를 출시하여 농업 혁명에 과감하게 오픈데이터 도입을 선언한 것은 이제 더 이상 특별한 뉴스거리가 아니다.

'기후 변화'에 대한 정보는 미래 인류의 운명을 결정하는 오픈데이토피아 세상의 핵심데이터가 될 것이다. 이미 예측하지 못한 기후 변화로 인해 세계 곳곳에서 대규모 기상 피해가 속출하고 있다. 이에 따른 사회, 경제적 피해도 급증하고 있음은 두 말할 필요가 없다.

미국의 경우 막대한 비용과 개선된 예·경보 시스템으로 피해를 줄이는 데 상당히 성공하고 있음에도, 매년 기상재해 피해액이 200억 달러를 웃돈다. 우리나라도 2002년 이후 기상재해 피해액이 21.2조 원에 이르고, 총 복구액은 33.9조 원 규모에 달했으며, 인명피해도 10년간 사망 680명, 이재민 34만 명이나 된다는 보고도 있다(기후변화로 급성장하는 기상산업). 또한 세계 경제의 80%가 기상변화에

직·간접적으로 영향을 받는 것으로 조사되었다.

우리나라는 날씨에 민감한 영향을 받는 산업 비중이 GDP의 52%로 미국(42%)보다 높은 상황이다. 하지만 국내 기상산업 규모는 미국(9조 원), 일본(5조 원) 등과 비교하면 매우 적은 편으로, 기상정보를 개방할 경우 '기상 산업'은 급성장이 예상되는 분야로 꼽히고 있다.

오픈데이토피아 이전 기상관측 정보는 전통적으로 국가의 소관이었다. 2차대전 이후 비나 눈 등 강수 입자의 탐지에 레이더가 활용 될 수 있음이 밝혀졌고 이후 인공위성을 통해 정밀한 기상 관측이 가능함으로써, 기상정보는 개방된 오픈데이터로서 그 가치를 본격적으로 인정받아 새로운 산업 연료로 사용되고 있다.

2010년 오바마 대통령은 공화당 의원들이 발의한 예산 삭감 법안이 미국 기상 데이터 수집 능력의 해외 의존을 심화시켜 미국의 국익에 큰 영향을 미칠 것을 경고한 바 있다. 그는 '우리가 새로운 인공위성을 발사시킬 수 없게 되어 미국의 기상예보의 정확성이 떨어짐으로써 허리케인 발생 시에 주지사와 시장들이 대피 명령을 내리기까지 더 오랜 시간을 기다려야 할 것'라고 우려했다(Obama Warns GOP Budget Would Make Weather Prediction Less Accurate). 더 나아가 미국 백악관은 단순히 기상정보를 수집하고 공개하는 데 그치지 않고, 2014년 3월 기후 변화에 관한 행동 계획으로 '대통령 기후 행동 계획(President 's Climate Action Plan)'을 추진하기 위한 노력으로 '기상 정보 발의안(Climate Data Initiative)'를 발표했다. 오바마 대통령의 이 행동 계획은 기후변화에 의해 생기는 손상으로부터 미국 사회를 지키는 데 필요한 정보와 도구를 확실히 입수하는 것을 목표로 하고 있다. 그리고 '기상정보 발의안'을 통해, 정부가 보유한 기상 관련 데이터를 완전 공개하고 민간 기업과 연구 인력이 적극적으로 활용할 수 있도록 업계 간 제휴를 촉진하는 한 단계 높은 비즈니스 모델을 제시하였다(Climate Data Initiative).

우리나라는 삼면이 바다로 둘러싸인 복잡한 지형 탓에 특히 날씨 변화가 심한 편이다. 이미 고려시대에 서운관이라는 기상관청을 두었고, 조선시대인 1441년(세종23년)에는 '측우기'를 발명하여 우량 관측을 시작할 만큼 기상정보에 관심이 높았다. 본격적으로 국내에 오픈데이터로 기상정보가 활용되기 시작한 것은 지난 2009년 기상예보에 관한 민간 경쟁체제 도입 등을 담은 '기상 산업 진흥법'이 시행되면서부터이다. 국내 기상산업 시장 규모는 2010년 644억 원에서 2012년 1666억 원으로 급성장했고, 2015년에는 3000억 원대를 돌파하였다.

국내 기상산업 관련 기업은 244개사로, 대부분 20명 이내의 중소기업이다. 이 중 220여 개가 기상 장비 업체이며, 기상정보를 활용하여 예보와 컨설팅을 하는 업체는 20여 곳 정도로 아직 걸음마 단계이다(기상청, 민간 기상기업 전폭 지원). 국내에 개방된 기상 오픈데이터는 대부분 기상청의 자료이다. 2014년 기준으로 기상청은 31종의 데이터 중 25개(80.6%)를 개방하고 있다. 공개되는 25종 데이터 중 동네예보, 중기(中期)예보, 보건·산업·생활 기상지수, 예보구역 정보 등 6개는 공공데이터 포털을 통해 실시간으로 제공된다. 그 외

자료는 기상청 자체 시스템을 통해 서비스하고 있다(공공데이터포털).

그렇다면 이런 국내 기상 데이터는 실제 산업 현장에서 어떻게 활용되고 있을까? 물류회사인 보광 패밀리마트는 날씨에 따라 발주량 및 상품 배치를 조정하는 '판매시점 관리시스템'을 구축했다. 그 결과 재고와 폐기량이 감소해 손실률이 15% 이상 줄고, 매출은 33% 이상 상승하였다.

한국전력공사도 좋은 사례를 보여준다. 한전은 기상정보(한파, 폭염, 미래전망 등)를 활용한 전력수요 예측 및 실시간 통계 운영을 통해 일간 수요 예측 오차율을 1.31%에서 1.26%로 0.5%p 감소시켰다. 그 결과 발전연료비를 연간 5383억 원 가량 절감할 수 있었다.

대한항공은 자체 '기상제동시스템'을 개발해 기상조건에 맞는 운항 절차와 운항 시간을 조정하였다. 그 덕분에 국내선 결항률이 38%, 회항률은 44% 감소되었다. 뿐만 아니라 비정상 운항은 최대 80% 이상 감소한 것으로 나타났다(기상 기후 빅데이터 활용가치).

기상정보의 개방이 가져오는 가치는 단순히 현행 업무 개선에만 한정되지 않는다. 기술 발달과 기상정보의 개방은 대기업이나 신생 기업 모두에게 위험한 언덕을 돌아갈 수 있는 지름길과 위험요소들을 피할 수 있는 안전한 우산을 제공한다. 우리나라 정부도 대한민국 국가 오픈데이터인 공공데이터 포털(data.go.kr)을 통해 미세먼지, 황사, 자외선 정보를 끊임없이 제공하고 있다. 이런 데이터는 위치 기반 서비스와 결합되어 있어 원하는 지역이나 기간별로 다양한 분석과 가공이 얼마든지 가능한 보물창고이다.

기상정보가 내일 입을 옷을 결정하고 다음 주 행사날짜를 정하는 단순 지표이기만 하던 시대는 이미 지났다. 개방된 기상정보는 우리가 활용할 수 있는 오픈데이토피아 세상의 가장 대표적인 데이터로 새로운 기업의 가치를 창출하고 그 범주를 확장시켜 줄 것이다.

앞서 살펴봤던 대로, 농업과 같은 과거의 전통적인 1차 산업은 '오픈데이터'와의 결합을 통해 탈산업화, 융합 신산업화의 길을 빠르게 걷게 될 것이다. 이 과정에서 헤아릴 수 없이 다양한 비즈니스 기회들이 끊임없이 생성될 것이며, 이를 창의적으로 활용하는 신생 스타트업들과 서비스들이 속속 등장하고 있다.

지식은 어떻게 우리에게 '오픈' 되었나

오픈데이토피아의 중심에서 '오픈데이터'는 자물쇠를 채우지 않은 곳간이다. 용도에 따라 자유자재로 활용이 가능한 지식의 보고이다. 이 보물창고들은 지금 이 시간에도 하나씩, 둘씩 자물쇠를 철커덕 풀고 문을 열어 젖히고 있다. 이들이 기다리는 것은 젊은 열정과 창의력이다. 우리는 지금 이 보물창고를 극히 일부분밖에 사용하지 못하고 있다. 하지만 이 보고의 지식은 분명 미래 사회의 발전에 결정적인 역할을 할 것이다. 지식이 인류를 어떻게 발전시켰는가를 생각해 본다면 누구든 이런 결론에 이르지 않을 수 없을 것이다.

인류의 지식은 '종이'의 발명과 함께 본격적으로 기록되고 축적되었다. 서양에는 페이퍼(Paper)의 어원이 되기도 한 파피루스(Papyrus)

가 있었다. 고대 이집트 나일 강 유역에는 파피루스 풀이 어느 곳이든 무성하게 자랐기 때문에 종이의 원료로 가장 적합했다. 이 풀의 줄기를 얇게 갈라 표면은 옆으로 뒷면은 세로로 늘어놓고, 전체를 강하게 두들겨 건조시켜 파피루스를 만들었다. 이렇게 만든 종이는 이집트 왕가의 문서로 사용되었다. 그들은 파피루스로 온갖 명령서, 보고서, 회계서, 의학서, 설계도 등을 만들었고, 위대한 이집트 문명을 건설하였다.

동양에는 중국의 채륜이 발명한 '종이'가 있었다. 이 위대한 과학적 발명에는 재미있는 이야기가 숨어있다. 어느 날 산책을 하던 채륜이 개울가를 지나게 되었다. 그 개울가에서는 한 아낙이 솜을 물에 담가 두들겨서 빨고 있었다. 채륜이 이상해서 그 아낙에게 물었다. "아니, 솜을 그렇게 물에 담가 빨면 다 풀어져서 못쓰게 되지 않소?" 그러자 아낙은 별 이상한 사람을 다 본다는 표정으로 말했다. "솜을 햇볕에 말리면 원래대로 돌아오니 걱정 마시오." 이 말을 들은 채륜의 머리 속에 얼핏 스치는 생각이 있었다. 채륜은 서둘러 집으로 돌아와 옷감이며 나뭇가지 같은 것을 두들겨 물에 풀어놓았다가 그것을 다시 걸러 햇볕에 말렸다. 이것이 바로 종이의 기원이다.

채륜의 종이 제작 기술은 후대 전 세계로 퍼져나가 인류의 지식을 기록하는 중요한 자산이 되었다. 이후 파피루스는 보관과 운송 문제로 인해 그 역할을 종이에게 넘겨주었다. 채륜의 종이 덕분에 인류는 좀 더 편리하게 데이터의 기록을 남길 수 있게 된 것이다.

하지만 어느 순간부터 인류 지식 드라마의 주인공이 동양에서 서양으로 바뀌기 시작했다. 동양은 인류 문명의 발상지라는 고풍스러운 영예를 안고 있기는 하지만, 안타깝게도 근대 지식의 역사에서는 변방으로 밀려난 것이 사실이다. 1650년 이후 약 250년 동안에 일어난 지식 혁신 내지 과학 혁명은 거의 전부가 서양 문명권이 출발지이다. 그리고 이 지식 혁명의 80센트에 달하는 문명은 글래스코(영국), 코펜하겐(덴마크), 나폴리(이태리), 마르세유(프랑스)로 둘러싸인 지역 안에서 발생하였으며, 나머지 20퍼센트가 이 지역으로부터 약 160킬로미터 안에서 대부분 일어났다(시빌라이제이션).

최초의 영어사전을 편찬한 새뮤얼 존슨은 1759년 출간한 저서 《에디오피아의 왕자 라셀라스》에서 서양 세계의 강력함을 다음과 같이 묘사한다.

주인공인 왕자 라셀라스는 안락한 왕국을 떠나 세상을 유람한다. 그러다 한 가지 의문을 갖는다. "유럽인들은 어찌 그리 강력한가? 그들이 무역을 하거나 정복하기 위해 그리 쉽게 아시아와 아프리카를 오갈 수 있다면 왜 아시아인과 아프리카인은 그들의 해안을 침략하고, 그들의 항구에 식민지를 건설하고, 그들의 통치자들을 조종할 수 없는가?" 그러자 왕자 곁의 철학자 이믈락이 답한다. "유럽인들이 우리보다 강한 것은 '지식'이 있기 때문입니다. 인간이 동물을 다스리듯 지식은 무지를 지배합니다. 하지만 그들의 지식이 왜 우리보다 우월한지는 저도 이유를 알 수가 없습니다. 다만 우리로서는 파악 할 수 없는 신의 뜻이 아닌가 합니다."(시빌라이제이션)

철학자 이믈락이 몰랐을지 모르겠으나, 우리는 서양 문명을 강력하게 만든 것이 무엇인지 짐작할 수 있다. 그것은 아마도 인쇄술의 대중화일 것이다. 유럽인이 강한 것은 지식이 있기 때문이며, 동시에 그 지식을 많이 나누어 가졌기 때문이다. 즉 지식을 '오픈' 할 수 있는 능력이 있었기 때문이다.

인쇄술 이전 종이는 지식을 기록하여 대물림 하기에 매우 유용한 도구였으나, 지식을 동시대인들과 공유하기에는 참으로 난감한 도구이기도 했다. 책이라는 지식의 결정체는 일일이 필사본(수기)으로 제작되었다. 느리고 비싼 작업이었다. 당연히 지식은 소수 특권층의 전유물로 남을 수밖에 없었다. 나중에 목판 인쇄술이 나오기는 했으나, 목판을 일일이 새기는 데도 시간이 많이 걸렸으며, 쉽게 닳는다는 약점이 있어 대중화되지 못했다.

지식이 본격적으로 대중에게 '오픈'된 계기는 구텐베르크의 금속활자 발명이다. 물론 우리나라가 세계 최초의 금속활자를 발명한 것이 사실이나, 안타깝게도 그 파급력은 구텐베르크의 것에 비해 미약했다. 서양의 금속활자 인쇄술은 1450년 독일에서 구텐베르크가 두 권의 책을 인쇄하면서부터 시작되었다. 총 1272페이지에 달하는 '42행 성서'로 된 이 인쇄술의 혁명은 서양 지식의 '오픈'화를 이끄는 원동력이 되었다. 과거 필사로 만들어 지던 책은 두 달에 한 권 정도 생산되는 수준이었고, 따라서 그 금전적 가치가 현재 일반적인 도서 가격을 기준으로 따져봤을 때 약 2만 달러 정도(원화 1100원 기준: 2200만 원)에 이르렀다. 그러나 구텐베르크가 인쇄기를 발명한 이후 아래 그림과 같이 유럽의 책 생산량은 폭발적으로 증가하였다. 당시 기술 수준은 일주일에 500권 정도의 책 생산을 가능하게 하였다(네이트실버). 소수에게만 접근이 허락되었던 지식이 인쇄술의 보급으로 활짝 '오픈'된 셈이다.

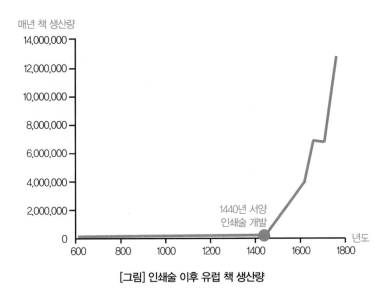

[그림] 인쇄술 이후 유럽 책 생산량

유명한 미국의 잡지인 〈라이프〉에서 지난 1천년 동안 있었던 사건 중에서 인류에게 가장 큰 영향을 끼친 100대 사건을 발표한 적이 있다. 이 중 1위의 사건은 석유의 발견도 아니고, 진화론도 아니고, 에디슨 전구 발명이나 컴퓨터의 개발도 아니었다. 인류에게 가장 큰 영향을 사건은 다름 아닌 구텐베르크의 성경 인쇄였다(From Gutenberg to Google: New media? New journalism). 물론 인쇄술의 혁명이 긍정적인 측면만 있는 것은 아니었다. 1487년과 1669년 사이 등장한 〈마녀의 망치〉 29판본이 유럽 전역을 휩쓸면서 몇 만 명 여성이 '마녀 사냥'이라 불리는 광기 아래 목숨을 잃는 사건처럼, 인쇄술에는 분명 부정적이고 파괴적인 측면도 있다.

인쇄술 혁명을 통해 책이 보급되고, 이를 매개로 사람들 간의 정보 교류가 이루어진 것은 분명한 사실이다. 그리하여 정보와 사상이 '오픈'되어 지식의 '공유'가 가능해졌다. 서양이 중세의 암흑기에서 벗어나 급속한 발전을 이루고 오늘날까지 그 영향력을 유지하고 있는 것은, 이처럼 인쇄술의 힘이다. 우리나라가 세계에서 가장 먼저 금속활자 인쇄술을 발명하고도 그것을 적극적으로 활용하지 않았던 점이 다시 한 번 안타까워지는 순간이다.

인류는 인쇄술을 통해 과거의 지식을 체계적으로 전수받고 지식을 기하급수적으로 축적할 수 있었다. 결과적으로 인쇄술 발명은 지식의 개방과 공유의 역사에 아주 중요하고 큰 이정표를 남겼다. 과거 인류에게 인쇄술이 있었다면, 지금 우리에게는 네트워크로 연결된 인터넷망과 손에 쥐어진 스마트폰이 있다. 평면 아날로그 지식이었던 무겁고 두꺼운 책들은 현대에 이르러 '0'과 '1'로 이루어진 새로운 디지털 공간인 인터넷으로 진화하였다. 덕분에 우리는 더욱 가볍고 편리하게 지식을 공유할 수 있게 되었다. 캠브리지 대학 정치학 교수인 데이비 런치먼은 가디언지에 기고한 "정치와 기술 어떤 것이 세상을 구할까?"라는 글에서 21세기 가장 큰 변화는 정치가 아니라 인터넷이 가져온 IT 기술 혁명이라고 역설하였다(Politics or technology - which will save the world?).

초연결시대 모든 것을 집어 삼키는 IT 기술혁명의 진실은 다음과 같다.

– 위치정보의 사용과 휴대전화 확인, 이메일과 트위터의 사용, 영화나 음악 방송 같은 인터넷 사용을 통해 당신은 1년에 180만 메가 바이트의 디지털 정보를 생성하고 있다. 이는 매일 CD롬 9개를 채울 수 있는 양이다.

– 인터넷과 연결된 모바일 기기의 확산으로 모든 데이터 중 90퍼센트 이상이 지난 3년 사이 창출되었다(Big Data, for better or worse: 90% of world's data generated over last two years).

– 2010년 120억 개 기기가 인터넷으로 연결되었다면 2015년 250억개가 연결되었고, 2020년 500억개 기기가 연결될 것으로 전망된다(The Internet of Things).

– 2018년에는 70억 지구 인구 60%이상이 인터넷에 연결되는 세상이 도래했다(Ericsson Mobility Report – June 2014).

이렇게 연결된 30억 명의 사람들이 2015년 매분당 2억4백만 개의 이메일을 주고 받으며, 다음의 수치를 기록해 주고 있다.

– 2,460,000개의 페이스북 컨텐츠를 공유하고, 애플 48,000개의 앱을 다운 받고, 277,000개의 트위터 메시지를 남기고 있다.

– 2009년 0.8 제타바이트(8000억 기가바이트)규모였던 디지털 정보는 2020년에 35 제타바이트로 44배 증가할 것이다.

이제 진정한 초연결사회(超連結社會: hyper-connected society)가 우리 앞에 등장한 것이다(Data Never Sleeps 2.0).

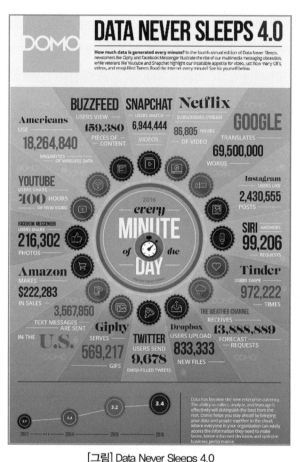

[그림] Data Never Sleeps 4.0
출처 : https://www.domo.com/blog/data-never-sleeps-4-0/

　특히 인터넷 강국이라 자부하는 대한민국에서는 인터넷 뱅킹 가
입자가 9500만 명(2013년 말 기준)에 달하며, 모바일 메신저인 카카
오톡으로 하루 52억 건의 대화가 오간다. 새로운 인터넷 기업도 대
거 등장했다. 시가총액 26조 원대의 네이버는 물론 게임업체인 넥슨

과 전자상거래 업체인 G마켓 등 수십 개의 기업이 인터넷을 기반으로 태어났다.

현재 인터넷은 옷을 바꾸어 입어 가며 우리 생활 더욱 깊숙한 곳으로 들어오고 있다. '손 안의 인터넷 혁명'이라 불리는 스마트폰의 등장이 대표적이다. 기존 TV나 신문 등 전통적인 미디어를 대신하여 이용자의 95%가 스마트폰이나 태플릿 같은 모바일 기기를 통해 미디어 매체를 접한다. 언제 어디서나 연결이 가능한 인터넷을 통해 '다음카페'나 '네이버블로그' 같은 소셜네트워크서비스(SNS)도 일찌감치 꽃을 피웠다. 뿐만 아니라 전통적인 아날로그 정치에 '전자민주주의 시대'가 열린 덕에 대선과 총선의 선거문화도 크게 바뀌었다.

여기서 중요한 것은 지난 20년 인터넷이 가져온 변화보다 앞으로의 20년 안에 있을 변화가 더 클 것이라는 사실이다. 그리고 이를 가능하게 하는 것이 바로 오픈데이토피아 세상의 데이터라는 점이다.

이쯤에서 우리가 계속 이야기해 왔고 이야기 하게 될 오픈데이토피아 세상의 '데이터'를 간단하게 정의해 둘 필요가 있을 것 같다. '오픈 기술'이라는 개념은 이미 산업과 과학 분야에서 각광받는 화두여서 그리 새로울 것은 없는 개념이다. '오픈 기술'은 여러 분야에서 언급되고 있는 오픈이노베이션, 오픈 소스 소프트웨어, 오픈 사이언스에서처럼 열리고, 개방되고, 공개된 상태를 의미한다. '데이터(DATA)'는 라틴어 'Datum(주다)'에서 유래된 '주어진 것들'이라는 뜻에서 알 수 있듯, 우리 눈앞에 주어진 것, 즉 우리가 아는 세상의 모든 것들이다. 따라서 말 그대로 하자면, 오픈데이토피아 세상에 공개된 모든 정보를 '오픈데이터'라고 정의할 수 있다.

그렇다면 지금까지 인터넷에 공개된 모든 자료를 '오픈데이터'라고 부르면 될까? 넓은 의미에서 이 말이 틀리지 않을 수는 있으나, 전문적인 개념의 '오픈데이터'는 좀 더 좁은 의미를 갖는다. 즉, 인터넷을 통해 마구잡이로 얻을 수 있는 모든 자료를 '오픈데이터'라고 부르지는 않는다는 말이다.

앞으로 언급할 '오픈데이터'라는 용어는 "목적을 불문하고 누구나 어디서나 자유롭게 접근 및 공유·활용할 수 있는 개방되고 재사용 가능한 데이터"라고 정의할 수 있겠다. 이 정의가 구체적으로 어떤 의미를 갖는지는 앞으로의 이야기를 통해 좀 더 쉽고 명확하게 풀어 볼 수 있을 것이다.

02
네트워크시대
선과 악의 대결

인간의 협력은 지구상에 알려진
가장 강력한 힘이다.
– 조나단 헤이트

    앞선 이야기가 데이터 유토피아가 만드는 개방이 가져왔던 오픈데이토피아의 시작이었다면, 이번에는 개방과 협력, 공유가 제공하는 오픈데이토피아 혁신의 사례에 대해 이야기할 것이다. 오픈데이토피아 시대가 낳은 영웅적인 성공담을 통해 그 무한한 가능성도 짚어보고, 이를 더욱 발전시키기 위해 우리가 극복해야 할 장애가 무엇인지도 생각해보자. 이는 본격적인 오픈데이토피아 시대 비즈니스 관점에서 데이터 활용에 앞서 '오픈'이 우리에게 어떤 의미를 갖는지를 상징적으로 이해하기 위함이다. 개인이나 단체 또는 기업이 기존의 장벽을 넘어 서로 경계를 허물어 융합하고 협력하는 과정을 지켜보는 것은 그 자체만으로 의미가 있을 뿐 아니라, 앞으로 본격

적으로 이야기할 오픈데이토피아 시대를 이해하는 데 반드시 필요
한 과정이다.

네트워크 오픈이노베이션의 시대

버라이즘에 인수되어 역사 속으로 사라진 인터넷 원조기업 야후
는 2016년 1월 머신러닝 과학자들을 대상으로 지금까지 중 가장 큰
데이터 집합을 공개했다. 야후 뉴스, 야후 스포츠 등 사이트상에서
익명화된 사용자의 뉴스 피드 상호작용 모음이다. 공개된 것은 사
용자가 뉴스를 클릭한 시간, 뉴스 피드를 본 후의 활동 등을 담은 총
1100억 건의 기록이며, 용량은 13.5TB, 또는 압축해서 1.5TB다. 야
후는 지난 번 공개된 데이터 집합보다 약 10배 더 큰 규모라고 밝혔
다. 야후는 2015년에도 마케팅 업체 크리테오(Criteo)를 통해 1TB 용
량에 40억 건의 데이터를 공개한 바 있다. 이미 머신러닝은 자율 주
행 자동차나 온라인 추천 엔진에 이르기까지 모든 종류의 애플리케
이션에서 핵심 기술로 사용되고 있다. 그러나 구글이나 페이스북
같은 대규모 업체가 아니라면 머신러닝 프로그램 테스트와 유효화
에 필요한 엄청난 양의 현실 데이터 집합을 다루는 것은 무척 어려
운 일이다. 야후는 "데이터는 머신러닝 연구의 생명선과 같다"며,
"그러나 진정한 대규모 데이터 집합에 접근하는 것은 대형 업체 소
속의 머신러닝 연구자, 데이터 과학자에게만 허락된 특권이었고,
학계 연구자에게는 매우 어려웠다"고 데이터 공개 목적을 밝혔다.

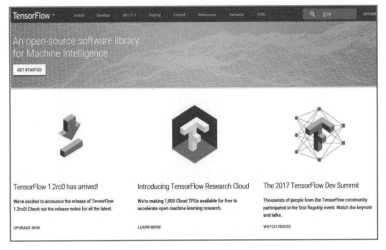

[그림] 구글에서 개방한 오픈소스 기반 인공지능 소프트웨어
출처 : https://www.tensorflow.org/

　야후보다 앞서 2015년 11월 구글은 인공지능 핵심 소프트웨어
인 텐서플로우(Tensor Flow)를 전격 개방했다. 이에 따라 외부 개발
자들도 텐서플로우를 공짜로 쓸 수 있을 뿐 아니라 프로젝트에 참
여해 수정 작업까지 할 수 있게 됐다. 과학잡지〈파퓰러사이언스〉
에 따르면 구글 제품 중 텐서플로우를 적용한 것도 50개를 웃돈다.
DNN(Deep neural network)을 활용한 머신러닝 기술을 적용하는 데는
텐서플로우가 필수적이기 때문이다. 잘 알려진 유튜브 동영상에서
고양이를 인식하는 등의 연산을 수행할 수 있는 것도 깊숙하게 파고
들면 모두 텐서플로우 덕분이다. 이처럼 텐서플로우는 구글에게는
인공지능 시대를 대비한 핵심 기술이나 다름 없다.
　그렇다면 질문이 뒤따르지 않을 수 없다. 구글은 인공지능 시대

핵심 노하우를 왜 아무런 대가도 없이 공개하는 것일까?

〈월스트리트저널〉은 "구글은 좀 더 많은 연구자들이 텐서플로우를 개선하고 새로운 방식으로 적용하는 아이디어를 내놓길 기대하고 있다"고 분석했다. 과학잡지인 파퓰러사이언스도 비슷한 분석을 내놨다. 전 세계 다양한 연구자와 개발자들이 자신들의 용도에 맞게 적용하게 되면 자연스럽게 텐서플로우가 널리 보급될 것이란 얘기다. 그럴 경우 구글은 자연스럽게 인공지능 분야의 선두 주자로 떠오를 가능성이 많다고 이 잡지는 바라보았다. 스탠퍼드대학 컴퓨터공학과 크리스토퍼 매닝 교수는 3개월 전 텐서플로우를 처음 접한 지 불과 몇 주 만에 자기 강좌에 포함시키기로 결정했다. 매닝 교수 사례에서 볼 수 있는 것처럼 이런 과정을 통해 텐서플로우는 머신러닝 분야의 대표적인 플랫폼으로 자리매김할 가능성이 많다는 얘기다.

파퓰러사이언스는 "구글이 텐서플로우를 인공지능 분야의 안드로이드로 만드는 첫 발걸음을 내디뎠다"라고 했는데 이를 통해 구글의 무서운 오픈 전략이 이미 우리 주위를 파고들고 있는 것이다.

구글과 야후의 사례에서처럼 기업의 핵심을 개방하는 오픈 전략이 시대의 화두가 된 것은 이미 드문 일이 아니다. 오픈 소스, 오픈 엑세스, 오픈 사이언스, 오픈 컨텐츠, 오픈 교육 등 각계각층에서 '오픈', 즉 자기 분야의 한계에서 벗어나 개방하고 공유하고 협력하는 방식으로 혁신을 꾀하려 한다. 산업혁명 이후, 세상은 분업화, 전문화의 길을 선택했다. 기술이 단순하고 정보가 한정적이었던 시대에는 이것이 가장 효율적인 방법이었다. 분업화와 전문화는 해당 분야에 집중하여 기술을 발달시키기에는 좋은 방법이었지만, 필연적으로 고립화를 동반한다. 시야가 좁아지고, 창의성이 떨어지게 되는 것이다. 마침 네트워크시대 인터넷의 발달로 처리해야 할 정보가 기하급수적으로 늘어나면서, 분업화와 전문화에 의존하던 산업은 새로운 돌파구를 찾아야 했다. 지금까지 자기 세계에 갇혀 있는 각각의 분야가 걸어 잠근 문을 열고 서로 협업하려는 노력, 그것이 바로 새 시대가 요구하는 '오픈이노베이션'이다.

오픈이노베이션계의 슈퍼 히어로들

개방과 협력, 파괴적 혁신으로 놀라운 결과를 이뤄낸 사례들은 많다. 아래 오픈이노베이션계의 다섯 사례는 그 중 극히 일부이다. 이 이야기들 중 어떤 것은 개방과 협력의 요소를, 또 다른 것은 파괴적 혁신의 요소를 강하게 담고 있다. 어떤 이야기는 개인의 성공담에 가깝고, 또 다른 이야기는 개인보다는 인류 전체의 이익을 앞세운다. 그리고 그 중에는 단순히 돈을 많이 번 이야기도 있다. 그러나 이 다섯 이야기에는 공통점이 있다. 바로 오픈이노베이션과 오픈데이토피아 세상이 얼마나 강한 힘을 갖는지를 보여준다는 것이다. 이용하기에 따라 개인의 미래를 변화시킬 수도 있고, 집단의 전망을 바꿀 수도 있으며, 인류의 미래를 발전시킬 수도 있는 힘, 바로 오픈데이토피아 세상과 오픈이노베이션에는 이런 슈퍼 파워가 있다. 그러니 이런 슈퍼 파워를 발휘한 사람이나 단체, 기업을 슈퍼 히어로라 불러도 좋지 않을까.

슈퍼 히어로 No.1: 리캡챠와 집단 지성

| 리캡챠 프로젝트

첫 번째로 만나볼 인터넷 세상의 슈퍼 히어로는 '리캡챠 프로젝트'이며, 더 엄밀하게는 이 프로젝트가 상징하는 집단 지성이다. 리캡챠 프로젝트의 혁신적인 행적을 이해하려면 먼저 캡챠 코드에 대한 이해가 필요하다. '리캡챠 프로젝트'의 탄생지가 캡챠 코드이기 때문이다. 그러나 모든 슈퍼 히어로가 그러하듯, 리캡챠는 캡챠라는 탄생지에 안주하지 않고 원대한 목표와 대담한 아이디어를 통해 자기 혁신을 이루었다. 인터넷 사용자라면 누구나 캡챠 코드를 일상적으로 접하기 마련이다. 스팸 게시물이나 의심되는 접근을 거부하기 위해 상당수의 웹사이트가 회원 가입 시 문자나 숫자 등을 직접 입력하도록 하는 시스템을 활용하고 있다. 이것이 캡챠 코드인데, 그 기본 원리는 '튜링 테스트'이다.

튜링 테스트는 기계가 인간과 얼마나 비슷하게 대화할 수 있는지를 파악하는 기준으로, 기계에 지능이 있는지를 판별하고자 하는 테스트였다. 이 테스트는 애플사의 한 입 베어 문 사과 로고의 주인공이자 영화 '이미테이션 게임'의 실제 모델인 영국의 위대한 수학자 앨런 튜링이 1950년에 발표한 것이다. 앨런 튜링이 만든 테스트는 인터넷의 세계가 열리면서 한 차원 더 발전되었고, '캡챠(Completely Automated Public Turing test to tell Computers and Humans Apart, CAPTCHA)'라는 이름으로 온라인 공간에서 널리 활용되고 있다. 이렇듯 우리에게 이미 익숙한 캡챠 코드를 어떻게 하면 혁신적이고 파괴적으로 발전시킬 수 있을까? 어떻게 다른 분야와 융합하여 새로운 결과를 만들어 낼 수 있을까? 이런 의문을 갖고 다시 한 번 아래 〈그림〉의 캡챠 코드를 바라보자. 이미지로 이루어진 이런 '문자열'을 지금 이 순간에도 전 세계 수천 수만 명의 사람들이 디지털 문자로 입력하고 있다. 목적은 단순히 내가 기계가 아님을 증명하려는 데 있다. 이런 단순한 행위의 틀을 깰 수는 없을까? 여기에 뭔가 더 큰 목표나 용도를 융합할 수는 없을까? 이런 생각에서 탄생한 것이 '리캡챠 프로젝트'이다.

[그림] 캡챠 이미지 (출처 : 구글 CCL)

리캡챠의 개념은 과테말라 출신으로 미국 카네기 멜론대학의 교수로 재직중인 루이스 폰 안(Luis Von Ahn)박사로부터 나왔다. 루이스 폰 안 박사는 고문서의 이미지를 캡챠 코드로 사용함으로써 사람들이 온라인상에서 입력한 값을 모아 종이책을 디지털화할 수 있도록 캡챠의 목적을 재설정 한 사람이다. 루이스 폰 안 박사는 미국 카네기 멜론대학에서 열린 2011년 TED 포럼에서 '매일 2억 개의 캡챠가 입력되고 있으며 사람들이 캡챠를 입력 할 때 마다 10초가 걸린다. 이걸 전체로 계산해보니 매일 50만 시간을 낭비하고 있다는 결론이 나왔다'고 밝혔다. 그리고 '그렇다고(보안상의 위협을 감수하며) 캡챠를 버릴 수는 없는 터라, 사람만 할 수 있고 컴퓨터는 못하는 '무엇'을 찾아서' 이용하기로 했다고 설명했다.

이렇게 시작된 리캡챠 프로젝트는 인류 지식을 개방하여 전파하는 데 큰 역할을 했던 구텐베르크를 기리는 의미에서 '프로젝트 구텐베르크'라고 불리기도 한다. 구글은 이를 인수하여 리캡챠 프로젝트를 자사 제품인 '구글 북스' 프로젝트에 활용하고 있다. 구글 이외에도 페이스북, 아마존, 트위터, 텀블러, 4chan, CNN, 뉴욕타임스 등이 리캡챠 프로젝트를 활용하고 있다. 단순히 스팸 방지를 위한 보안 목적으로 사용되던 캡챠 코드를 아날로그의 디지털화에 이용한 리캡챠 프로젝트는 혁신적인 생각과 집단 지성에 대한 신뢰가 갖는 영웅적인 힘을 보여주는 좋은 사례이다.

| 이미 우리는 집단 지성으로 변화하고 있다

집단 지성(Collective Intelligence)이론은 다양한 형태로 모인 개개

인의 능력이 새로운 시너지를 만들어 개인 능력의 합보다 뛰어난 능력을 발휘한다는 생각에서 출발한다. 파나마 군대 개미처럼 한 마리의 개미는 미물이지만, 개미가 모여 사회가 되면 개개의 합보다 엄청난 힘을 가진 생태계의 강자가 된다. 이런 집단 지성이론은 대중이 중심이 되어 지식과 지혜를 양산하는 '크라우드소싱(Crowdsourcing)' 이라는 용어를 만들었다.

단순하지만 위대한 다수의 힘으로 세상을 좀 더 나은 곳으로 만들려고 노력하는 집단 지성 연구작업들을 좀 더 살펴보자. 대표적인 것이 월드커뮤니티 그리드(World Community Grid) 이다.

이 연구는 개인의 컴퓨터나 안드로이드 스마트폰, 태블릿 기기 등의 사용하지 않는 공간을 활용하자는 생각에서 출발한다. 인터넷으로 연결된 수많은 디바이스의 분산 컴퓨팅 파워를 모아 하나의 거대한 슈퍼컴퓨터처럼 사용하겠다는 것이다. 이 프로젝트의 일환으로 2014년 지구촌을 공포로 몰아 넣은 에볼라 바이러스에 대항하기 위해 IBM이 스크립스 연구원(The Scripps Research Institute)과 공동으로 대중 협력 연구를 진행하고 있다. 현재는 아웃스마트 에볼라 투게더(Outsmart Ebola Together)가 진행하는 에볼라 바이러스 백신 연구와 협력하고 있으며, 전 세계 참여자도 68만 명이 넘고 있다. 2014년 기준으로 300만 대 가까운 기기가 등록되어 유휴시간을 제공함으로써 인류의 안녕을 위해 협력하고 있다(worldcommunitygrid). 월드커뮤니티그리드 웹사이트(www.worldcommunitygrid.org)에 가면, 먹고 사는 일에 급급한 소시민도 지구를 지키는 '독수리 5형제'로 변신할 기회를 얻을 수 있는 것이다.

집단 지성을 극대화 하기 위해서는 개인간의 원활한 소통을 가능케 해주는 스마트폰과 같은 장치와 SNS같은 네트워크 인프라가 반드시 존재해야 한다. 그리고 이렇게 고도로 연결된 네트워크에 '오픈데이터'와 같은 적절한 재사용 컨텐츠 정보들이 함께 제공되어야 집단 지성이 왜곡되지 않고 객관적인 형태로 성장할 수 있을 것이다. 투명성 있고 오픈 된 대중의 지식구조만이 단순한 '집단 공유'를 넘어서 '집단 지성'으로 진화할 수 있다.

전문가의 의견이 비전문가의 생각보다 정답에 더욱 가깝다는 이유로, 지금껏 세상은 전문가들의 것이었다. 하지만 대중 지능이 커져서 비전문가 집단에 전문가와 유사한 수준의 여러 개인이 다수 역할을 하게 된다면 어떨까? 다양한 시각의 객관화가 가능하여 대중의 지능에 기반한 의사결정이 전문가를 뛰어넘을 수 있을 것이다.

물론 대중 지능이 전문가의 지식을 반드시 앞선다고 할 수는 없다. 역사적으로 자기 통제력을 상실하고 감정에 치우친 대중의 잘못된 결정은 중대한 과오를 범하기도 했다. 하지만 대중 지능이 여러 단계의 상호 견제를 통해 조정되고 교정된다면, 사회적 집단 지성으로 충분히 발전할 수 있을 것이다.

오픈 지식과 데이터를 활용하는 대중은 스스로 의사결정 지능이 고도화되어 기존 소수의 엘리트 집단이 제공하는 정보 권력에서 탈피하여 스스로 권력을 생산하고 소비를 즐기는 주체가 될 것으로 예상된다. 우리는 이미 인쇄술과 인터넷이 가져온 개방과 협력의 역사를 살펴보았기에, 다름 아닌 우리 자신이 이런 권력의 주체가 될 수 있음을 잘 알고 있지 않은가?

슈퍼 히어로 No. 2: 위키, 위키

불과 얼마 전까지만 해도 한 손으로 들기 버거울 정도로 두꺼운 백과사전 세트는 우리 지식의 중요한 보고였다. 학생들의 공부방에서 흔히 백과사전은 필수품처럼 자리를 차지하고 있었으나, 공부하는 학생들이 모두 이 백과사전을 잘 활용했던 것은 아니다. 찾기도 불편할 뿐 아니라 한정된 공간 안에 쓰여진 설명이 수박 겉핥기식인 경우가 많아 두꺼운 먼지를 쓴 채 방치되기 일쑤였다.

물론 이런 풍경은 더 이상 찾아보기 힘들다. 이제 우리는 종이 백과사전을 쓰던 때와는 비교가 안 되게 더 쉽고 간편한 방법으로 필요한 지식에 접근할 수 있다. 그리고 필요에 따라 얻고자 하는 지식의 범위를 넓게 확장시킬 수도 있고, 미세하게 파고 들어갈 수도 있으며, 다각도로 분석해볼 수도 있다. 마음먹고 파고 든다면, 해당 분야의 어떤 전문가 못지 않은 전문 지식에도 접근이 가능하다. 바로 우리의 두 번째 슈퍼 히어로인 위키피디아 덕분이다.

널리 알려진 대로, 위키피디아는 대표적인 다국적 온라인 백과사전이다. 전직 증권 데이트레이더 출신의 지미 웨일즈(Jimmy Wales)가 설립하였고, 현재 인터넷에서 가장 큰 참고 사이트이자 세계에서 여섯 번째로 큰 온라인 사이트로 자리매김하고 있다. 위키피디아에는 287개 언어로 작성된 2000만 개의 글이 게시되어 있다.

1770년 처음 만들어진 원조 백과사전 '브리태니커'는 한때 정규직 편집자만 100명이 넘는 거대한 조직으로 지난 250년간 백과사전 산업을 주도한 주인공이며, 종이 백과사전을 제작하는 데만 10억달러가 넘는 비용을 쏟아 부었다.

인류 지식의 보고 백과사전은 종이산업에서 1990년대에 컴퓨터 보급이 확산되면서 대표적인 저장매체인 CD-ROM의 등장으로 커다란 전환기를 맞는다. 하지만 CD-ROM 덕분에 백과사전의 제작 및 유통이 간편해지고 멀티미디어(음성, 영상, 연결)로의 작업이 가능하게 되었다. 덕분에 종이 백과사전인 브리태니커나 마이크로소프트사의 엔카르타(Encarta)가 CD로 제작되어 한동안 새로운 산업의 부흥기를 구가하는 듯 보였다.

CD 백과사전의 정보는 광범위한 대중에게 오픈 되어 실시간으로 업데이트되는 위키피디아의 상대가 되지 못했다. CD 백과사전으로 잠깐 시장을 주름잡았던 마이크로소프트사의 엔카르타(Encarta)는 위키피디아를 모방하여 인터넷으로 자리를 옮겼지만, 결국 2009년 3월 완전히 퇴출되었다. 지미는 위키피디아의 성공으로 종이 백과사전을 역사의 뒤안길로 사라지게 만들었고, 그 뒤를 이을 것으로 기대되었던 CD 백과사전의 씨를 말렸다.

사용자가 인터넷에서 무료로 소프트웨어를 다운받고, 직접 소프트웨어를 제작 및 업그레이드 할 수 있는 네트워크 기반 협력 환경은 위키피디아 설립자인 지미에게 큰 영향을 미쳤다.

'대중에 의한, 대중을 위한, 대중의' 참여로 인터넷 백과사전을 만들어 보겠다는 그의 아이디어가 더욱 구체화될 수 있었다. 지미는 개방된 협력 체계 및 오픈 소스, 오픈데이터와 프로그램 등을 이용하면, 프로그래머뿐만 아니라 모든 사용자가 글을 올리고 정보를 편집할 수 있은 백과사전이 가능하다고 생각했다. 그리고 이런 온라인 백과 사전은 기존 책이나 CD백과사전과는 달리 변화하는 최신 정보를 지속적으로 기록 할 수 있다는 점에서 기존의 패러다임을 완전히 뒤엎을 수 있을 것이라 확신했다.

물론 처음부터 위키피디아가 승승장구했던 것은 아니다. 1999년 이른바 닷컴 산업이 정점기에 있을 때, 지미는 오픈 소프트웨어를 활용한 온라인 백과사전을 만들어서 사용자에게 제공하고 광고를 통해 수익을 올리는 사업모델로 '뉴피디아(Nupedia)'를 설립하였다. 그러나 2001년 닷컴 기업들의 붕괴가 이어지면서, 뉴피디아에도 새로운 터닝 포인트가 필요했다. 그때 마침 지미와 친분이 있던 뉴피디아의 자원봉사자가 위키(wiki 하와이 말로 '빨리'라는 의미)라는 1995년 미국 컴퓨터개발자 '하워드 커닝엄(Howard Cunningham)'이 개발한 소프트웨어를 추천했다. 이 '위키'라는 새로운 오픈 도구를 활용한 덕에, 뉴피디아는 다른 웹페이지와 연결이 쉬워지고 여러 가지 기술적 측면에서 새로운 컨텐츠를 보다 효과적으로 생성할 수 있게 된다. 그리하여 2001년 1월 위키 소프트웨어를 활용한 온라인 백과사전 위키피디아가 탄생하였다.

위키피디아는 2002년에 비영리조직으로 탈바꿈하였고, 주소를 Wikipedia.com에서 Wikipedia.org로 변경하여 상업적인 목적을 배제하였다. 그리고 2003년 위키미디어 재단(Wikimedia Foundation)이 설립되어 모든 자산이 재단에 기부되는 등, 전 세계인이 참여하는 새로운 지식의 미래를 향해 거침없는 발전을 거듭하고 있다. 또한, 위키피디아의 사례는 앞으로 이야기하게 될 '위키 정부'의 이론적 배경이 되어, 미국, 영국 등 각국 정부의 오픈데이토피아 구축을 통한 데이터 개방 정책에 커다란 영향을 미치게 된다. 2017년 탄생 16주년을 맞은 위키피디아는 비영리 운영을 최종 목표로 자본으로부터 자유로운 생존의 길을 함께 하자는 메시지를 전 세계인에게 보내고 있다. 위키피디아로부터 얻은 수많은 지식에 감사하며 작은 기부에 동참해 보는 것은 어떨까? 그러면 보답으로 이 멋진 슈퍼 히어로에게서 다음과 같은 편지를 받을 수 있다.

세계 곳곳의 모든 인류에게 지식을 전파하는 귀중한 선물을 주신 것에 감사합니다.

제 이름은 라일라 트레티코프이며, 위키피디아 재단의 사무국장입니다. 작년 한 해 동안, 당신이 주신 것과 같은 선물이 위키피디아를 287개 언어로 확장시켜 세계 곳곳에서 더 많이 활용되도록 만들고자 하는 저희의 노력에 힘을 실어주었습니다. 저희는 다른 식으로는 교육에로의 접근이 불가능한 사람들에게 손을 뻗는데 최선의 노력을 기울이고 있습니다. 저희는 인도 솔라푸르의 아크샤야 이엥가 같은 이들에게 지식을 전달합니다. 옷감을 짜는 작은 시골 마을에서 자란 아크샤야는 위키피디아는 배움의 기본 자원으로 활용하였습니다. 책은 귀하지만 모바일 인터넷에 접근이 가능한 이런 지역의 학생들에게 위키피디아는 중요한 도구입니다. 아크샤야는 인도에서 대학까지 졸업하기에 이르렀고, 지금은 미국에서 소프트웨어 엔지니어로 일하고 있습니다. 아크샤야는 자신이 얻은 지식 절반의 공을 위키피디아에 돌립니다. 이 이야기는 단지 하나의 사례일 뿐입니다. 저희의 사명은 드높기에 많은 도전을 안고 있습니다. 위키피디아를 비영리 단체가 운영하며 사람들의 기부로 기금을 마련한다는 사실을 들으면, 많은 이용자들이 놀라곤 합니다. 우리 모두가 인류 지식의 총합을 계속 이용하는 일이 매년 여러분의 기부로 겨우 유지되고 있습니다. 이 일을 가능하게 해주신 것에 감사 드립니다. 위키피디아를 읽는 5억여 명의 사람들과 수천 명의 자원봉사 편집자들, 위키피디아 재단의 스태프들을 대표하여, 올해에도 위키피디아를 온라인에서 광고 없이 지켜주신 것에 감사 드립니다.

감사합니다.

Thank you for your invaluable gift of bringing knowledge to every human around the world.

My name is Lila Tretikov, and I'm the Executive Director of the Wikimedia Foundation. Over the past year, gifts like yours powered our efforts to expand the encyclopedia in 287 languages and to make it more accessible all over the world. We strive most to impact those who would not have access to education otherwise. We bring knowledge to people like Akshaya Iyengar from Solapur, India. Growing up in this small textile manufacturing town, she used Wikipedia as her primary learning source. For students in these areas, where books are scarce but mobile Internet access exists, Wikipedia is instrumental. Akshaya went on to graduate from college in India and now works as a software engineer in the United States. She credits Wikipedia with powering half of her knowledge. This story is not unique. Our mission is lofty and presents great challenges. Most people who use Wikipedia are surprised to hear it is run by a non-profit organization and funded by your donations. Each year, just enough people donate to keep the sum of all human knowledge available for everyone. Thank you for making this mission possible.

On behalf of nearly half a billion people who read Wikipedia, thousands of volunteer editors, and staff at the Foundation, I thank you for keeping Wikipedia online and ad-free this year.

Thank you.

[그림] 위키로부터 참여와 협력에 대해 받은 감사 편지

슈퍼 히어로 No.3: 단돈 천오백 원짜리 종이키트로 암환자들을 살리다

잭 안드라카는 미국 메릴랜드에 사는 18세 학생이다. 잭이 3살 때 삼촌처럼 따랐던 가족의 친구가 췌장암으로 세상을 떠났고, 이는 어린 소년에게 큰 상실감을 남겼다. 긴 고등학교 여름방학을 무료하게 보내던 어느 날 잭은 인터넷에서 췌장암을 검색해 보다가 한 가지 놀라운 점을 알게 된다. 췌장암 환자의 85% 이상이 말기에 와서야 진단되며, 이들의 생존 확률이 2%밖에 되지 않는다는 사실이었다.

췌장암은 근래에 들어 발생 빈도 및 사망률이 증가하고 있는 암이다. 소화기 계통의 암 중 대장암 다음으로 많으며, 암 사망 질환 중 폐암, 직장암, 전립선암, 유방암 다음으로 치사율이 높은 질환이다. 2020년에 이르면 암 사망 원인 질환 중 2번째를 차지할 것으로 예견되기도 한다. 비교적 생소했던 이 질병은 애플사 창업주인 스티브 잡스를 56세 나이로 생을 마감하게 한 질병으로 최근 일반인들에게 큰 경각심을 불러일으켰다.

췌장은 우리 장기 중 가장 몸 속 깊이 자리잡은, 길이 약 15cm, 무게는 100g 정도 되는 작은 크기의 장기이다. 췌장암이 다른 암에 비해 위험한 것은 조기 진단이 어렵다는 점이다. 더구나 일단 발병하면 5년 생존률이 모든 암 가운데 유일하게 한 자리수일 정도로 치명적이다. 따라서 지금까지 의학계에서는 통념적으로 췌장암 환자의 생존에 거는 기대가 그리 크지 않았던 것이 사실이다(미 암협회 (ACS) pancreatic cancer), (서울대학교 병원 의학정보 센타).

췌장암에 대한 이 정도의 지식은 누구나 인터넷 검색만 하면 쉽게 알 수 있다. 뿐만 아니라 의지만 있다면, 이보다 훨씬 전문적인 의학지식에 대한 접근도 얼마든지 가능하다. 미국의 희귀병 환자를 위한 오픈 사이트인 '페이션트라이크미(patientslikeme)'는 14만 명 환자군을 바탕으로 상호간 자유로운 정보 교환이 이뤄지고 있으므로 의료 전문가들은 이미 이 사이트를 통해 환자들에 관한 많은 정보를 얻고 있다.

다수의 일반인이 과거에는 의료 전문가 외에 접근할 수 없었던 의료 정보를 인터넷과 모바일을 통해 공유하고 있는 것이다. 과거 제한된 시간에 의료진과 대면하여 얻는 제한된 의료정보는 많은 환자와 보호자들을 갈증 나게 만들었다. 이러한 '의료 정보의 비대칭성'을 파괴하는 역할을 이제 인터넷 세상이 만들어낸 '오픈' 네트워크가 톡톡히 하고 있다.

잭은 고등학교 생물 시간에 배운 기초적인 지식에 인터넷을 통해 만인에게 개방된 오픈데이토피아 세상의 지식을 결합하여 췌장암에 대한 조사를 해나가기 시작했다. 그리고 현재 이루어지는 췌장암 진단법이 무려 60년이나 된 낡은 방식이며, 검사비용이 800달러에 이른다는 사실을 알게 된다. 보통 아이라면 이 정도에서 멈췄을 것이다. 하지만 남아도는 시간과 잔소리하지 않는 부모를 둔 이 무모한 십대 소년은 컴퓨터를 끌어안고 더 나은 암 진단방법을 찾기 시작한다. 그는 암 진단 키트를 통해 해당 단백질을 검출하는 진단방법에 주목했다.

그렇다면 췌장암을 진단하려면 어떤 단백질을 찾아야 할까? 당신이라면 누구에게 물어보겠는가? 아는 의사나 생물학자를 찾아 나서겠는가? 그럴 필요가 없다. 그저 컴퓨터를 켜서 인터넷 검색창을 열고 '췌장암 단백질'이라고 입력하면 된다. 잭 안드라카도 그렇게 했다. 자신의 가장 친한 '두 친구', 위키피디아와 구글에 물어보았다. 이 두 친구의 좋은 점은 단순히 자기가 아는 지식을 알려 줄 뿐 아니라, 해당 분야에 더 전문적인 지식을 가지고 있는 다른 친구들을 얼마든지 소개해준다는 것이다. 잭 역시 이런 소개를 통해 각종 과학잡지에서 나노 튜브와 항체분자 같은 좀 더 전문적인 지식을 얻었다.

대부분의 슈퍼 히어로가 그러하듯, 잭도 시작부터 특별히 운이 좋은 편은 아니었다. 하지만 잭에게는 단순하고 반복적인 시도를 끊임없이 할 수 있는 인내심이 있었다. 잭은 혈액 안에 있는 단백질 레벨에 차이가 생기는 현상을 통해 암을 진단할 수 있다는 것을 알게 되었다. 그 때부터 8천 개의 단백질 데이터베이스를 하나씩 찾아 보기로 결심했다. 그리하여 4천 번째 단백질을 검색 했을 때, 드디어 메소텔린(mesothelin)이라는 단백질을 찾아낸다. 메소텔린은 췌장암이 걸렸을 때 급속도로 증가하는 단백질이었던 것이다(이러한 반응 물질을 바이오 마커 또는 생체지표라고 부른다).

'탄소나노튜브(CNT)'로 암을 치료했다는 논문을 읽은 적이 있는 잭은 메소텔린에 특정하게 반응하는 항체를 탄소나노튜브와 결합한 뒤 시중에서 흔하게 구할 수 있는 일반 여과지에 코팅을 하고 메소텔린이 항체에 반응할 때 일어나는 전기의 변화를 통해 암을 진단하는 방식을 고안해 냈다.

지칠 줄 모르는 열정과 창의력을 가진 소년이 밟을 다음 단계는 무엇일까? 잭은 본격적인 시약 연구를 위해 필요 예산과 계획을 메일로 정리하여 각 대학과 연구소의 전문가 200명에게 보냈다. 하지만 '닫힌 지식'의 세계에 살고 있는 199명의 전문가들은 이를 거절했다. 다행히도 잭은 딱 한 군데로부터 연락을 받았다. 사는 곳에서 멀리 떨어지지 않은 존스홉킨스대학의 마이트라(Dr. Anirban Maitr) 교수로부터였다. 이 곳 연구실을 이용할 수 있게 된 잭은 비로소 암세포를 처음 보았다고 한다. 원심분리기를 고장내는 등 평범한 고등 학생이 할 만한 실수도 있었지만, 어쨌든 잭 안드라카는 누구에게나 공개된 '오픈' 지식을 바탕으로 이 곳에서 1달러 56센트(한화 1600원) 짜리 췌장암 진단키트를 개발하는 데 성공했다.

마이트라 교수는 이후 인터뷰에서 '열다섯 살 소년의 놀라운 열정에 감탄해서 연구실을 내줬지만, 사실 몇 달 못 버티고 포기할 줄 알았습니다'라고 말했다. 평범한 고등학생 잭 안드라카는 췌장암 단백질이라고 불리는 메소텔린을 조기 발견할 수 있는 종이 센서를 만들었다. 이는 기존 진단법보다 168배 빠르고 2만6천배 넘게 저렴(1달러56센트)하며 400배 넘게 더 민감한 방법이다. 무엇보다 췌장암뿐만 아니라 항체를 교체하면 모든 병을 진단할 수 있는 가능성까지 가지고 있다.

국내에도 췌장암 환자수가 증가하는 추세이다. 건강보험심사평가원에 따르면 2013년 췌장암으로 진료받은 환자는 1만889명으로 2006년 8918명보다 22.1% 늘었다. 또 이로 인한 인한 사망자는 4306명으로 2006년 3445명 보다 25.0% 증가했다. 환자수와 사망자수 모두 여성보다 남성이 많았다. 단순히 국내 췌장암 환자들에게만 잭의 결과물을 활용한다고 생각해보자. 진단 비용을 800달러에서 불과 1달러 56센트로 낮춘 것만으로도 이 비즈니스는 8백71만1200달러(원화 95억8232만 원)에서 1만6986달러(원화 1868만5524원)로 약 1조 원대의 가치를 오픈데이토피아 세상의 정보를 활용하여 창출한 셈이다.

잭은 2012년 고든 무어상(Gordon E. Moore Award)과 2013년 인텔 국제 과학경진대회 과학상을 수상하였고, 또 다른 오픈 지식의 결정체인 TED를 통해 전 세계인에게 개방된 네트워크 세상의 무한한 가능성을 설파하기도 했다(Breakthrough: How One Teen Innovator Is Changing the World Hardcover).

[그림] 잭 안드라카(출처: 위키미디어 커머스)

물론 과학계에서는 잭이 발명한 췌장 검사 키트가 제대로 작동하지 않는 경우가 있음을 지적하기도 하였고, 잭의 연구 결과를 검증하려는 여러 시도가 현재까지도 진행 중이다. 하지만 여기서 우리가 이야기 하는 사례는 수십 년간 천문학적 비용을 투자하여 결과물을 얻어내는 의학 전문가나 다국적 제약기업의 이야기가 아니다. 18살의 고등학생이 인터넷으로 찾을 수 있는 지식을 가공하여 내놓은 성과는 오픈데이토피아가 세상에 던져놓은 정보의 자유로운 개방과 공유가 얼마나 큰 힘을 갖는지를 누구보다 강하게 웅변하고 있지 않은가!

슈퍼 히어로 No.4: 대한민국 오픈데이토피아 리더를 주목하라

그렇다면, 잭 안드라카와 같은 창의적 젊은 오픈데이토피아를 활용한 리더가 미국에만 있을까?

국내의 얼리 어답터들이 2010년 12월 애플 아이폰 출시를 손꼽아 기다리고 있을 무렵, 경기고등학교 2학년의 평범한 18세 학생 유주완이 오픈데이터를 활용하여 버스 도착시간을 알려주는 앱을 만들었다. 당시 국내에는 애플의 앱마켓이 애플스토어에 채 들어오지조차 않은 상태였으니, 오픈데이토피아의 파괴력과 가능성을 알아본 그의 선견지명과 창의성이 놀랍다 하겠다.

유군은 한 신문과의 인터뷰에서 '과거 학원을 다닐 때 막차 시간을 몰라 걸어서 귀가를 하고 있었는데, 때마침 막차 버스가 내 옆을 지나가더라. 그래서 '서울버스'를 만들 생각을 하게 됐다'고 말했다. 그리고 "서울버스가 유명해지니 추운 날 정류장에서 떨지 않게 미리 도착시간을 확인하는 습관도 나타나더라고요. 공개된 데이터를 활용한 프로그램이 좀더 나은 삶을 불러오는 도구가 되었으면 좋겠어요'라는 이야기도 했다. 유군이 한 일은 이미 공개되어 있는 각 지역 버스 웹사이트의 정보를 시민들이 사용하기 좋게 앱의 형태로 가공한 것뿐이었다. 그렇게 만들어진 '서울버스 앱'은 등록되자 마자 무료 애플리케이션 1위를 기록하였고, 현재까지도 가장 성공적인 앱으로 평가 받고 있다. 이 젊은 혁신가는 2010년 독일 라이프치히 국제 운송포럼 젊은 발명가 특별상, 대한민국 인재상 등을 두루 수상하였고, 서울버스 앱은 2014년 9월에 다음커뮤니케이션에 인수되었다.

서울버스 앱의 출현은 단지 시민에게 일회적인 편리함을 주는 것에 그치지 않았다. 이후 각종 버스 정보 관련 앱들이 폭발적인 발전을 거듭하며 등장하였다. 예를 들어 경기도는 수도권 광역급행버스와 직행버스에 '버스 빈자리 정보를 미리 제공하는 서비스'를 스마트폰앱(경기버스정보2)으로 출시하였고, 1일 평균 64만 명 정도가 이 혜택을 누리고 있다.

　여기에서 한 걸음 더 나간 서비스도 있다. 오픈데이터를 활용한 '버스하차 알림'이라는 스마트폰 앱(내려요)는 승차한 버스 번호를 입력하고 내릴 정류장을 지정하면 정류장 도착 전에 벨소리나 진동으로 알림을 받을 수 있다. 버스에서 잠깐 졸다 내릴 정류장을 놓쳐 낭패를 봤던 경험이 있는 이라면 필요성을 절감할 만한 서비스다. 특히 버스는 도로 사정에 따라 도착 예정시간이 달라지므로 미리 휴대폰 알람을 설정해두기 곤란하니 말이다. 버스의 움직임이 실시간으로 파악되는 특징 때문에 혹시나 내 개인 위치정보가 노출되지 않을까 우려하는 사용자도 있을 것이다. 그러나 오픈데이터를 활용하면 개인 설정에 따라 별도로 사용자의 위치나 개인정보를 수집하지 않는다.

　이처럼 디지털 파괴자 유주완 군이 시작한 단순 오픈데이터를 활용한 버스 정보 서비스는 우리 사회에 많은 자극을 주었다. 그가 시작한 혁신은 수레바퀴처럼 구르고 또 구르면서 더욱 편리하고 진화된 서비스로 우리 삶을 바꾸고 있다. 물론 이 디지털 슈퍼 히어로 고등학생이 우리 사회에 선사한 가장 큰 선물은 오픈데이토피아의 개방과 데이터의 활용에 대한 관심과 가능성이다.

[그림] 경기버스정보와 버스 하차 알림 서비스

슈퍼 히어로 No. 5: 단돈 72달러로 성공한 월가 헤지펀드의 비결

| 헤지펀드 SAC캐피탈의 성공

이 이야기는 엄밀하게 말해 슈퍼 히어로의 이야기는 아니다. 슈퍼 히어로의 의미를 혁신적이고 파괴적인 잠재력의 발현이 해당 개인이나 집단뿐만 아니라 사회 전반에 긍정적인 혜택으로 작용하는 것으로 본다면 말이다. 그럼에도 다음 이야기를 슈퍼 히어로의 연장선상에서 소개하는 이유는 오픈데이토피아로 개방한 정보의 활용이 얼마나 극적인 효과를 가져올 수 있는지를 보여주고 싶은 마음에서이다.

전 세계 제약산업의 주가에 가장 큰 영향을 미치는 요소는 미국 식품의약국(FDA)의 신약 승인 여부이다. 2012년 12월 미국 보스턴에 위치한 버텍스 제약(Vertex Pharmaceuticals Inc. www.vrtx.com)은 FDA으로부터 포낭섬유증 치료제인 칼리데고(Kalydeco)를 신약으로 승인 받게 된다. 포낭 섬유증(Cystic fibrosis)은 변화된 유전자에 의해서 유발되는 치명적인 폐질환이다. 이 유전질환은 호흡기관 벽에 분비되는 점액질이 비정상적으로 진하고 마른 형태로 분비되어 심각한 호흡기 감염이 일어나고 증상이 심해지면 간 소화기관에 이상이 초래되어 20-30대의 조기 사망으로 이어진다고 한다.

어쨌든 이 질환에 대한 치료제인 칼리데고의 FDA의 승인이 공개되기 바로 직전에, 미국 헤지펀드의 대부 스티븐 코헨이 설립한 헤지펀드 SAC캐피털은 수수료 72.5 달러를 지불하고 FDA에 칼리데고에 대한 부작용 보고서(adverse event reports)를 요청하였다. 그리고 '부작용 없음'이라는 회신을 받게 된다.

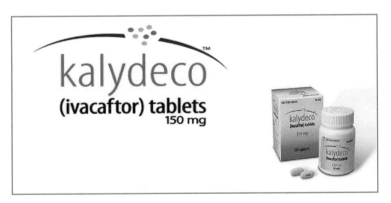

[그림] 버텍스 제약 신약 칼리데고

SAC캐피털은 즉각 버텍스 제약의 보유 주식을 1만3500주에서 2만5000주로 늘렸다. 그리고 드디어 2013년 버텍스 제약이 칼리데고의 '안전성 테스트에 문제가 없다'는 발표를 하자, SAC캐피털은 첫날에만 주가가 62%나 폭등하는 기록을 세웠다(Mullins Brody, 2013.9.23). 단돈 72달러만 내면 누구나 얻을 수 있는 정보를 활용하여, 어마어마한 수익을 거둬들인 것이다.

월가에서 간혹 일어나는 이런 신화들은 미국 연방정부가 1966년 제정한 '정보 자유법(Freedom of Information Act)'이 있었기에 가능하다. 정보 자유법은 정보공개청구제도에 의한 정보공개뿐만 아니라 행정기관의 능동적인 공표 의무도 규정하고 있어, 통합적인 정보공개법의 형태를 갖추고 있다. 물론, 일부에서는 정보 자유법에 따른 기업 자료 공개가 정보의 비대칭성을 크게 한다고 비판한다. 일반 개인 투자자와 기관 투자자의 정보력에 큰 차이가 발생할 수밖에 없다는 이야기이다.

| 개방된 정보를 가공하는 새로운 비즈니스 모델

이런 상황을 새로운 비즈니스 모델로 활용하는 기업도 있다. 시카고에 위치한 FDA 질라(fdazilla.com)라는 기업은 FDA에서 제공하는 제약 혹은 식품 산업의 제조, 공정 등의 개방 데이터를 활용하여 월가의 주요 투자자들을 대상으로 정보를 제공하는 서비스를 하고 있다. 이 외에도 오픈데이토피아를 활용한 정보 서비스 기업들이 크게 증가하고 있다.

이런 서비스들은 기업 지배 구조부터 로비 활동 내용에 이르기까지 수많은 오픈데이터들을 명료하게 정리하여 이용자들이 편리하게 열람할 수 있게 돕는다. 대표적인 곳이 랭크앤드파일드(rankandfiled. com)이다.

이 기업은 미 증권거래위원회(SEC)에서 검색할 수 있는 복잡한 기업 자료들을 깔끔하고 세련된 디자인으로 재구성해 제공하고 있다. 톰슨 로이터나 모닝스타도 SEC자료를 가공해 서비스하고 있지만 랭크앤드파일드는 개방된 오픈데이터를 획기적인 디자인으로 발전시켜 더욱 많은 관심을 끌고 있다. 특히 눈에 띄는 것이 복잡하게 얽힌 기업 지배 구조를 화려한 색깔로 표현한 그래프이다. 예를 들어 아래의 랭크앤드파일드의 기업 지배 구조 그래픽을 보면, 구글의 주주 가운데 애플, 넷플릭스, 링크드인, 징가, 시스코, 아마존, 픽사 등이 있다는 사실을 쉽게 파악할 수 있다. 이는 오픈데이터와 데이터 시각화를 결합한 대표적인 데이터 활용 비즈니스 모델이다.

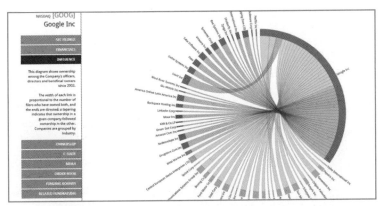

[그림] 랭크앤드파일드(rankandfiled.com) 구글의 기업 지배 구조 그래픽
출처 : http://rankandfiled.com/

이니그마(Enigma.io)사에서 제공하는 정보 서비스도 많은 관심을 끈다. 이 회사는 미 연방정부에서 개방하는 오픈데이터를 총 집합하여 색다르게 분석하는 것으로 유명하다. 이 회사가 제공하는 방대한 정보는 경제·금융 통계 자료, 부동산, 헬스케어, 에너지, 교통, 환경 등과 관련된 공식 자료이다. 여기에는 연방정부나 정부기관들이 제공하는 기업 정치 로비 활동 정보까지 포함되어 있다. 예를 들어보자. 이니그마 자료에 따르면, 미국 방산업체 록히드마틴은 2014년 미군과 407억 달러(약 43조4600억 원) 규모의 무기 계약을 체결했다. 또 록히드마틴 마릴린 휴슨 대표는 2013년 미국 백악관을 5차례 방문했고, 그 중 2번은 대통령을 만나기 위해서였다. 록히드마틴은 오바마 대통령 재선 펀드에 5만1000달러(약 5446만 원)를 기부한 것으로 드러났다. 말 그대로 오픈데이터의 개방과 투명성의 장점이 그대로 반영되고 있는 것이다.

[그림] 오픈데이터 비즈니스 모델 이니그마 홈페이지(http://enigma.io/)

이니그마는 기업을 대상으로 서비스 영역을 확장하고 있는 중이다. 개인 사용자라면 이니그마의 보물창고에서 무료로 필요한 보물을 얼마든지 찾을 수 있다. 이니그마는 여러 기관의 정부 자료를 한곳에 모은다는 사업 가치를 인정받아 최근 컴캐스트 벤처스와 뉴욕타임스 컴퍼니로부터 총 450만 달러(약 48억 원) 투자 유치에 성공했다. 이밖에 개방된 정부의 법률 정보를 가공하는 테라데이타(teradata)와 엘더리서치(Elder research), 정부에 정보 처리 소프트웨어를 납품하는 레벨원(www.levelonetechnologies.com), 웹파일링스, 테크놀로지스, 스트림링크 소프트웨어(www.streamlinksoftware.com) 등 오픈데이터를 토대로 새로운 시장을 개척하는 기업들이 속속 등장하고 있다.

과거 정보에 대한 접근이 제한되어 있던 시대에는 돈이나 권력이 중요한 정보를 독점하는 경향이 짙었다. 그러나 이제 그들이 독점하던 정보력의 빗장이 계속 풀리고 있다. 오픈데이토피아 세상에 '오픈데이터'라는 이름으로 세상에 쏟아져 나오는 이 정보들은 누군가의 운명을 바꿀 수도 있고, 세상을 좀 더 살기 좋은 곳으로 만들 수도 있다. 오픈데이토피아 세상은 점점 많은 디지털 슈퍼 히어로들의 탄생을 기다리고 있다.

오픈데이토피아의 적, '사일로'를 파괴하라!

개방된 네트워크로 연결된 인터넷 시대에 데이터와 지식을 공유하고 협력하는 것은 어렵지 않다. 인터넷 공간과 스마트폰과 같은 각종 디지털 디바이스 덕분에 세계 언제 어디서나 시간과 국경을 초월해 누구나 손쉽게 사진을 찍고 공유할 수 있고, 내 생각을 글로 옮기고 다른 이와 나누는 것도 어렵지 않게 되었다. 그러나 이런 개방과 소통의 물결이 마냥 순조롭게 흐르고 있는 것만은 아니다. 구시대에 세상을 떠받치던 제도와 규제들이 하루가 다르게 빨라지는 개방과 공유의 흐름을 막는 걸림돌이 되고 있는 것이 사실이다.

| 개방과 협력을 가로막는 강력한 적들의 등장

지금부터 이러한 걸림돌을 '사일로(Silo)'라 지칭하자. 사일로는 원래 곡식을 저장해 두는 원통형 창고를 말하지만, 경영학에서는 조직 내 부서 간 장벽이나 부서 이기주의를 뜻한다. 봅로드나 레이벨레즈는 《Converge : *Transforming Business at the Intersection of Marketing and Technology* (국내 출간 제목은 〈융합하라〉)》라는 저서에서 '최고의 악당'으로 이 사일로를 지목했다 (Lord Bob, 2013.4).

또한, 세계적인 마케팅 구루인 데이비드 아커 교수는 사일로(Silo)라는 용어를 통해 급격한 분권화의 문제점을 지적하며 '독자적인 능력을 갖추고 있어 다른 부서와 협력하거나 활발한 의사소통을 하려는 의지가 부족한 현상, 혹은 부서 그 자체'가 사일로라고 규정하기도 했다 (데이비드 아커, 2009). 이 책에서는 기존 사회 체제의 기득권을 유지하기 위해 철저하게 문을 닫고 개방과 공유, 협력을 거부하거나 방해하는 제도나 대상을 '사일로'라 부르도록 하겠다.

암 진단 키트를 만든 고등학생 잭은 해당 분야의 전문 지식을 얻기 위해 과학 저널이나 잡지들을 돈을 내고 구독해야 했던 경험에 대해 언급한 바 있다. 아이들에게 과학에 더 많은 관심을 가지라고 말하지만 돈이 없이는 볼만한 자료가 많지 않은 현실은 어른들이 과학과 대중 간의 견고한 벽을 세운 것과 마찬가지라는 것이 그의 주장이다.

'아이디어와 인터넷'만 있으면 무엇이든 가능한 세상이 열리고 있는 것은 분명한 사실이다. 이를 증명하듯 오픈데이터피아에서 여러 슈퍼 히어로들이 속속 등장하고 있다. 그러나 이런 세상의 흐름을 가로막는 '사일로'라는 거대한 장벽들이 아직도 많은 곳에 존재하는 것 또한 사실이다. 이 사일로에 발목을 잡혀 날개를 활짝 펴보지 못하고 쓰러진 젊은 영웅들 또한 많다. 그 중 가장 안타까운 한 젊은이의 이야기를 통해, 공유와 협력으로 나가는 세상에서 사일로가 얼마나 큰 걸림돌이 되는지를 되돌아 보기로 한다.

사일로에 갇혀 쓰러진 꿈: 아론 슈와츠의 비극

2013년 1월 11일, 26살의 청년 아론 슈와츠(Aaron Swartz)는 스스로 자신의 생을 마감하였다. 세상에서 겨우 26년을 산 이 청년이 이룬 업적은 다음과 같다.

- 14세에 최신 웹 콘텐츠를 이용자에게 신속히 전달할 수 있는 체계인 RSS(Rich Site Summary)서비스를 만듦

- 참여형 기사 제공 서비스로 현재까지 가장 큰 인기를 구가하고 있는 미디어 모바일 기업 Reddit의 전신인 Infogami를 창업함
- 2001년 W3C 컨소시엄에 참여하여 시멘틱 웹 탄생에 기여함
- MIT에서 팀 버너스리(Tim Berners-Lee)와 RDF 코어 개발에 참여함
- 자신이 개발한 Python 프레임워크 web.py를 오픈 소스로 공개
- OpenLibrary.org의 설계자 및 첫 프로그래머
- 자원 봉사자로서 일반인이 미국 법률문서에 자유롭게 액세스 할 수 있도록 하는 RECAP 시스템을 만드는 데 기여함
- 인터넷 공문서 보관소의 업로드/다운로드 시스템을 만드는 데 기여함
- 크레이티브 커먼즈 라이선스에 기술적인 참여
- 2010년 인터넷 검열을 반대하는 웹사이트 DemandProgress.org 를 공동 설립함
- 온라인 해적행위 방지법안(SOPA), 지적재산권법안(PIPA)에 적극적 반대 활동을 벌였으며, 정치 개혁에도 관심이 높아 정보통신기술을 사용해 정부 투명성을 제고하고 시민 참여를 높이는 방안을 모색하고 실천하는 데 노력함

나이가 믿기지 않을 만큼 놀라운 재능과 열정을 가진 이 청년은 2011년 7월 19일 외장형 하드 드라이브를 이용하여 물리적인 접속 방식으로 MIT(매사추세츠공과대학)네트워크에 접속했다. 그리고 얼마 후, 온라인 학술 저널시스템 JSTOR(www.jstor.org)에서 480만 건의 학술 논문을 불법으로 다운로드 하였다는 혐의로 체포된다.

해당 저널은 아론을 기소할 생각이 없으며, 유출된 논문이 더는 확산되지 않았다고 성명을 발표했지만, 미국 연방 검찰과 MIT측은 기소를 굽히지 않고 유죄를 주장하였다. 2012년 9월 24일, 법원 청문회에 참석한 26살의 청년 아론 슈와츠(Aaron Swartz)는 유죄 인정을 거부한다. 그 과정에서 그의 죄목은 4가지에서 13가지로 늘어났다. 미 법무부는 이 사건을 '컴퓨터 사기 및 악용'에 대한 중대 범죄로 받아들였다. 아론 슈와츠는 100만 달러의 벌금과 최대 35년 감금을 선고 받을 위기에 직면하게 되었다. 결국 이로 인해 그는 우울증에 시달리다 자살이라는 극단적인 선택을 하고 만다. 가족과 지인들은 "슈와츠는 검찰의 권력이 과도하게 팽창되고 있는 미국 형사사법 시스템의 희생자이며, 매사추세츠 연방 검찰과 MIT가 슈와츠를 죽음으로 내모는 결정을 내린 것"이라는 내용의 공개 성명서를 발표한다(From Wikipediathe, 2015).

[그림] 2009년 보스턴 위키피디아 미팅 참여시 생전 모습 (출처 : 구글 CCL)

이 청년의 이름을 아는 사람도 많을 것이고 모르는 사람도 있을 것이다. 어쨌든 지금 개방된 네트워크 사회 지식과 기술을 사용하는 우리 모두는 이 청년의 짧은 생애가 남긴 혜택을 입고 있는 사람들이다. 아론 슈와츠와 함께 오픈데이토피아 사상을 전파하고 여러 작업을 같이 했던 팀 버너스리는 짧은 추모사를 통해 이 디지털 기술시대 자유주의자의 죽음을 추모했다(http://lists.w3.org/Archives/Public/www-tag/2013Jan/0017.html).

아론이 죽었습니다.
이 정신 나간 세상의 방랑자들,
우리는 현자이자 멘토를 잃었습니다.
정의로운 해커들,
하나의 채널이 꺼졌습니다.
우리는 우리 중 하나를 잃었습니다.
양육하고, 돌보고, 들어주고, 먹여주는 이들,
모든 부모들이여,
우리는 한 아이를 잃었습니다.
함께 눈물 흘립시다.

Aaron is dead.
Wanderers in this crazy world,
We have lost a mentor, a wise elder.
Hackers for right, we are one down,
We have lost one of our own.

Nurtures, careers, listeners, feeders,
parents all,
We have lost a child.
Let us all weep.

Timbl

아론 슈와츠가 해킹이라는 불법 행위를 통해 저작권이 있는 컨텐츠를 획득한 행위는 결코 정당화될 수 없을 것이다. 그러나 상업 행위를 목적으로 컨텐츠를 획득한 것도 아니고, 그 컨텐츠가 영화나 음악처럼 대단한 상업적 가치를 지닌 것도 아니다. 그럼에도 이를 35년형을 받을 만한 중죄로 취급하는 사법 시스템은 우리 사회의 사일로가 아직 얼마나 고집스럽고 견고한가를 보여준다. 아론 슈와츠의 죽음 이후, 미 의회에서는 해킹 관련 개정 법안이 발의되었고, 많은 연구자들이 스스로 인터넷에 연구 결과를 공개하기 시작했다. 물론 무조건적인 개방과 공유, 협력이 옳다는 것은 아니다. 하지만 학술 논문의 목적 중 과연 그것으로 돈을 버는 것이 더 중요한가, 아니면 연구가 널리 알려져 다음 연구의 토대가 되는 것이 더 중요한가는 꼭 한번 생각해 볼 일이다.

새로운 창조행위나 혁신을 장려하고 보호하려는 목적으로 만들어진 특허권이나 저작권이 시대가 변함에 따라 젊은 혁신가들에게 오히려 득보다 실이 많은 폐쇄된 공간, 즉 '사일로'가 되고 말았다. 현재 개인이나 기업은 그 규모나 분야에 상관없이 특허 관련 제도에 발목이 잡혀 있는 경우가 많다. 아론 슈와츠 같은 개인 뿐만 아니라, 애플이나 삼성의 사례에서 보듯이 세계적인 거대 기업들도 연구 개발보다는 특허의 유지와 대응을 위해 막대한 비용을 지불하고 있는 것이 현실이다.

| 오픈데이토피아의 눈으로 비즈니스 세상을 보라

그렇다면 우리는 언제까지 이 답답한 사일로에 갇혀 있어야 할까? 능력이 탁월하거나 운이 좋은 소수의 슈퍼 히어로가 사일로를 탈출하는 모습을 언제까지 부러운 눈으로 지켜보기만 해야 할까? 다행히도 사일로를 파괴하거나 좀 더 유연하게 만들려는 노력이 곳곳에서 진행되고 있다. 2014년 6월 전기 자동차로 유명한 엘론 머스크의 테슬라는 전기자동차의 핵심 기술 중에 하나인 '수퍼차저' 특허를 무상으로 개방했다. 이 무모한 선택을 어떻게 바라보아야 할까? 기존 산업 정보경제의 관점에서 보면 도저히 납득할 수 없는 선택이다. 특허를 통해 신규 진입을 차단해도 버거울 판에, 핵심 기술들을 무상으로 퍼붓는 테슬라의 결정은 지금까지의 국내 대기업이라면 상상조차 못할 것이다. 하지만 테슬라는 사일로 파괴를 통한 네트워크 사회의 비즈니스 전략을 활용한 하나의 단면일 뿐이다.

| 제너럴 일렉트릭

자본과 기술력이 풍부한 대기업들은 특허와 관련된 복잡한 문제를 해결하기 위해 특허 풀(Patent pool)과 같은 특허 대응 집단을 가지고 있다. 최근 들어 이곳에서 참여자들이 적당한 수준에서 모든 특허를 사용할 수 있도록 새로운 출구를 모색하려는 움직임이 활발해지고 있다. 대표적인 예가 제너럴 일렉트릭(GE)사다.

제너럴 일렉트릭은 발명가 에디슨이 1892년 창업 후 합병한 회사로, 120년간 미국을 대표하는 기업이자 종업원 31만 명, 매출 1300억 달러(약 156조 원), 순이익 140억 달러(약 16조 8천억 원)에 달하는 초일류기업이다. 이 회사가 오픈 비즈니스전략으로 특허 사일로의 벽을 허무는데 앞장서고 있다. 특허권 보호와 창의적인 발전이라는 두 마리 토끼를 잡기 위해 색다른 시도를 하고 있는 것이다.

제너럴 일렉트릭은 기발한 아이디어와 사용자 대상 및 시장 조사 등을 통해 성공적인 제품을 만드는 일명 '소셜 프로덕트' 개발 서비스 업체로 유명한 '퀄키(Quirky)'와 공동 협력을 추진하고 있다(A partnership that will change invention forever). 이는 GE가 가진 특허권을 퀄키 회원들에게 무료로 제공하고 여기서 나오는 수익의 일정 부분을 공유하며 36만 퀄키 회원이 가진 창의성을 흡수하겠다는 전략이다. 특허권을 지키기 위해 폐쇄적으로 문을 닫아 걸기만 하던 기존의 기업 전략과는 매우 다른 방식이다.

지금 IT업계의 가장 핫한 이슈인 'IOT(Internet of Things: 사물 인터넷)'라는 용어를 최초로 사용하여 2013년 옥스포드 사전에 등록시킨 장본인인 캐빈 애쉬톤(Kevin Ashton)은 저서 《어떻게 말을 날릴까?How to fly a horse》에서 "특허, 저작권, 상업용 저널은 단지 불완전한 투표권을 행사할 수 있는 권리로써 지식의 공유보다는 자본의 힘에 의해 지배되고 있다"고 말했다(Ashton Kevin, 2015.1). 이렇게 갇히고 고립된 기술로 누리는 영광이 오래오래 빛을 발하던 시대는 이미 지났다. 사일로의 벽을 허물고 나와 개방과 공유와 협력으로 파괴적인 발전을 거듭하는 것이 새로운 시대에 걸맞은 생존 전략이다.

| 토요타

자동차 제조업은 최초의 자동차 탄생 이후 120년의 역사를 버틴, 이제 얼마 남지 않은 전통 산업 중 하나이다. 이러한 역사적 산업도 디지털의 융합과 파괴라는 파도 앞에서 미래를 예측할 수 없이 빠르게 변하고 있다. 최근 출간된 일본 자동차 산업 저널리스트 모모타 겐지의 저서《애플과 구글이 자동차 산업을 지배하는 날》에서는 "애플의 카플레이(CarPlay)나 구글의 오픈 오토모티브 얼라이언스(Open Automotive Alliance) 등을 통해 스마트폰과 자동차가 연결된 서비스가 나오고 자율 주행이나 구글 자동차 등의 등장으로 자동운전이 현실화된다면, 자동차가 스마트폰에 먹히고 말 것이다"라는 주장을 하기도 했다(겐지 모모타, 2014.11).

이러한 위기에 대응하기 위해 전 세계 거대 자동차 메이커들은 단순한 기술 협력관계를 넘어 오픈 비즈니스 혁신으로 살 길을 도모하고 있다. 당연한 이야기지만, 그 과정에서 거대한 '사일로'들이 허물어지고 있다.

2015년 1월 미국 라스베이거스에서 열린 세계 가전제품 전시회인 'CES 2015'에서 일본의 토요타(Toyota) 자동차는 수소연료 전지차 관련 특허 5680개를 오는 2020년까지 무료로 공개한다고 발표하여 전세계 자동차 관련자들을 놀라게 만들었다. 토요타 북미 판매책임업체인 토요타모터스세일즈USA의 밥 카터 자동차부문 선임부사장은 "수소연료는 앞으로 100년간 주류 자동차 기술이 될 것"이라며 "도요타는 좋은 아이디어가 공유될 때 위대한 것이 탄생할 수 있다고 믿는다"고 말했다. 이어 "자동차업계뿐만 아니라 정부 규제기관, 학교, 에너지 공급자들이 기존의 관습에 얽매이지 않는 협력에 나설 필요가 있다"며 "전통적인 기업의 한계를 제거함으로써 새로운 기술을 가속할 수 있을 것"이라고 덧붙였다.

언론에 따르면 토요타가 개방하는 특허는 시스템 제어와 관련된 것이 3350여 개, 연료전지와 관련된 것이 1970여 개, 고압탱크와 관련된 것이 290여 개, 수소 생산 및 공급과 관련된 것이 70여 개이다 (HardAndrew, 2015.1). 수소연료 전지차는 지금까지 자동차에 사용되던 지구 온난화의 주범인 가솔린 내연기관 대신 연료전지(수소와 공기중의 산소를 반응시키고, 이때 발생하는 전기를 이용한 차세대 친환경 자동차로 각광 받고 있다. 토요타는 수소연료 전지차를 신속히 판매한다는 전략 아래 배기가스 제로의 4도어 중형 세단 '미라이(미래)'를 2015년 가을부터 미국 캘리포니아주에서 판매해 오고 있다.

토요타가 지난 20여 년간 엄청난 연구비를 투입해 개발에 매진해 온 독자 기술 특허를 무료로 공개하기로 결정한 이유가 무엇일까? 토요타가 이렇게 특허 로열티를 안 받기로 결정한 배경은 리튬 이온 전지로 구동되는 전기차가 대세가 되면서 수소연료 전지차 시장이 개화하지 못할 가능성 때문이다. 이를 타개하기 위한 전략으로 토요타는 '특허 개방과 공유'라는 새로운 오픈 비즈니스 방정식으로 더 많은 업체의 이 분야 개발을 독려해 수소차가 차세대 친환경차의 지위로 속히 올라설 수 있도록 하려는 것이다. 실제로 토요타는 수소 스테이션의 조기 보급을 위해 수소 공급·제조 등과 관련한 특허

70건에 한해서는 기한 없이 무상 제공한다는 계획을 내놓기도 했다.

세계적인 자동차 회사들이 수소연료 전지차와 전기차를 가지고 차세대 친환경차의 왕좌를 다투는 시점에서, 토요타가 택한 특허 개방과 공유라는 오픈 비즈니스 모델이 미래 자동차 시장에 어떤 영향을 미칠지 지켜 보는 것은 매우 흥미 있는 일일 것이다.

[그림] 토요타가 선보인 수소연료 전지차 '미라이(Mirai)' (출처 : 구글 CCL)

| 내 지식을 알려주마: 크리에이티브 커먼즈

오픈 소스나 오픈데이터는 모든 사람이 공유할 수 있는 자유 저작물이다. 그러나 '오픈'과 '무료'는 서로 동일한 개념이 아니며, 사용에는 구분과 책임이 따른다. 물론 '오픈'과 '저작권' 또한 서로 대

립하는 개념이 아니다. 오히려 저작권 제도 덕분에 오픈이 날개를 달 수 있다. 공급자는 자신이 원하는 범위의 저작권을 제공하고, 사용자들은 공급자가 제공하는 저작권 범위에서 자유롭게 사용할 수 있는 시스템이 가능하기 때문이다. 누구나 오픈데이토피아 세상을 좀더 가까이서 시작할 수 있는 저작권의 선별적인 공유 시스템 중 가장 대표적인 것이 크리에이티브 커먼즈(Creative Commons, CC)이다.

[그림] 크리에이티브 커먼즈

크리에이티브 커먼즈는 저작권의 선별적, 부분적 공유를 목적으로 2001년에 설립된 비영리 단체이다. 로렌스 레식 교수(오픈데이토피아 세상을 앞당긴 중요한 인물로 다음 장에서 다시 이야기하기로 한다)가 설립한 이 단체는 2002년 12월에 저작권 라이선스인 '크리에이티브 커먼즈 라이선스'를 만들었으며, 이것은 사실상 전 세계 데이터에 대한 저작권의 표준으로서 사용되고 있다. 기본적으로 공급자는 원저작자 표기(필수), 영리/비영리, 변경허용/금지, 동일조건 변경 허용/금지 중에서 선택하여 콘텐츠를 제공하며, 사용자는 공급자의 CC 표기에 부합하는 범위에서 자유롭게 데이터를 이용할 수 있다.

현재 대한민국 법이 적용된 버전은 "CC 2.0 대한민국"이다. 사단법인 한국정보법학회에서 대한민국에 맞춘 지역화를 담당하고 있다 (좀더 자세한 사항은 크리에이티브 커먼즈 코리아—www.cckorea.org를 참고하기 바란다).

라이선스	이용조건	문자표기
CC ① BY	저작자표시 저작자의 이름, 저작물의 제목, 출처 등 저작자에 관한 표시를 해주어야 합니다.	CC BY
CC ① ⑤ BY NC	저작자표시—비영리 저작자를 밝히면 자유로운 이용이 가능하지만 영리목적으로 이용할 수 없습니다.	CC BY-NC
CC ① ⊜ BY ND	저작자표시—변경금지 저작자를 밝히면 자유로운 이용이 가능하지만, 변경 없이 그대로 이용해야 합니다.	CC BY-ND
CC ① ⊙ BY SA	저작자표시—동일조건변경허락 저작자를 밝히면 자유로운 이용이 가능하고 저작물의 변경도 가능하지만, 2차적 저작물에는 원 저작물에 적용된 것과 동일한 라이선스를 적용해야 합니다.	CC BY-SA
CC ①⑤⊙ BY NC SA	저작자표시—비영리—동일조건변경허락 저작자를 밝히면 자유로운 이용이 가능하며 저작물의 변경도 가능하지만, 영리목적으로 이용할 수 없고 2차적 저작물에는 원 저작물에 적용된 것과 동일한 라이선스를 적용해야 합니다.	CC BY-NC-SA
CC ①⑤⊜ BY NC ND	저작자표시—비영리—변경금지 저작자를 밝히면 자유로운 이용이 가능하지만, 영리목적으로 이용할 수 없고 변경 없이 그대로 이용해야 합니다.	CC BY-NC-ND

[그림] 크리에이티브 커먼즈(Creative Commons, CC)의 이용조건

그렇다면 국내 공공 저작물은 어떨까? 일반인이 공공저작물을 활용하는 데 있어 원칙적으로 더 이상 정부의 사전허가를 얻을 필요가 없다. 저작권법 개정 시행에 따라 정부가 공공저작물에 대한 저작재산권을 원천적으로 포기하는 정책으로 전환했기 때문이다. 문화체육관광부는 공공저작물 전면 공개에 따라 일반인들이 이를 상업목적 등에 활용함으로써 국내에서 약 10조 원의 부가가치 창출 효과가 있을 것으로 전망했다. 그러나 문체부가 각 기관 대상 홍보 등을 진행했음에도 정부기관들의 저작물 공개와 그 홍보에 대한 인식 수준은 여전히 미흡하고, 이행도 기대에 못 미치는 실정이다.

정부는 2012년 3월 '공공누리 공식 홈페이지(www.kogl.or.kr)'를 만들어 정부의 순차적인 공공저작물 공개를 주도했다. 공공저작물 활용을 우선적으로 계도하기 위해 만든 이 사이트에 등록된 저작물 수는 2014년 초 100만건에 이르렀다. 그러나 이제는 모든 정부기관이 원칙적으로 공공저작물을 공개해야 하는 만큼, 이 사이트를 활용하지 않고도 각 기관 사이트를 통해서도 공공저작물 활용 여부를 확인하고 저작물을 얻을 수 있다.

'공공누리'란 한마디로, 문체부가 만든 한국형 공공저작물 자유이용 허락 라이선스를 뜻한다. 모든 사람들에게 해당 저작물의 활용가능성을 인식할 수 있도록 하여 그 이용을 활성화하는 목적으로 만들어졌으며, 모든 공공저작물에 표기해야 한다.

네트워크로 연결된 인터넷 시대는 데이터와 지식을 공유하고 협력하는 일을 훨씬 쉽게 만들어 주었다. 오픈데이토피아에서 지식은 대중의 협력을 통해 지성을 한 차원 높일 것이며, 수많은 혁신적 슈퍼 히어로들을 탄생 시킬 것이다. 그리고 이렇게 달라진 세상에 발맞추어 사일로도 점점 그 벽을 낮추거나 허물 것이다.

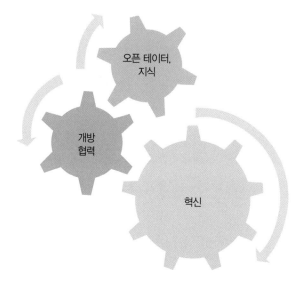

[그림] 오픈데이토피아가 만드는 혁신의 선 순환구조

우리가 여기까지 올 수 있었던 것은 오픈데이토피아의 무한한 가능성을 먼저 알아본 선구자들의 끈질긴 노력이 있었기에 가능한 일이었다. 그 과정에서 아론 슈와츠의 죽음과 같은 안타까운 비극도 발생했다. 보물창고의 문은 결코 저절로 열리는 법이 없는 것이다. 그러나 수많은 사람들이 두드린 끝에, 이제 이 문들이 하나 둘씩 열리고 있다. 이 안에서 보물을 꺼내다 더 훌륭한 결과물을 만들어 내는 사람들이 나오면 나올수록, 더 많은 창고가 문을 개방할 것이다.

Chapter 3

오픈데이토피아를 만드는
성공 규칙

03

오픈데이토피아를
창조한 멘토들

쓸만한 것은 이미 다 나왔다.
우리가 할 일은 그에 대해
한번 더 생각하는 것뿐이다.
– 괴테

아빠는 한국에서 스마트폰으로, 아들은 미국에서 노트북으로 학교 숙제를 함께 풀어간다. 그리고 아들의 숙제를 구글문서로 함께 수정하고 다듬는다. 대화가 필요하면 카카오톡의 기능 중에 하나인 페이스톡으로 얼굴을 보며 통화한다. 물론 이 공동협력 작업에 들어가는 비용은 무료다. 불과 10년 아니 20년 전이라면 상상도 못해봤을 일이다. 이제 수천킬로미터의 물리적 거리 따위는 더 이상 걸림돌이 되지 않는다. 아빠와 아들 간의 '숙제 협업'은 네트워크로 연결된 정보사회가 만든 일반적인 풍경이 되었다.

'오픈데이터, 오픈 플랫폼'이나 '오픈 사이언스' 등을 주제로 종종 주변 IT기업 전문가들이나 임원들과 이야기를 나누고 논문을 통해 관련 주제를 발표할 때면 종종 이런 질문이 되돌아온다. "이런 걸 왜 하나요? 돈이 되나요? 결과적으로 얻는 수익이 뭔가요?" 이럴 때 자주 난감함에 봉착한다. 질문이 틀려서가 아니다. 오히려 자연스럽다. 투자대비 효과라는 일반적인 경제관념에서 볼 때 전혀 어색하지 않은 질문이다. 단지 답변하기가 쉽지 않을 뿐이다. 하지만 이런 시장경제 이론을 뛰어넘어 네트워크 연결 사회의 보편성을 무기로 새로운 플랫폼을 창조한 그들이 있다. 이들의 어제 철학이 오늘의 오픈데이토피아를 만든 기반이 되었으며 또 다른 내일의 융합 미래를 만들고 있다.

오픈데이토피아 혁신가들, 당신들께 감사합니다

컴퓨터 역사의 시간을 약간만 거슬러 올라가보자. 지금 일반인들이 누구나 알고 있는 대표적인 스마트폰 운영체제 안드로이드와 같은 '소프트웨어'는 초창기 컴퓨터 등장 이후 하드웨어에 부수적으로 뒤따르는 존재로 등장했다.

1970년대까지만 해도 소스코드는 프로그래밍한 사람 이외에도 필요하다면 소스코드를 확보하는 것이 불가능한 것만은 아니었다. 그러나 소프트웨어가 독립적으로 상품성이 있음에 눈뜨게 된 이후 소프트웨어는 새로운 미래 산업으로서의 길을 걷는다. 이 시기 미국 저작권법도 이러한 방향으로 철저한 폐쇄 정책으로 개정되어갔다. 상업화되는 과정에서 소스코드는 기업의 영업비밀이자 생명줄이 되어 완전 폐쇄되어 비공개가 된다. 실제 오늘날 우리가 구매하는 소프트웨어는 소프트웨어의 실체라기보다 소프트웨어를 제한적으로 사용할 수 있는 '권리(사용권)'를 구매하는 것일 뿐이다.

이렇게 되자 1980년대 강력한 여러 저작권에 반발하여 컴퓨터 시장이 하드웨어에서 소프트웨어 중심으로 무게 중심이 옮겨가기 시작하였다. 이 시기 소프트웨어가 하드웨어인 컴퓨터와 분리되어 상품화 되어가는 과정에서 반작용적 운동이 일어나게 되는데 이를 오픈소스 소프트웨어의 시작으로 보고 있다. 결국 오픈소스 소프트웨어(OSS, Open Source Software)는 소프트웨어에 대한 이용·배포·복제·수정 등에 일정한 제한을 가하려고 하는 추세가 생겨났다. 그러자, 이러한 '독점' 체제에 반발해 '공유'를 주장하는 움직임이 오픈소스 운동의 아버지 리차드 스톨만(Richard Stallman, 1953.3~)에 의해 일어나기 시작한 것이다.

1984년 MIT 인공지능 연구소의 연구원이었던 스톨만은 GNU(GNU is Not UNIX)프로젝트를 시작했다. GNU 프로젝트는 누구도 소프트웨어에 비용을 지불하지 않도록 하는 것이었다. 스톨만은 실행프로그램을 구성하는 소스코드라는 지식이 공개되어야 한다고 생각했다. 그렇지 않으면 일부 소수만이 컴퓨터 세상을 지배하리라 생각했다. 또 세상이 자유 소프트웨어에 대해 어떠한 반응을 보일지도 걱정하였다. 과학 지식은 보통 공공 영역에 속하며 학문 분야의 출판 쪽에서 이 일을 담당하였다. 그러나 소프트웨어의 경우 소스코드를 그냥 공공 영역에 내놓으면 기업에서 수익 창출을 위해 소스코드를 흡수 하게 될 것이 분명했기 때문이다. 이러한 위협에 스톨만은 오늘날 지적재산권을 상징하는 의미의 '카피라이트(Copy Right)'에 반대한다는 입장으로 '카피 레프트(Copy Left)' 운동을 선언한다. 이를 통해 핵심적이자 공개소프트웨어 라이선스의 대표격인 일반공중사용허가서(GPL, General Public License)를 1989년에 발표하게 된다.

GPL의 사상은 누구나 GPL 라이선스 소프트웨어를 복사하거나 배포할 수 있다. 그러나 소프트웨어 그 자체에 비용을 매기거나 다른 라이선스를 적용하여 다른 사람들이 대중과 같은 권리는 갖지 못하도록 막아서는 안 된다는 것이었다.

당시 자유롭게 사용할 수 있는 소프트웨어라는 의미의 '자유소프트웨어'라는 용어에서 오픈소스 소프트웨어로 용어가 변경되는데, 이는 자유(free)란 용어 때문에 일반인들이 무료라고 인식하고 있다는 점을 탈피하기 위해서였다.

여기서 자유는 무료나 공짜라는 말이 내포하는 금전적인 측면과는 전혀 관계 없는 '구속되지 않는다'는 관점에서의 자유를 의미한다. 다른 언어와 달리 영어에는 무료(Gratis)를 의미하는 단어와 자유(Freedom)을 의미하는 단어가 별도로 존재하지 않고 모두 'Free'라는 단어를 사용하기 때문에 이러한 오해의 소지가 더욱 많다고 할 수 있다. 무료 맥주(Free Beer)나 언론의 자유(Free Speech)와 같은 예를 생각해보면 그 차이를 보다 명확하게 구분할 수 있을 것이다. 따라서 스톨만은 사용자에게 다음과 같은 네 가지 종류의 자유를 실질적으로 보장하는 프로그램을 자유 소프트웨어라고 정의하고 있다.

첫째, 목적에 상관없이 프로그램을 실행시킬 수 있는 '자유'

둘째, 필요에 따라서 프로그램을 개작할 수 있는 '자유': 이러한 자유가 실제로 보장되기 위해서는 소스코드를 이용할 수 있어야 한다. 왜냐하면 소스코드 없이 프로그램을 개작한다는 것은 매우 어려운 일이기 때문이다.

셋째, 무료 또는 유료로 프로그램을 재배포할 수 있는 '자유'

넷째, 개작된 프로그램의 이익을 공동체 전체가 얻을 수 있도록 이를 배포할 수 있는 '자유': '자유'라는 단어는 금전적인 측면이 아닌 구속되지 않는다는 관점에서의 자유를 의미하기 때문에 자유 소프트웨어를 유료로 판매하는 데는 어떠한 모순도 존재하지 않는다.

이처럼 ICT(정보통신) 분야에서 1990년부터 본격적으로 시작된 소프트웨어 개방운동인 '오픈 기술 운동'은 오늘날 서로 다른 산업의 경계를 허무는 모든 IT 융합 산업 전반에 가장 뜨거운 감자로 떠오르고 있는 추세이다.

오픈소스 운동의 가장 놀라운 성과는 레드햇이나 샌드메일과 같은 오픈 소프트웨어 회사들의 성공뿐만이 아니다. 구글, IBM, 오라클, 마이크로소프트 등 IT 업계의 거대 챔피언들이 오픈소스를 새로운 비즈니스 기회로 보고 많은 투자를 아끼지 않는다는 점이다.

이미 우리는 알지 못하는 사이 많은 오픈 소프트웨어를 사용하고 있으며, 개발현장의 개발자들도 많은 오픈 소프트웨어에 의존하고 있다. 오프소스 시장은 안드로이드 스마트폰의 위력에서 실감할 수 있듯 단순히 무료로 사용할 수 있는 소프트웨어에서 벗어나 IT기업들의 새로운 오픈 비즈니스모델로 성장하고 있다. 또한 대부분의 전문가들은 현재 상용 소프트웨어 시장의 많은 부분이 오픈 소프트웨어로 대체될 것으로 예상하고 있다. 대표적인 오픈소스 소프트웨어로는 최근 일반인들에게도 친숙한 모바일 플랫폼으로서 각광을 받고 있는 구글의 안드로이드(Android) 소프트웨어가 있다. 여기에 사용된 리눅스 커널(linux kernel, 점유율 약 50%) 기술과 전체 서버시장의 약 30%의 점유율을 보이고 있는 리눅스 운영체제(OS)가 좋은 사례이다. 또한 전 세계 웹서버의 60% 이상을 차지하고 있는 아파치(apache), DB 분야의 선두주자인 MySQL, 빅데이터 분야의 새로운 강자 R, 개발자들에게 통합개발환경을 제공하는 이클립스(eclipse) 등이 대표적이다.

| 이 모임이 중요한 이유

2007년 12월 어느 겨울날 미국 캘리포니아주 샌프란시스코 북부에 위치한 사과와 풍미 가득한 와인 생산지로 유명한 소노마 카운티(Sonoma County) 세바스토폴(Sebastopol)에 30명의 인터넷 전문가와 오픈 사상 활동가들이 속속 모여들고 있었다. 이들은 당시 미국 대통령 선거 후보들에게 전달할 '오픈과 공공데이터'의 개념을 정립하기 위하여 역사적 미팅을 가진 것이다.

이 모임에는 팀 오라일리(Tim O'Reilly)와 로렌스 레식(Lawrence Lessig) 교수와 아드리안 홀로바치(Adrian Holovaty), 아론 슈와츠(Aaron Swartz) 등이 참석하였다. 이들은 모두 지금 우리가 개방과 공유의 자유를 누리고 있는 수많은 오픈데이토피아의 보물창고를 외부에서 열어 놓은 이 시대의 거인들이자 멘토들이다(Chignard Simon, 2013.03).

이 참석자들의 면면을 살펴보면, 팀 오라일리는 80년대에 주로 다양한 컴퓨터 매뉴얼을 일반인들도 읽을 수 있는 수준의 가이드로 바꾸는 기획을 통해 전문가들의 영역이었던 IT, 컴퓨터과학과 관련한 서적들의 일반화에 앞장서면서 큰 성공을 거두었다. 이를 통해 자신의 출판사인 오라일리 미디어(O'Reilly Media)를 세계적 컴퓨터 출판 미디어 그룹으로 탄생시키기도 하였으며, 오픈소스 운동과 웹 2.0의 개념을 확산시킨 주인공이기도 하다.

웹 2.0은 데이터의 소유자나 독점자 없이 누구나 손쉽게 데이터를 생산하고 인터넷에서 공유할 수 있도록 한 사용자 참여 중심의 인터넷 환경이다. 그 이전에 인터넷에서 단순히 자료를 모아 보여주기만 하는 웹 1.0에 비해 웹 2.0은 사용자가 직접 데이터를 다룰 수 있도록 데이터를 제공하는 플랫폼이 정보를 더 쉽게 공유하고 서비스 받을 수 있도록 만들어져 있다. 대표적으로 블로그(Blog), 위키피디아(Wikipedia) 등이 있는데 이 웹 2.0과 정부 2.0의 사상이 결합되어 오픈데이터의 시작을 알리는 신호탄이 되기도 했다.

이들 중 젊은 청년 아드리안 홀로바치(Adrian Holovaty)는 우크라이나계 미국인이다. 그는 미국 중부 일리노이에서 성장하면서 웹 개발자와 저널리스트로 활동하게 된다.

남달랐던 안목의 이 젊은이는 2005년 이미 개방된 일부 데이터를 활용한 새로운 산업에 눈을 돌려 뉴욕, 시카고, 샌프란시스코 등 19개 도시에서 주민들의 안전 지킴이로 사랑 받고 있는 에브리블록(www.everyblock.com)을 탄생시키게 된다. 정부가 제공하는 지리정보(GPS)를 이용해, 범죄정보, 동네의 지역 정보를 하나로 모아놓았다. 이를 통해 이웃들의 정보를 즉각 알 수 있으며 이웃의 소식을 자주 업데이트 하고, 이웃과 의미 있는 대화를 나누도록 하는 창구 역할을 제공한다.

에브리블록에는 다양한 정보가 있다. 지역 뉴스, 범죄 기사 같은 공적 기록들부터 이웃 간의 토론, 이웃의 사진까지. 특히 정부와 긴밀히 협력해서 건축허가, 범죄정보, 식당조사 자료가 제공된다.

이런 정보들은 이미 웹에 공개됐을 수 있지만 오픈데이터를 활용하여 몇 년 전에는 정부가 제공하는 정보로는 찾기 어려워 보통은 묻혀 있었던 정보를 발굴하였다. 공유의 웹 2.0 철학이 가져오는 협력적 소비, 참여 문화가 만들어낸 또 다른 물결이었다.

| 개방에 앞장선 멘토와 멘티

우리가 앞서 저작권과 같은 폐쇄적 비즈니스 접근 방법이나 사유 기술을 '사일로'와 '악당'으로 규정하였다. 지금과 같이 개방된 온라인 창작의 시대에는 새로운 아이디어와 창의력으로 개발하고 발명을 추진하는 것은 저작권자의 고유한 권리이기도 하다. 그러나 '기존의 저작권자'에게 무한한 권리를 부여하는 것이 옳은 방법일까? 이러한 장벽은 분명 새로운 디지털 파괴자들을 가로막는 제도임에 틀림없다.

'미키마우스 악법'으로 더 유명한 '디지털 밀레니엄 저작권 법 (DMCA)'이 1998년 미국 의회에서 통과되었다. 이 법은 저작권 시효가 만료되어 이미 100년 가까이 대중의 영역에 있는 백설공주와 같은 소재를 다시 사용하는 것이 문제가 되었다. 즉, 창작물의 최초 저작권자인 월트 디즈니사(社)가 자신의 작품을 다양한 대중들이 새로운 창작물의 재료로 사용할 수 있게 되는 것을 법적으로 차단하는 목적으로 법안을 통해 앞장섰기 때문에 더 유명해졌다. 수십 년 간 지구촌 어린이들의 마음을 사로 잡았던 미키마우스가 더 뛰어난 대중의 창작 활동으로 다시 태어날 수 있는 기회였지만 디즈니 회사의 탐욕으로 사일로보다 강력한 공공의 악당으로 전락한 것이다.

이 법안이 통과되어 기존 개인 저작권자인 경우 '생애 이후 50년'까지 보장 받았던 권리를 '생애 이후 70년'까지 20년 연장되었고, 기업과 같은 단체 저작권자들은 '생애 이후 120년' 권리를 보장 받았다.

이 획기적 연장 법안으로 기존 저작권이 있는 전 세계 몇 안 되는 일부 기업들의 권리가 강력한 보호 장벽을 통해 더욱 공고히 구축할 수 있는 계기가 된 것이다.

더욱이 저작권법의 원래 취지였던 '저작권자에게 일시적 재산권을 보호하고 인센티브를 통해 새로운 창작을 활성화 한다'라는 명분이 이미 사라졌다. 그리고 이미 사망한 사람의 저작권 보호 기간을 연장할 아무런 근거가 없음에도 불구하고, 저작권 보존 기간은 계속 연장되기만 했고, 오히려 대중과 공공의 창작 영역은 더욱 더 좁아지게 되었다.

이런 배경에 대중의 수호자로 활동한 멘토가 있었으니 그가 바로 세바스토폴(Sebastopol)에 모인 30명의 오픈 운동 전문가들 중의 한 사람인 크리에이티 커먼즈의 창시자 로렌스 레식(Lawrence Lessig) 하버드대 교수이다(현재는 스텐포드대에 재직).

로렌스 레식 교수가 처음부터 디지털 세상에서 인터넷 개방을 주장한 혁신가는 아니었다. 그는 엔지니어이자 기업인인 아버지 밑에서 태어났고, 아버지를 따라 자신 역시 기업가가 되기 위해 펜실베니아 주립대에서 경제학과 경영학을 공부했다. 또한 전통적이고 열성적인 공화당원이었으며, 공화당 소속 정치인이 되길 꿈꾸기도 했다.

그러나 영국 케임브리지에서 철학 과정을 공부하며 시민참여와 자유, 시장 경제에 대하여 고민하게 된다. 이 과정에서 당시 스탠포드 로스쿨 교수였던 로렌스 레식 교수는 미키마우스 악법과 같은 디지털 저작권법에 대해 많은 법률적 대응을 하게 된다.

그러나 이러한 노력에도 불구하고 2002년에 디지털 밀레니엄 저작권법이 합법이라는 미 대법원의 판단 결과로 그의 노력과 수고는 참패로 돌아갔다. 물론 우리의 멘토답게 로렌스 레식 교수는 여기서 포기하지 않았다. 기존 저작권은 인정하되 저작권이 창조와 공유의 비용을 증가시키는 현실을 바꾸어, 저작권에 참여할 수 있는 권리의 영역을 확장하고자 하는 새로운 발상의 전환을 고민하게 된다.

그리고 그 결과로 기존 저작권에 참여 혹은 배포 권리를 부여한 크리에이티 커먼즈 라이선스(Creative Commons License, 이하 'CCL')라는 것을 MIT 컴퓨터공학과의 할 애벌슨 등과 힘을 합쳐 만든다. 저작권과 관련된 이해관계자들의 갈등을 법이 아니라 문화로, 기술

발전과 함께 권리 발전을 인정하는 자유문화로 풀려 한 것이다. 앞
장에서 사일로의 해결책인 크리에이티브 커먼즈 재단은 이후 이용
자들이 자발적으로 자신의 저작물의 저작권 보호 정도를 설정할 수
있는 크리에이티브 커먼즈 라이선스(CCL)를 보급해 인터넷 이용자
들에게 공유의 가치를 일깨웠고, CCL은 위키백과 등에 채택되면서
인터넷 생태계를 지키는 데 중심적 역할을 하게 됐다. 국내에서도
2005년 3월 한국정보법학회의 프로젝트로 시작돼 2009년 1월 사단
법인화한 크레이이티브 커먼즈 코리아가 CCL을 보급하고, 관련 활
동을 활발히 계속하고 있다.

그의 발자취는 여기에 그치지 않는다. 2009년 저술한《리믹스
REMIX》에서 처음으로 '공유경제'란 개념을 제안하였다(Lessig
Lawrence, 2009.9). 여기서 "재화를 소유하지 않고 필요한 만큼 빌려
쓰고 필요 없는 경우 다른 사람에게 빌려주는 공유와 협업의 의미가
있다"라고 새로운 공유경제의 가치를 언급하였다.

이러한 개념은 공유경제의 수많은 논란과 장점을 떠나 현재 대표
적인 공유 모델인 에어비엔비(Airbnb.com: 숙박공유), 우버(Uber: 공
유 차량)에서 볼 수 있듯이 개방과 공유의 새로운 사회, 문화적 선
구자로서 디지털의 삶을 사는 우리에게 많은 방향을 제시하고 있
다. 그리고 로렌스 레식 교수가 아끼는 제자 한 명도 세바스토폴
(Sebastopol) 공유 운동 모임에 참석하였다. 바로 26살의 청년 아론
슈와츠(Aaron Swartz)였다. 그는 멘토인 로렌스 레식 교수보다 앞서
안타깝게 생을 마감하게 된다.

[그림] 멘토 (로렌스 레식 교수)와 멘티 (아론 슈와츠) (2002) / Rich Gibson /
출처: 구글 CCL

규제의 황제에서 유모(乳母) 국가주의자가 만든 변화들

행동심리학에서 인간의 마음은 하나가 아니라 두 가지 인지시스
템이 있다고 주장한 사람은 300년 전통의 경제학 고전이론을 완전
히 뒤엎은 행동경제학의 창시자 대니얼 카너먼(Daniel Kahneman)이
다. 카너먼은 심리학자로 '심리학에서 경제학 이론을 적용하여 새로
운 지평을 열었다'는 평가를 받아 2002년 노벨 경제학상을 수상하게
된다. 당시 심리학자가 경제학상을 수상하게 되어 많은 논란을 일

으키기도 하였다.

이 천재 심리학자는 저서 행동 경제학의 바이블《생각에 관한 생각》에서 '시스템 1'과 '시스템 2'를 설계하고 설명하였다(대니얼 카너먼, 2012). 그의 이론에 따르면 인간의 두 가지 사고체계는 자동적, 빠른 직관을 가진 '시스템 1'이 있으며, 신중하고 느린 이성으로 표현되는 '시스템 2'가 있다는 것이다. 시스템 1은 직관적이므로 빨리 반응한다. 큰 소리나 갑작스러운 상황에서 저절로 움직이는 습관에 지배당하는 것이다. 또한 때로는 충동적, 도발적이므로 복잡한 상황에서 많은 문제가 일어난다.

반면, 시스템 2는 시스템 1에 비하여 좀더 이성적이며 계산적이다. 큰 소리가 들리면 냉정한 평가를 통해 어떻게 반응할지를 미리 계산하며 느리고 신중하게 평가한다.

이렇게 인간이 가진 마음 혹은 생각을 시스템 1과 시스템 2로 구분하여 행동경제학을 최초로 국가 오픈데이토피아 정책수행 기본 철학으로 적용한 사람은 캐스 선스타인(Cass Sunstein) 하버드대 교수다.

그는 미국 오바마 대통령의 정책 멘토로서 백악관에서 2009년 10월부터 2012년 8월까지 정보규제국(Administrator of the Office of Information and Regulatory Affairs: OIRA)수장으로 '규제의 황제'로 불렸다.

캐스 선스타인 교수가 한국에도 잘 알려진 이유는 리처드 탈러와 함께 서로 다른 두 가지 요소를 접목시켜 새로운 개념을 만들어내는

'넛지'를 설파한 베스트 셀러 《넛지Nudge》의 작가로 인기를 끌면서 대중적 인지도를 얻었기 때문이다. 지난 2012년 10월 '넛지'를 알리기 위해 한국을 찾기도 했다(Richard H. Thaler Cass, 2009.2).

선스타인은 넛지를 통해 전 세계 많은 사람을 감동시켰다. 미국 대통령 버락 오바마, 영국 총리 데이비드 캐머런(David Cameron)도 '넛지'에 깊은 관심을 보였고, 영국에선 아예 정부 예산을 줄이는 데에 '넛지 이론'을 적용하기 위한 특별 팀(Behavioural Insights Team)이 2010년 내각 기구로 편성되기도 했다(Nudge theory, 2015).

이미 국내에도 많은 독자들을 보유한 책의 제목이기도 한 '넛지(Nudge)'는 '팔꿈치로 슬쩍 찌르다', '주의를 환기시키다'라는 뜻을 지니고 있다. 그러나 강제로 무엇인가를 유도한다는 뜻은 아니며 넛지는 타인의 선택을 유도하는 부드러운 개입을 뜻한다. 즉, 캐스 선스타인 교수가 주장한 넛지는 무언가를 직접 대고 말하며 요구하기보다는 넛지 방식으로 쿡쿡 찌르며, 은근히 행동을 유도하게 되는데 그것이 '넛지 이론'의 핵심이다.

넛지 이론의 재미 있는 사례는 여러 곳에서 찾아 볼 수 있다. 우리가 잘 몰랐다면 더욱 더 훌륭한 사례일 것이다. 대표적으로 당신이 남성이라면 '남자가 흘리지 말아야 할 것은 눈물만은 아니다'라는 다소 우스꽝스러운 표어를 고속도로 휴게소 같은 곳에서 흔히 보았을 것이다. 짐작하겠지만 이것도 넛지의 일부다. 이러한 넛지를 적용한 사례는 네덜란드 암스테르담에 있는 스키폴 공항의 남자 화장실에서 발견할 수 있다. 이 화장실 모든 남자용 소변기 중앙에는 화장실 관리자가 고심 끝에 소변기에 파리 한 마리를 그려 넣었다. 이후 소변기 밖으로 새는 소변량의 80퍼센트가 줄어 들었다는 것이다. 소변을 보는 남성들이 '조준 사격'을 하는 재미로 파리를 겨냥했기 때문이다. 네덜란드 암스테르담 공항에서 실제로 일어난 일이다.

선스타인은 스키폴 공항에서 화장실 소변기에 파리 그림을 그려 놓을 생각을 하는 사람들을 '선택 설계자(Choice Architecture)'라고 정의하고 이들의 역할을 일반인들이 결정을 내리는 배경이 되는 '정황이나 맥락'을 만드는 사람으로 표현했다(Richard H. Thaler Cass, Nudge: Improving Decisions About Health, Wealth, and Happiness, 2009). 그리고 국가도 소변기 가운데 파리를 그려 넣은 관리자 즉 선택 설계자가 되어 국민들에게 부드러운 개입을 통해 정책 방향을 유도할 수 있다고 생각했다.

넛지 정책 실행을 통해 정부의 정책과 국민의 삶에 곧 바로 적용하였던 선스타인이 오픈데이토피아 개방의 멘토로 중요한 이유는 그의 저서 《심플러: 미래의 정부》에 잘 나타나 있다.

넛지 이후 응용과 실용편이기도 한 이 책에서 선스타인은 자신의 경험을 토대로 '넛지'가 어떻게 활용되어 왔는지를 사례로 조명하고, 더 나은 내일을 위해 앞으로 '넛지'를 국가의 공공정책에 어떻게 적용하고 실행해야 하는지를 이야기하고 있다.

'넛지'의 두 번째 이야기인 이 책에서 그는 국민들을 대상으로 하는 복잡한 정부정책 상황을 단순하면서 부드러운 선택으로 이끄는 넛지의 진화된 형태인 '간결한 넛지'의 힘과 역할에 초점을 맞추고 있다.

정책의 단순화, 그리고 미래의 정부에 관한 생각에 있어서 가장 중요한 것들을 언급하였으며, 그 결과 오바마 행정부 오픈데이토피아 정책의 전환점이며 전 세계에서 가장 커다란 보물창고인 미국의 국가 오픈데이터 포털(data.gov)을 개발하는데 정책적으로 중요한 역할을 했다(sunsteincass, 2013).

선스타인은 오픈데이토피아 정책을 미국의 변호사, 최초의 유대인 출신 연방대법원 대법관이자 경제적 민주주의를 주장하였던 미국 대법원 판사 루이스 브랜다이스(Louis Brandeis)의 사상을 빌어 자주 응용했다. 정부가 추진하는 정책과 제도를 오픈데이터와 같이 정보 공개로 국민들에게 제공하는 것을 '햇빛이 가장 좋은 살균제'라고 주장하며 오픈데이토피아 기반 정책들을 추진하였다.

정보공개는 비용이 적게 들고 영향력이 큰 넛지의 응용 수단으로 정책을 추진하였는데 이로써 국민들에게 분명하고 간단한 정보를 제공하여 일상 생활을 바꿀 수 있다고 생각했다.

종종 과자나 음료수에 표기된 영양표시 기준을 보았을 것이다. 선스타인은 정부정책을 통해 복잡한 내용을 단순화해서 정보를 제공하는 것을 '요약공개(summary disclosure)'라 정의하였다. 또한 기술혁신을 목적으로 인터넷을 통해 민간부분에 가능한 한 많은 정보를 공개하고 이 정보를 활용하여 새로운 산업의 혁신을 촉진할 수 있는 정보 제공 방법을 '완전공개(full disclosure)'로 구분하여 정부가 추진하려는 오픈데이토피아의 공개 방향성을 제시하였다.

| 구체적인 넛지의 실행력

세계보건기구(WHO)의 집계를 보면 2014년 전 세계 성인 가운데 39%는 과체중이며, 13%는 비만이다. 또한 2013년 전 세계에서 5세 이하 어린이 가운데 4천200만 명이 비만이거나 과체중이다. 미국 컨설팅업체 맥킨지는 2014년 발표한 한 보고서를 통해 '비만으로 생기는 연간 비용 2조(한화 2230조 원) 달러는 전 세계 1년 생산량의 2.8%에 이르는 규모로, 이는 전쟁과 테러로 전 세계가 감내하는 비용 2조 1000억 달러와 맞먹는 수준'이라고 밝히며 그 중요성을 새삼 정부정책 담당자들에게 언급하였다(Dobbs Richard, 2014.11).

이처럼 전 세계 각국에서 예외없이 비만이 확산하고 있는 것으로 파악되고 있다. 미셸 오바마 대통령 영부인도 2010년부터 소아비만 해결을 위해 '레츠 무브(Let's Move)' 캠페인을 전개하고 있었고, 이 외에도 비만 퇴치를 위해 미국 정부는 지난 몇 십 년간 막대한 금액을 투자하며 국민들을 위해 여러 캠페인과 정책들을 추진하였다. 일례로 비만을 국민들의 먹거리 생활과 연결하여 모범되는 식단을 권장하기도 하였는데, 그 중 한 가지는 미국 농무부(USDA)의 건강 푸드 피라미드 가이드 라인을 보면 잘 나타나 있다. 정부는 이 피라미드를 통해 비만을 예방하고자 하는 미국인들 평균 권장 섭취 영양 성분과 정보들을 전달하고 있었다. 하지만 아래 그림에서 보듯이 이 건강 푸드 피라미드는 오랜 기간 동안 미국 공중 보건의 적인 '비만' 문제를 해결하는 데 부적절하다는 평가를 받았다.

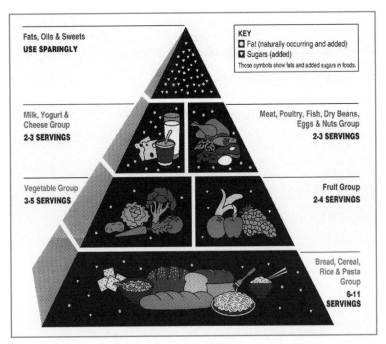

[그림] 기존 건강 푸드 피라미드 가이드라인 (출처 : 위키미디어 커먼스)

이 '규제의 황제'는 몇 십 년간 미국 건강 정책 방향의 대명사였던 건강 푸드 피라미드를 좀더 보기 쉽게 하는 것이 넛지를 활용한 정책이라 생각했다. 그리고 보이지 않게 국민들의 옆구리를 쿡 찔러 변화를 가져올 수 있는 단순한 방법으로 정책을 추진한다. 그는 정보규제국 정책 책임자로 취임하자마자 곧 바로 건강 푸드 피라미드를 책임지고 있는 농무부 관료들과 여러 차례 정책 회의를 추진한다. 마침내 이들을 설득하게 되고 오랜 기간 미 농무부의 상징이며 건강 식단의 모범 사례였던 건강 푸드 피라미드를 과일, 채소, 곡식과 단백질로 간단히 표현한 새로운 지침으로 구성하여 발표하여 우리 일상에 직접적인 영향을 미치는 오픈데이토피아의 구체적인 실현 방식을 성공적으로 추진한다(Melnick Meredith, 2012.06). 이를 통해 기존 건강 푸드 피라미드는 '피라미드 대신 접시(Plate, Not Pyramid)'라는 캠페인을 통해 좀더 단순화된 접시로 바뀌게 되었다. 이 단순한 접시 그림으로 미국 농무부는 국민에게 전달하는 정보의 모호함을 피하고 단순함과 직접적인 시각화 정보를 제공함으로써 좀더 오픈데이토피아 정책을 제공하는 정책적 결정을 유도하게 된다. 마침내 '정보공개 방법 단순화' 라는 넛지를 통해 팔꿈치로 슬쩍 찌르고, 주의를 환기시키는 새로운 정책을 추진하는 것이다.

[그림] 추즈마이플레이트 정책과 반영된 사례

선스타인은 이에 만족하지 않고 정부가 추진해야 하는 오픈데이토피아 건설의 방향을 다음과 같이 세 가지로 언급하며 '자동차 연료 경제성 라벨 개선안' 등과 같이 지속적이고 참신한 오픈데이토피아 정책을 추진하게 된다. 그가 주장한 개방과 협력이 가지고 오는 오픈데이토피아가 제시하는 결과의 파급효과는 단순명료했다.

첫째, 오픈데이터를 통한 정부 자료의 공개는 민간기업들과 공공기관들의 행동을 더 나은 것으로 바꾸어 책임성을 증진시킨다.

둘째, 오픈데이터의 공개 방향은 사람들에게 곧바로 찾아보고 사용할 수 있는 정보를 제공하여 정부정책의 소통을 가속화한다.

셋째, 정부가 국민들에게 오픈데이터를 통해 통합된 정보를 제공함으로써 정부 스스로의 의사결정 방법을 지속적으로 개선할 수 있다.

물론 정부가 국민 생활에 직접 관여하는 '자유주의적 개입주의(libertarian paternalism)'로 불리는 넛지 정책을 모두가 찬성하는 건 아니다. 영국의 저술가 일레인 글레이저(Eliane Glaser)는 넛지를 통해 정부가 인간의 '자유의지'에 대한 대중적 조작이 교묘해지고 있다고 비판하기도 했다. 그녀는 "넛지 정치학은 사람들에게 보다 이성적으로 사고하고 행동하도록 권유하는 일에는 관심이 없다. 그것은 과학자, 정치인, 기업들과 같은 엘리트 집단이 대중의 비이성적인 행동 패턴을 알아내고 그에 따라 그들의 선택을 조종하는 데 관심을 가진다"라고 주장하기도 했고, "선스타인은 여전히 선택의 다양성이 존재하기 때문에 넛지가 자유 의지를 손상시키지 않는다고 말하고 있다. 그러나 설득의 기술이 자유 의지를 능가하기 때문에 그 주장은 어림도 없는 말이다. 이 모든 것에는 권력, 즉 다른 이들보다 유리한 결정을 할 수 있는 입장이 있으며, 어떤 사람들은 넛지를 통해 다른 이들을 조종할 수 있다는 가장 큰 요인이 배제되어 있다"(일레인 글레이저 최봉실, 서울 : 마티, 2013)라고 비판하기도 했다. 하지만 몇몇 비난에도 불구하고 이 자유로운 풍모와 오랜 독신 생활로도 유명했던 선스타인은 미국 대선에서 오바마 캠프에 참여하여 같이 대선 캠프 활동을 추진한 사만다 파워(Samantha Power, 28대 유엔 미국대사) 하버드대학 교수와 결혼한 뒤 또다시 세계 언론의 주목을 받았다. '뉴스위크'지는 세계 10대 파워 커플 가운데 5위로 이 부부를 꼽기도 했다.

웹 탄생의 아버지에서 오픈데이토피아의 어머니가 되다

| 위대한 발명의 탄생

인간은 누구나 혁신과 발견을 꿈꾼다. 그리고 이미 세상에 없는 스티브 잡스와 같이 영화의 주연이나 소설 속 주인공이 되기를 바란다. 누구는 세계 3대 발명품이 종이, 화약, 나침반이라고도 하고 혹자는 불의 발명으로 의식주의 혁명이, 돈의 탄생으로 가치의 교환과 저장이 가능하였고, 바퀴의 발명으로 물류 혁명이 일어났다고 주장하기도 한다(김지현, 2012). 그러면 21세기 디지털 혁명의 장점과 단점을 동시에 받고 있는 우리에게 이 디지털 파괴를 선도하는 위대한 발명은 무엇일까? 우리는 이미 그 정답을 앞에서 오픈 지식인 인터넷이 바꾼 또 다른 데이터의 개방이 가져온 현재의 변화로 이야기하였다. 과연 그럴까?

너무 멀리 보지 말고 가까이 보면 2012년 영국문화원(British Council)은 설립 80주년을 맞아 '지난 80년간 세계를 바꾼 사건'이라는 설문조사를 10개국, 1만 명을 대상으로 하여 그 결과를 발표하였다(world, 80 moments that shaped the, 2012).

일반인들에게는 낯설지만 우리가 오늘날 저렴한 가격으로 전 세계의 다양한 소비를 만끽하고 즐길 수 있는 컨테이너 박스의 발명이 69위를 차지하였다. 또한 음식으로는 유일하게 인스턴트 라면의 발명이 63위를 기록하였고, 현대인의 오락·문화 생활의 중심인 TV방송의 시작은 24위, GPS 정보의 위대한 개방의 시작인 1957년 인공위성의 첫 발사는 13위, 영국의 세균학자 플레밍이 발견한 우연과 기적의 약물인 페니실린 대량생산은 2위, 과연 대망의 1위는 무엇일까?

이미 그 정답을 당신도 알고 있을 것이다. 바로 지금 이렇게 손안의 컴퓨터를 통해 정보를 주고 받을 수 있는 전 세계인들이 뽑은 위대한 발명 1위는 'WWW'로 시작해 간단한 인터넷 주소만 입력하면 컴퓨터를 통하여 세상의 정보와 연결할 수 있는, 인류의 문명 진화의 패턴을 바꾼 '월드와이드웹'이 차지했다. 이 연구를 수행한 영국문화원은 이처럼 거대한 인류의 발명품을 평가하는데 다음과 같은 한마디도 잊지 않았다.

"월드와이드웹으로 인류의 생활양식이 근본적으로 바뀌었다. 이용자 수 5만 명에 달하는 데 걸린 시간은 라디오가 38년, 텔레비전이 13년인 데 비해 월드와이드웹은 4년에 불과했다."

그럼 우리가 당연한 기술로 생각하는 이 소중한 월드와이드웹은 어떤 천재가 발명하고, 그 결과 그 혁신가는 세상의 부를 손에 거머쥐었을까? 그 탄생의 비밀은 무엇일까? 시작은 누구일까?

[그림] 지난 80년간 세계를 바꾼 사건

"세계 최대의 과학연구소 'CERN'(유럽원자핵공동연구소)에서는 우주 탄생을 재현하는 빅뱅 실험이 진행된다. 물리학자 비토리아(아예렛 주어)와 동료 실바노는 빅뱅 실험을 통해 강력한 에너지원인 반물질 개발에 성공하지만 실바노가 살해당하고 반물질이 사라지는 사

134

건이 발생한다. 한편, 하버드대 종교기호학 교수 로버트 랭던(톰 행크스)은 교황청으로부터 의문의 사건과 관련된 암호 해독을 의뢰받는다. 새로운 교황을 선출하는 고대의식인 '콘클라베'가 집행되기 전, 가장 유력한 4명의 교황 후보가 납치되고 교황청에 일루미나티의 상징인 앰비그램이 나타난 것. 일루미나티는 '지구가 돈다'고 주장해 종교 재판을 받았던 갈릴레오, 코페르니쿠스 등 18세기 과학의 위상을 높이고자 했던 과학자들이 모여 결성했으나 가톨릭 교회의 탄압에 의해 사라진 비밀결사대다. 500년 만에 부활한 일루미나티는 4명의 교황 후보를 한 시간에 한 명씩 살해하고 마지막에는 CERN에서 탈취한 반물질로 바티칸을 폭파시킬 것이라며 가톨릭 교회를 위협한다."

2009년 5월 개봉한 미스터리 스릴러 영화 '천사와 악마'의 줄거리이다. 미국 배우 톰 행크스의 열연으로 많은 호평을 받았던 이 영화의 시나리오 근거이자 영화의 일부 배경이 되었던 곳이 미국 항공우주국(NASA)과 함께 전 세계 미래 과학 연구를 선도하고 있는 유럽원자핵공동연구소(CERN)이다. 영문명은 유럽원자핵공동연구소 'European Organization for Nuclear Research'이지만 프랑스어 표기를 따라(Conseil Européen pour la Recherche Nucléaire: CERN)으로 발음하고 '일명: CERN'으로 더 잘 알려져 있다. 위치는 스위스 제네바 인근과 프랑스 국경에 걸쳐져 있고, 1954년 설립된 이래 유럽 21개 가입국(2015 현재)으로 되어 있으며 수많은 노벨상 수상자를 배출하기도 했다.

1989년 이 거대한 연구소에서 근무하고 있던 한 연구원이 있었다. 이 연구원은 CERN의 수많은 정보 흐름과 복잡한 조직 체계에 압도되어 좀더 새로운 아이디어를 찾기 시작하였다. 당시 CERN에는 1만여 명이 근무했고, 각 직원이 원하는 정보나 하드웨어·소프트웨어적인 사양이 달랐다.

이 연구원은 업무 외에 틈틈이 시간을 내서 개인 프로젝트로 사내 모든 자료를 추적할 수 있는 응용 프로그램을 개발하여 1989년 3월, 그 이름을 백과사전의 앞 제목을 따서 '인콰이어(Enquire)'라고 지었다. 수많은 복잡한 조직 내부 정보를 체계적으로 정리하고 관리하기 위해 인콰이어를 개발한 것이다.

이 연구원이 개발하는데 사용한 주요 핵심 기술은 하이퍼텍스트 링크(Hypertext link)인데, 서로 다른 컴퓨터에 저장되어 있는 정보를 연결할 수 있는 프로그램을 고민하고 이를 컴퓨터와 접목하여 개발한 것이다.

당시 하이퍼텍스트는 새로운 신기술이 아니었다. 하이퍼텍스트는 링크를 사용하여 정보들을 연결함으로써 비연속적인 체계로 구성해낸 전자적 텍스트 기법이다. 현재 디지털 사전이나 도서관, 그리고 우리가 지금 인터넷이라 부르는 월드와이드웹 등에서 다양하게 사용되고 있다. 언급한 것처럼 하이퍼텍스트는 새로운 개념과 기술이 아니며 바네바 부시(Vannevar Bush)가 1945년 하이퍼텍스트의 효시라 할 수 있는 메멕스(Memex, memory extender)라는 시스템을 통해 가장 처음 제안하였다.

메멕스는 일종의 기계화된 서적이나 파일 및 도서관의 책 등에서 개인이 자신의 책, 기록물, 커뮤니케이션을 저장해 두고, 빠른 속도로, 그리고 자유자재로 그것을 찾아볼 수 있도록 기계화되어 있는 장치로 고안되었다. 이후 옥스퍼드 대학교의 사회학자이고 철학자인 테드넬스(Ted Nelso)에 의해 1965년 처음으로 공식적으로 언급되었다. 여러 단계의 발전을 거듭하며 1990년대 중반 CD-ROM의 보급 확대와 함께 비로소 하이퍼텍스트는 대중적인 관심을 끌게 된다. 이와 같은 변화 속에서 하이퍼텍스트는 월드와이드웹이라 불리는 인터넷과 결합되면서 새로운 전기를 맞이하게 된다.

[그림] 하이퍼 링크로 단순하게 표현된 세계 최초의 웹사이트
(http://info.cern.ch/hypertext/WWW/TheProject.html)

| 개방의 혜택을 인류에게

이 연구원은 이 시스템을 좀더 확장하여 '정보의 보고(Mine of Information) 혹은 그물망(the Mesh)'이라 부르기도 한다. 초기 주변 반응은 시큰둥했지만 시스템 개발 작업을 계속 이어갔다. 다음해 10월

'httpd'로 이름붙인 최초의 웹 서버용 코드를 작성한데 이어 HTML 문서와 넥스트스텝 운용체계(OS)에서 작동하는 브라우저 월드와이드웹을 개발했다. 월드와이드웹은 단순한 메뉴 중심이던 기존 인터넷과 달랐다. URL과 HTML, HTTP 등의 요소를 담아 각 컴퓨터에 담긴 정보를 쉽게 검색하고 게시할 수 있게 했다.

1990년 12월 CERN 내부에 이어 1991년 여름엔 인터넷에 월드와이드웹과 기본 소프트웨어를 모두 공개했다. 소문이 삽시간에 전 세계에 퍼지면서 웹서버를 내려 받아 정보를 올리고 링크를 추가하는 사람들이 무수히 늘어났다. 결국 1993년 4월 CERN은 월드와이드웹을 누구나 무료로 사용할 수 있도록 개방하고 문서로 공표했다. 또한 같은 해 일리노이 대학에서 개발한 웹브라우저의 원조 모자이크(Mosaic)는 당시로선 우수한 그래픽으로 월드와이드웹의 지구촌 연결을 부채질했다. 바로 이 시기가 인터넷이 지구를 거미줄(web)처럼 연결한 네트워크의 연결고리라는 의미로 '월드와이드웹(World Wide Web)이 탄생하는 순간이었다.

CERN에서 이 연구를 주도하고 공개하는데 앞장선 젊은 연구원이 월드와이드웹의 창시자인 팀 버너스리(Tim Berbers-Lee, 1955~)이다. 웹 탄생에 도전하고 개발한 이 위대한 '웹 탄생의 아버지'는 현재 W3C(월드와이드웹) 컨소시엄의 소장을 맡고 있으며, 2004년 대영제국 기사작위를 비롯해 2007년 영국 메리트 훈장을 받기도 하였다.

팀 버너스리는 1955년 영국 런던에서 태어났고, 1973년부터 1976년까지 옥스퍼드 대학에서 물리학을 전공했다. 졸업 후에는 통신회사에서 기술직으로 잠깐 있다가 1980년부터 스위스에 있는 유럽입자물리연구소(CERN)에서 일하게 된다. 여기서 인류의 위대한 역사가 시작된 것이다.

[그림] 웹 탄생의 아버지, 오픈데이터 시작의 어머니 팀 버너스리
출처 : 구글 CCL

사유 기술의 폐쇄 정책으로 큰 부를 거머쥘 수 있었던 이 개방의 선구자 버너스리는 다른 발명가들과 달리 월드와이드웹의 특허를 주장하지 않았다. 만일 버너스리가 당시 특허권을 주장하고 본인의 발명으로 권리를 사용했다면 우리는 오늘날 인터넷 검색 버튼을 한 번 누를 때 마다 돈을 지불해야 할 지도 모른다. 그리고 네이버, 구글 혹은 손안의 스마트폰을 통해 한 겨울 손가락 하나로 인터넷 전

자 상거래 사이트를 통해 물건을 주문하고 기차표나 비행기표를 예약할 수 없었을 것이다.

인터넷은 협력의 공간이며 힘을 합해 세계가 직면한 문제를 해결할 수 있다는 게 그의 생각이었다. 우리가 앞에서 여러 번 이야기한 단편적 해결책이 모여 개방을 통해 큰 힘을 발휘할 수 있다는 얘기다. 미국 경제지 포브스(Forbes)는 "인터넷 초기 시절 폐쇄적이고 독점적인 시스템은 대다수 발명가와 기업의 비즈니스 모델이었다"며 "버너스 리와 CERN의 결정은 이런 폐쇄된 문화를 바꾸고 인터넷에 무한한 애플리케이션과 서비스를 통해 디지털 공간에 새로운 생명을 불어넣었다"고 평가했다.

버너스리는 월드와이드웹 컨소시엄(W3C) 홈페이지에 당시를 회상한 글에서 "CERN은 훌륭한 조직이지만 연구원이 자주 바뀌면서 기존 정보가 활용되지 않고 사장됐다"며 "글로벌 하이퍼텍스트 시스템이 CERN의 이익에 도움이 된다고 경영진을 설득했다"고 전했다. 버너스리의 공개를 통해 전 세계 인터넷 시대의 문이 열렸고, 이후 월드와이드웹은 인터넷 주소 체계인 URL 등으로 발전하였다.

버너스리는 1994년 매사추세츠공과대학(MIT)에 월드와이드웹컨소시엄(W3C)과 컴퓨터과학 및 인공지능연구소(CSAIL)를 세우고, 2005년부터 W3C 소장으로 있으면서 인터넷 개방과 발전을 위한 연구를 하고 있다(Berners-Lee Tim).

| 오픈데이토피아를 탄생시킨 어머니로

이런 웹의 창시자 팀 버너스리는 다시 한번 오픈데이토피아 사

상을 전파하는 전도사로 오픈데이터라는 새로운 가치를 세상에 전달하기 시작한다. 2009년과 2010년 "당장 원천 데이터를(Raw data now)"라는 슬로건의 TED 강연을 통해 정부, 기관, 과학자들이 스스로 보유한 데이터를 웹상에서 접근할 수 있도록 공개할 것을 촉구하며 세상에 또 다시 개방의 가치를 설득한다. 여기서 그는 단순히 인터넷 문서의 연결뿐 아니라 데이터의 연결을 가능하게 하자는 '링크드 데이터(linked data)'의 개념과 보급을 함께 강조했다.

링크드 데이터는 웹 상에 존재하는 데이터를 확장 가능하게 하는 오픈데이터의 중요 기술로 상호 연결된 웹을 지향하는 모델이다. 이 링크드 데이터 프로젝트는 2007년 1월 W3C에 의해 발표되었고 오픈데이터 확산과 함께 현재도 아주 중요한 진행형 기술이다(TED, 2010).

이후 전 세계에서 가장 커다란 오픈데이토피아 플랫폼인 영국 공공데이터 포털 'data.gov.uk'를 2010년 창설하는데 참여하였으며, 현재 오픈데이터 분야에서 가장 활발하게 개방된 데이터의 경제, 산업적 가치와 미래 정부 운영의 투명성이 가져오는 효과를 연구하고 증명하는 영국 오픈데이터 연구소(ODI: Open Data Institute)를 2012년 5월 개설하였다.

인류에게 디지털 혁명의 신화와 도구를 제공한 팀 버너스리는 웹 탄생의 아버지에서 다시 한번 세계 오픈데이토피아 시작을 알리는 어머니로, 디지털 자손들인 우리에게 역사와 신화를 제공하고 있으며 지금 이 시각에도 이를 위해 노력하고 있다.

오픈데이토피아를 만든 리더들이 제시하는 미래

초기 오픈 기술은 공짜라는 인식과 관리자가 없는 자유로운 환경으로 인한 신뢰성 부족으로 성장하는 데 한계를 맞기도 했다. 결국 많은 개발자들로부터 외면 당하는 위기를 맞기도 하였는데 1997년 에릭 레이먼드(Eric Raymond)가 오픈소스와 공개소프트웨어 개발 모델의 강점을 역설하며 발표한《성당과 시장 *The Cathedral and the Bazaar*》이 이 위기를 극복하는 방안이 되었다.

이 모델은 상용소프트웨어 개발 모델에 비유되며 시장 모델이 다수의 개발자가 참여할 수 있는 공개소프트웨어 개발 모델에 비유된다. 개방 기술을 공유함으로써 참여자들이 생태계를 더욱 튼튼하게 만들고 개개인의 전문가들이 해낼 수 없는 다양한 상황에서 프로그램을 사용하고 테스트하여 발견하기 힘든 오류를 발견하게 되는 것이다. 이 모델을 설명하는 단순하지만 강력한 문구는 다음과 같다.

"많은 사람이 볼수록 모든 오류는 사소한 것이다."

인류사의 여러 과학적 성과에서 볼 수 있듯 결과를 공개적으로 공유하면 오류를 줄이고 발견을 촉진할 수 있다. 또 과학자들이 공개된 유사 프로젝트를 진행하는 사실을 알게 되어 중복 노력과 투자를 방지할 수 있다. 그리고 한 전문가가 하던 일을 중단하였다 하더라도 결과가 가치 있는 것이라면 또 다른 사람들이 연구를 지속할 수 있을 것이다. 다수의 사람들의 개방과 협력의 상징인 파나마 군대개미와 같은 집단 지성을 통해 소프트웨어나 데이터의 잘못된 오류를 잡아낼 가능성이 높기 때문에 시장에서 개방된 오픈 기술을 만드는 이들 모델들이 가장 안전하고 우수한 개발 결과물이 될 수 있는 것이다. 이는 우리가 지금까지 이야기한 대중의 협력 지식을 통한 혁신을 이루고, 악당 사일로를 무찌르는 또 하나의 좋은 사례라고 할 수 있다.

이제 많은 기업들이 오픈 기술을 통해 파괴적인 혁신을 추구하고 있으며, 미래에는 무제한의 기회가 열릴 전망이다. 그렇다면 오픈 기술은 어떻게 전 세계적인 혁신을 구현할까? 오픈 문화는 크라우드소싱의 장점을 활용, 향후 맞춤화된 기술을 개발할 수 있는 토대를 제공했으며, 우리는 오픈 기술이 상업적 기술보다 우위를 차지할 것이라고 내다보고 있다. 역사를 살펴봐도, 특정 기업이나 생태계에 종속(Lock-in)되지 않은 상태에서 개방적인 협업을 추구할 경우, 여러 도전을 해소해 혁신을 구현할 수 있었다. 리눅스 기반 안드로이드 앱이든, 클라이언트가 여러 기업에서 작업을 할 수 있는 클라우드 컴퓨팅 솔루션이든, 오픈 표준은 기업이 상업적이고 재생산적인 컴퓨팅 환경에서 초래되는 부담 없이 가치 전달에만 초점을 맞출 수 있도록 해준다.

또 오픈 기술은 의료, 금융, 자동차, 소매, 에너지 등 다양한 산업이 더 빠르고 간편하게, 그리고 더 저렴하게 데이터를 공유하도록 허용하는 '보험' 또는 '청사진' 역할을 한다. 이는 제대로 된 산업간 협업, 상호운영성을 구현하여 기업이 더 나은 상품, 서비스, 데이터를 제공할 수 있도록 선택권을 준다. 폐쇄적인 사유 수단으로는 제공하지 못하는 편익들이다. 이미 2016년 그 생명을 마감한 무어의 법칙이 오픈 기술에서는 계속 유효하게 작동 할 것이다.

정보 기술의 성능은 계속 높아지는 반면 가격은 계속 하락할 것이며, 강력한 기술들이 오픈 표준 및 인터넷과 결합, 무제한의 컴퓨팅 자원을 제공하는 전 세계적인 기반을 구축하고 있다. 더 중요한 사실은 이들 기반이 지식 공유와 협업을 위한 기회 또한 제공한다는 점이다.

그 결과, 산업의 경계가 흐려지고, 대신 오픈 기술에 바탕을 둔 협업 혁신으로 특징지을 수 있는 기업들이 자리를 잡고 있는 환경이 조성되고 있다. 오픈 기술은 기업들이 이질적인 시스템을 더 빠르게, 더 쉽게, 더 저렴하게 연결할 수 있는 토대 역할을 하면서 산업과 최종 사용자 모두에 이익을 제공하는 새로운 솔루션을 견인하고 있다.

초기 오픈 기술이 공공의 복지를 위한 성스러운 선물처럼 보였지만 시간이 지나면서 기업들은 돈을 벌면서도 소프트웨어나 데이터를 공짜로 제공할 수 있다는 사실을 깨달아갔다. 사실 이 현실을 오픈데이토피아 리더들은 이미 알고 있었으며, 일각에서는 이미 그런 의도로 오픈 기술을 제공하기 시작했다. 이는 이제 기업들이 사일로와 같은 사유 기술과 오픈 기술이 분기하는 역사적인 갈림길에서 방향을 정해야 하는 이유인 것이다.

04
오늘의 혁신에서
내일의 기준으로

미래는 현재 우리가
무엇을 하고 있는가에 달려있다.
— 마하트마 간디

예측할 수 없는 지진이나 쏟아지는 폭우, 비바람과 같은 자연환경에 순응해야 하는 것이 인간과 자연과의 오랜 관계라면 국가나 정부, 이를 지지하는 버팀목인 국민의 관계는 무엇으로 표현할 수 있을까? 국가와 정치, 그리고 현재 기술과 인간은 과연 공동체 운명인가? 도널드 케틀은 저서 《미국의 다음 정부: 우리 제도는 왜 고장났는가? 어떻게 고칠 수 있는가?》(2008, *The next government of the united states*, Donald kettle) 에서 현대 정부와 공공기관을 '자판기(vending machine)'에 비유하여 시민들이 지불하는 세금만큼 정부의 서비스를 기대한다고 했다(Kettl Donald, 2008). 물론 그만큼 서비스를 받지 못한다면 우리가 할 수 있는 대응 방법은 자판기를 흔들어 뭔가를 요구할 수도 있다. 하지만 고장난 자판기는 발로 차거나 흔들어도 제공한 비용만큼 결과가 없을 수도 있다.

반면 웹 2.0에서 개방된 인터넷을 통한 정보 공유 사상을 제안한 팀 오라일리는 정부2.0을 통해 다른 시각에서 정부를 바라 보았다. 그는 자판기모델에서는 제공할 수 있는 물건의 가짓수가 미리 정해져 있고, 그 자판기에 내용물을 채워 넣는 납품업체의 수 역시 정해져 있다는 것이다. 결국 자판기 사용자의 선택폭은 줄어들고 가격은 높아진다는 것이다. 이제는 여러 관점에서 누구나 참여를 통해 자판기를 유지하고 관리해야 국가나 공공서비스로부터 양질의 서비스를 받을 수 있다는 주장이 새로운 미래 혁신의 한 수단으로 받아들여지는 시대가 올 것이다.

리바이어던과 보이지 않는 손의 대결

우리가 자주 '정부'라고 부르는 국가에 대한 궁금증과 물음은 우리 삶의 오랜 숙제이자 철학적 물음이었다. 이 궁금증에 대한 시작은 '객관적 관념론'의 창시자 철학자 플라톤이다. 플라톤은 아테네의 영향력 있는 귀족 집안에서 태어나 어려서부터 정치에 뜻을 두었다. 20세에 멘토 소크라테스를 만나 깊은 지혜에 눈뜨지만, 정권을 쥔 자들에 의해 소크라테스가 사형을 당하자 플라톤은 정계 진출의 꿈을 접고 철학자의 길을 걸으며 인간의 올바른 삶과 국가 정의를 실현하는 방법 등을 고민하게 된다. 이러한 고민의 산물은 '국가 혹

은 정의에 대하여'라고도 불리는 저서 《국가론*Politeia*》에 잘 나타
난다.

국가(폴리스)의 성립과 관련된 국가제도에 대하여 논하는 것은 이
상의 물음에 당장 부딪치는 국가라는 '큰 문자' 속에서 고찰한다는 방
법론적인 필요에서 생긴 것이다. 거기에는 왜 우리의 존재, 다시 말
하면 영혼의 상태(작은 문자)와 국가의 상태라는 것이 비슷하게 비례
하여 이야기되는 것인가? 그것은 우리의 존재가, 또 국가라는 존재가
각각 여러 가지로 제 능력을 자신 속에 포함하면서 그 자신은 결코 그
들의 제 능력의 단순한 총화로서 존재하는 것이 아니라 바로 한 사람
의 인간(결국 영혼)으로서 또 하나의 국가로서 존재하기 때문이다. 곧
정의란 국가 없이는 존재할 수 없는 것이다. 국가는 또한 인간의 자연
적인 필요에 의해서 생긴 것이다.

그런데 국가에 있어서 왕이 되어 통치하거나 혹은 현재 왕으로 불
리거나 권력자로 불리는 사람들이 참으로 충분히 철학을 하지 않는
한, ……국가에도 인류에도 불행은 그치지 않는다. 철학자란 이데아
를 인식하고 그것을 사랑하는 사람이며 철인왕(哲人王)은 무엇보다도
먼저 선(善)의 이데아를 익히지 않으면 안 된다. 선의 이데아는 태양
과 같아서, 인식되는 것에, 진리를 인식하는 사람에게 그 능력을 부여
한다(임석진 외, 2009).

플라톤은 이상국가론을 통해 이 세상에 한 번도 실현된 적 없고
앞으로도 실현되기 어려운 국가의 정체를 이야기하고 있지만, 지금

우리가 이야기하고 있는 개방의 시대 오픈 기술은 이에 대한 이상적이고 바람직한 정치체제가 어떤 것인지에 대한 논의를 이끌어 내는 충분한 장이 될 것이다. 영국 철학자 토마스 홉스(Thomas Hobbes)는 정치 철학의 역사에서 가장 유명한 저서 《리바이어던 Leviathan》에서 또 다른 국가관을 제시한다. 그는 이 책에서 국가는 사회 내부의 무질서와 범죄, 외부 침략의 위협에서 국민의 생명과 안전, 재산을 보호하기 위해 무소불위의 권력을 정당하게 행사하는 '절대권력자로 칭하고, 여기서 국가를 거대한 괴물인 '리바이어던'으로 비유하였다.

[그림] 홉스의 국가를 상징하는 괴물 '리바이어던'(출처: 구글이미지)

이런 홉스의 일방적 선언이 불편하다면 다음 사실은 어떻게 받아들일 수 있는가? 지정학적으로 아프리카 북동부의 반도인 '아프리카의 뿔' 소말리아는 우리에게 민간 선박과 선원을 납치해 몸값을 요구하는 해적들로 더 유명해졌다. 1991년 독재 군사정권을 무너뜨렸으나 반군 지도자들 사이의 권력 전쟁으로 20년이 지난 지금도 내전으로 국민들이 고통 받고 있다. 내전 이후 인구 1000만 정도인 이 나라는 40만 명이 목숨을 잃었으며 70만 명이 소말리아를 탈출하여 국제 난민이 되었다. 그리고 국제 사회의 여러 노력에도 불구하고 현재도 전 세계에서 '가장 위험한 나라'로 평가받고 있다(wik-Somalia, 2015).

홉스는 말한다. "인간은 모두가 두려워 하는 공동의 권력 없이는 절대 안전하고 평화롭게 할 수 없다"고. 이러한 불편한 진실에 대한 경험과 공동 권력의 이해가 정부의 개념을 정의하는데 좋은 출발점이 되는지는 독자들의 판단에 맡기겠다.

일반적으로 정부란 넓은 의미로 입법, 사법, 행정 등 한 나라의 통치기구 전체를 가리키며, 좁은 의미로는 행정부 및 그에 부속된 행정기구를 의미한다. 앞서 이야기한 플라톤이나 홉스 모두 권력조직체인 정부적 기구가 필요함을 역설하였고 존 로크, 장자크 루소 등은 국민의 의사를 대표하는 의회를 중심으로 하는 정치기구를 정의하기도 하였다. 오늘날 정부라는 말은 입법기관을 비롯하여 사법, 행정기관을 포함하는 폭넓은 의미로 사용되기 시작하였다. 또한 정부란 국가의 존속이나 활동을 유지하기 위한 동적인 권력이기에 현대 국민들은 정부의 비효율성이나 비합리성에 의해 나타나는 문제들을 수용하며 산다.

이와 같은 정치적인 시각에서 경제적 관점으로 정부의 의미를 가장 잘 설명한 것은 1723년 영국에서 출생한 고전 경제학의 창시자 애덤 스미스(Adam Smith)이다. 그는 살아가면서 세계사의 큰 흐름을 가지고 온 세 가지 역사적 사건들을 마주하게 되는데, 하나는 1776년 미국의 독립선언을 경험한 것이고, 또 하나는 다소 과격한 프랑스의 국가 '라 마르세예즈' 가사로 유명한 "무기를 들어라, 시민들이여. 너희의 군대를 만들어라. 나아가자, 나아가자. 더러운 피를 물처럼 흐르게 하자!" 라는 내용의 프랑스 시민혁명이다. 그리고 마지막 하나는 근대 산업 물결의 시작이었던 영국의 산업혁명이다.

이 현장을 체험하며 애덤 스미스는 국가와 경제학의 바이블인 《국부론 *The Wealth of Nations*, 國富論》을 출간하게 된다. 여기서 국가와 공무원의 역할을 잘 정의하고 있다. 국가에 직무를 수행하는 공무원이 사회적 분업의 일부분을 담당하고, 직접적으로 상품을 만들지는 않는 비생산적 노동자이지만 간접적으로 국가의 부를 창출한다고 했다. 또한 공무원이 본연의 책임을 다하지 못 할 경우 국가 산업생산이 불가능해진다고 했다. 따라서 《국부론》의 사회적 분업 기능 중 핵심은 공무원의 충실한 본연의 기능으로 완성된다고 언급하였다. 그리고 국가공무원은 정부의 위에 있는 지도자가 아니라 시민 사회의 내부에 사회적 분업을 담당하는 보통의 시민으로 규정하고 이것을 '시민정부'라 불렀다. 이것을 두고 후에 학자들은 '값싼 정부론(Cheap government)' 혹은 '작은 정부론' 이라고도 불렀다(국부론 An Inquiry into the Nature and Causes of the Wealth of Nations (세계의 사상, 2002.5.20, 사회문화연구소)).

21세기 들어서도 작은 정부이론은 국가와 공공의 역할에 중요한 화두를 던지고 있다. 1986년 노벨경제학상을 수상한 '공공선택이론 (public choice theory)'의 주창자인 미국 학자 제임스 M. 뷰캐넌(2013년 1월 93세의 나이로 타계했다)는 공공선택이론에서 '이기적 개인 대 공공의 정부'라는 가정은 환상이라고 했다. 국가와 정부를 위해 일하는 사람 역시 이기적인 동기에 따라 움직인다는 것이다. 사회적 후생, 정의·복지 등을 내세우지만 실제로는 정부 기능과 규모를 키울수록 해당 부처가 이익을 얻는다는 것이다. 결국 정부는 점점 몸집을 불리고 재정 적자는 눈덩이처럼 불어날 수밖에 없다는 것이다.

실제 이 같은 일이 미국 정부에서 일어나고 있다고 지적했는데, 뷰캐넌은 정치인의 위선이 성품 때문이 아니라 잘못된 정치제도에서 비롯된다고 봤다(강혜란, 「이기적 개인, 공공의 정부는 환상」, 〈중앙일보〉, 2013.1.11.). 이상적 국가론을 역설한 플라톤, 국가를 절대 권력자로 보았던 홉스, 작은 정부론을 이야기한 애덤 스미스와 뷰캐넌 모두 국가와 공공의 정의를 잘 설명하고 있지만 국가의 역할과 범위가 어디까지인지는 여전히 불투명한 렌즈를 들여다 보는 것 같다. 그러나 이 시점에서 그 터닝 포인트는 보다 명확하다. 사유 기술들이 국가와 공공의 사익을 추구하는 비즈니스가 되지 않도록 오픈 기술을 통해 투명성과 시민의 참여라는 간단한 이론에서 출발해야 한다는 점이다. 이러한 맥락에 아직 인류가 경험하지 못한 새로

운 도전인 오픈거버먼트와 오픈데이토피아가 미래 기술의 지지자로
떠오르는 이유일 것이다.

펭귄들의 플랫폼

거대한 권력인 국가가 투명하게 작은 정부를 지양하며 시민의 참
여를 유도할 수 있는 방법은 무엇일까? 오늘날 전 세계에서 가장 많
이 데이터를 보유하고 있는 조직은 정부이다. 이것이 바로 국가가
가진 공공정보(Public Data)다. 그러면 공공정보란 무엇인가?

공공정보는 국가기관, 지방자치단체 등의 공공기관이 정책 수립·
추진 등 본연의 업무를 수행하면서 생산·보유·관리하는 정보를 말
한다. 문서, 도면, 사진, 필름, 테이프, 전자문서, 데이터베이스 등
매체의 유형과 종류에 상관없이 공공기관이 생산, 보유, 관리하고
있는 모든 정보를 포괄하는 개념이다. 공공기관이 직접 생산한 정
보뿐만 아니라, 외부 위탁 생산 및 기증 등을 통해 수집된 정보도
포함되며 GPS정보, 국가 교통정보, 기상청의 기상정보, 특허청의
특허정보, 국토지리정보원의 지리정보 등이 그 좋은 사례이다(한국
데이터베이스진흥원, 2010.12).

여러 차례 보았듯 공공정보는 높은 사회·경제적 가치와 부가적
잠재력을 지닌 중요한 국가자산으로 인식되고 있으며, 국가정보화
가 추진되면서 공공정보의 종류와 양이 지속적으로 증가하는 추세
이며 앞으로 가장 큰 정보의 광맥으로 거듭날 것이다. 바로 이러한

공공정보를 개방하는 것이 오픈데이토피아의 출발과 시작인 것이며 이를 투명하게 공개하는 정부를 '오픈거버먼트'라고 불러야 한다. 이런 이유로 오픈데이토피아의 핵심 콘텐츠인 데이터를 '정부기관이 보유한 공공데이터와 인터넷을 통해 공개된 형식을 맞춘 개방 데이터 모두를 오픈데이터'라고 부르는 것이 적합할 것이다.

오픈데이터라는 용어가 처음 등장하는 것은 1995년 전미과학협의회(American scientific agency) 모임에서였다. 이들은 여기서 국경을 초월하여 GPS의 위치 정보와 환경 데이터 등 공공의 개념이 포함된 모든 데이터를 개방할 것을 각국 정부에 촉구하며 시작했다 (Chignard Simon, 2013.03).

스마트시대로 접어들면서 전 세계에 기업 생태계 간에 경쟁이 더욱 가속화되고 있다. 특히 개방된 인터넷을 통해 어느 곳에서도 데이터를 생성, 공유, 저장, 출판 및 비즈니스가 가능하다는 개념이 웹 2.0이라면 이 웹 2.0은 기술을 뜻하는 용어가 아니라 웹이 곧 플랫폼(사용환경)이라고 정의할 수 있다. 2006년 타임지가 선정한 올해의 인물로 '유(You)'가 뽑히며 세계적인 트랜드로 지금까지 네티즌들로부터 사랑받고 있는 UCC(User Created Content)가 웹 2.0의 대표라 할 수 있다. 이외에도 위키피디아(Wikipedia), 블로그(Blog) 등이 모두 이에 속한다.

웹 2.0이라는 호칭은 2004년 미국의 IT 전문 출판 미디어인 오라일리의 부사장 데일 도허티가 콘퍼런스를 위한 브레인스토밍 중 "닷컴 붕괴에서 살아남은 인터넷 기업들의 성공 요인에는 어떤 공통점이 있다"고 지적하면서 닷컴 붕괴와 그 서바이벌에 일종의 전환점이 있다고 보고 이를 웹 2.0으로 부르자고 한 데서 비롯되었다. 본래 차세대 웹을 뜻하는 웹 2.0은 월드와이드웹(WWW: World Wide Web)이 1990년대 초 처음 등장한 이후 지금까지 경험한 인터넷과 웹의 경험을 1.0 버전이라 보고, 앞으로 새로 전개될 웹을 2.0 버전에 해당한다는 뜻을 담고 있다(Web2.0 Wiki).

정보를 단순전달하는 웹 1.0에서 참여와 소통으로 집단 지성을 창출하는 웹 2.0을 지나 데이터 분석으로 융합지식을 창출하는 지금 웹 3.0 시대를 맞이하고 있는 것이다. 이런 인터넷을 통한 협력의 웹 세상인 웹 2.0의 발전과 더불어 디지털화의 진전으로 미래의 정부는 국민 중심의 정부 서비스와 국민들의 참여 기회가 증대됨에 따라 보다 투명하고 민주주의적이며 효율적인 정부가 될 것으로 보는 관점이 정부 2.0의 시작이다.

과거 정부 1.0이 홈페이지 등을 통해 마지못해 국민에게 정보를 공개하는 수준이었다면 정부 2.0은 단계가 더 나아가 e-거버먼트 혹은 전자정부의 형식을 갖추고 한 단계 더 발전하게 된다. 처음 정부 2.0을 언급한 것은 윌리엄 에드가(William Egger)로서 저서 《Government 2.0》에서 정보기술로 인한 미래의 정부의 모습을 논의하면서 이상과 같은 정부 2.0이란 개념을 처음 사용하였다(Eggers William, 2007). 따라서 정부 2.0은 부처간 협력과 공동 작업의 증대, 민간시장에서 소비자와 공급자간의 긴밀한 연계를 통한 성공사례에 대한 정부의 벤치마킹 증대, 정부 구매의 대부분이 상품 기반 구매에서 부가가치 서비스 중심으로 이동할 것으로 보이며, 웹 2.0의 적용과 확산으로 과거에 비해 보다 높은 수준의 부처 간 협력이 가능해지고, 개인은 과거보다 훨씬 더 많은 정보를 수집하고, 분석하고, 유통시킬 수 있는 새로운 환경이 도래하게 된다고 보는 시각도 있다.

요약하면 정부 2.0은 공공 서비스와 웹 2.0의 결합한 용어로서 정부 및 공공 부문에 웹 2.0 문화와 기술을 적용하여 구현되는 새로운 정부의 서비스를 지칭하는 개념이라고 할 수 있다. 이 정부 2.0의 사상은 현재 많은 공공 정책과 결합되어 나타나고 있다.

2008년 가을, 워싱턴DC 최고기술책임자(CTO: Chief Technology Officer)였던 비벡 쿤드라(Vivek Kundra, 1974~)는 'Apps for Democracy'라는 프로그램을 발표했다. 이 프로그램은 "워싱턴 DC를 해킹하라"는 가제에서 바뀌어 페이스북, 아이폰앱, 웹 어플리케이션 등 1만 달러의 상금으로 소프트웨어 개발자들에게 '오픈데이터'를 이용해 소프트웨어를 만들게 하였다. 이 중에는 'GPS 오픈데이터'를 활용하여 워싱턴DC의 역사 도보여행을 제공하는 어플(Boalt Interactive사의 애덤볼트)과 이사 예정인 동네에 대한 다양한 정보(쇼핑센터, 우체국, 범죄현황 등)를 제공하는 어플(iLive.at사의 트래비스 휴랜트) 등이 골드 메달을 수상하였다. 'Apps for Democracy' 대회에서 한달 만에 47개의 어플리케이션을 개발하는데 단지 5만 달러가 소요되었다. 워싱턴DC 정부가 이 작업을 외부 업체에 위탁하여 개발할 경우 2백만 달러가 소요되었을 거라 주장한다. 이후 비벡은 2009년 미국 최초의 연방정부 최고정보관리책임자(CIO:Chief Information Officer, 2009.03~2011.08)를 역임하고 2012년부터는 세일즈포스닷컴 이머징 마켓 부문 수석부사장로 일하고 있다.

향후 미래의 새로운 공공 정부는 진정한 의미의 정부 3.0이 될 것이다. 정부 3.0은 우리 정부도 미래 방향으로 제시한 온전한 정부의 미래 모델이다. 물론 철학과 사상은 좋은 개념이지만 아직 현재 진행형인 숙제이다.

구분	정부 1.0	정부 2.0	정부 3.0
운영방향	정부중심	국민중심	국민 개인중심
핵심가치	효율성	민주성	확장된 민주성
참여	관 주도, 동원	제한된 공개, 참여	능동적 개방, 공유, 소통
행정서비스	일방향 제공	양방향 제공	양방향, 맞춤형
수단 (채널)	직접방문	인터넷	무선인터넷, 스마트 모바일, IOT

[표] 이상적인 오픈데이토피아 정부 발전과정

인터넷에 사회적 생산이 출현하며 과거 그 어느 때보다 더 새롭고 저렴한 협력 플랫폼들이 생겨나고 있다. 사람들은 온라인에서 손가락으로 매일 무료로 협력적 행동에 자발적으로 참여하고 있다. 이런 기술로 무장한 개인들이 동등한 조건과 역할 속에서 협력하며 대상을 만들어 가는 과정을 요하이 벤클러는 동등계층생산(Peer Production)이라고 불렀다. 그리고 보이지 않는 손에 의해 작동되는 시장을 '리바이어던'에 비유하면서 오픈 기술로 무장한 이들은 리눅스의 상징인 '펭귄'으로 앞세웠다. 우리는 이제 모두 펭귄으로 재탄생하고 있으며 만일 이에 대한 도전이 필요하다면 네이버나 구글에서 정보를 검색하기 이전에 오픈데이토피아 플랫폼에 질문을 해야 하는 이유가 여기에 있는 것이다.

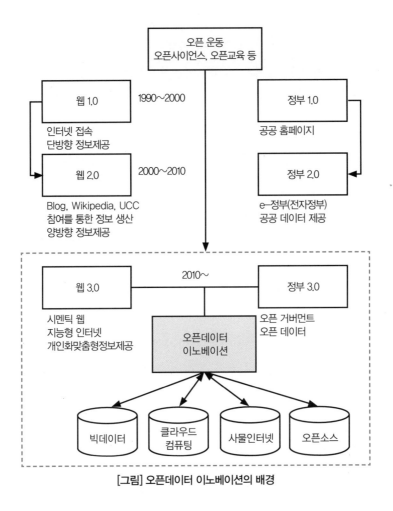

[그림] 오픈데이터 이노베이션의 배경

플랫폼 기술 전쟁의 서막

2010년 이후 정보통신 업계뿐만 아니라 많은 비즈니스 관련 분야에서 가장 뜨거운 감자는 '플랫폼'이라는 용어이다. 어떤 이들은 플랫폼을 '에코 시스템'이라고도 하고 또 어떤 이는 '산업의 도구', 혹은 '혁신의 지렛대'라고 표현하며 플랫폼의 가치에 흥분하기도 한다. 플랫폼이라는 용어가 낯설게 여겨진다면 컴퓨터 산업의 역사를 보라. 그러면 이해하기 쉬울 것이다. 왜냐하면 컴퓨터의 발전이 가지고 온 변화가 곧 플랫폼의 역사이기 때문이다. 이러한 관점에서 보자면 개인용 컴퓨터(PC)도 플랫폼이고 월드와이드웹도 플랫폼이다.

플랫폼을 비즈니스에 가장 잘 결합한 사례는 역시 애플이다. 애플 비즈니스 성공 전략은 플랫폼의 활용에 잘 나타난다. 다른 휴대전화 생산자들이 신중하게 몇 안 되는 애플리케이션을 만들기 위해 애쓰는 동안, 애플은 손쉽게 누구나 앱을 만들고 올릴 수 있는 '애플스토어'라는 도로를 건설하고 차들이 달릴 수 있게 하였다. 이것이 바로 1년 반 만에 개방을 통해 10만 개의 앱을 잉태하고, 매주 3000개의 앱이 계속 업데이트되는 신화의 배경이 되었음은 누구도 부인할 수 없다.

플랫폼의 발전을 두고 에릭 슈미트 구글 회장이 2011년 한 컨퍼런스의 기조연설에서 이야기한 애플과 구글, 트위터, 페이스북을 플랫폼 IT 4인방이라고 부르며 사람들은 수많은 지면과 언론을 통해 이들을 찬양하기 바쁘다. 기존 산업화 시대를 지배했던 거대 다국적 제조 기업들은 마치 공룡의 멸망시대를 거슬러 올라가듯 많은 이들의 기억 속에서 사라진지 오래다. 반면 TGIF(트위터(T)·구글(G)·아이폰(I)·페이스북(F))가 혁신의 상징으로 플랫폼 비즈니스의 성공을 통해 지구를 구하게 될 사명감이 있는 존재로 오늘도 많은 화제의 중심에 서있다. 이제 플랫폼 승자들의 이야기는 IT 산업뿐만 아니라 개방과 협력으로 혁신적인 성공을 이루었던 다른 성공의 역사에서 흔하게 찾아 볼 수 있게 되었다.

오픈데이토피아를 논의할 때 플랫폼을 배제하고 이야기하기 어렵다. 기업 생태계를 비즈니스 모델로 하는 플랫폼 전략은 수많은 영웅들을 탄생시키고 있다. 특히 새로 탄생하는 많은 신생기업들은 이 플랫폼에 의존하여 그 속도를 높이고 있다. 곧 플랫폼의 진화는 오픈데이토피아를 더욱 가속화하는 도구가 될 것이다.

| 페이스북의 성공 신화는 '오픈' 플랫폼

페이스북 설립자 마크 주커버그는 26살이 되던 해 2010년 영국 정부의 국가 기본정보 공개 방침 관련 데이비드 카메론 당시 신임 총리의 초청을 받아 영국을 방문한다. 이 자리에서 마크 주커버그는 영국 내 애플리케이션 개발자들은 공개된 오픈데이터를 활용함으로써, 세계에서 가장 시민의식이 투철한 개발자들로 거듭날 수 있다고 연설했다.

이후 런던에서 열린 페이스북 애플리케이션 개발자 모임에서 주커버그는 데이비드 카메론과 그의 정부가 국가 기본 정보 공개에 관해 얼마나 통찰력이 있는지를 보고 깊은 인상을 받았다. 여기서 '지금 영국 정부가 가장 많이 논의하는 문제 중 하나가 바로 공공정보 개방일 것'이라며 영국정부 측에서는 국가 기본 정보 공개가 좋은 의도로 이용돼 지속될 수 있는 의의를 갖고자 하는 것이 목표'라고 언급하여 또 다른 오픈데이터에 대한 통찰력을 제시했다(The telegraph, Facebook's Mark Zuckerberg praises government data release, http://www.telegraph.co.uk/technology/facebook/7846060/Facebooks-Mark-Zuckerberg-praises-government-data-release.html).

주커버그는 영국 정부와 함께 오픈 애플리케이션의 대표적 사례인 'Tube Warning'이라는 서비스를 시작했다. 런던 지하철(튜브)의 네트워크에서 실시간으로 공개되는 데이터를 페이스북과 연계해 런던 시민에게 올바른 교통 정보를 제공토록 하는 것이 목표였다.

주커버그의 이러한 오픈 철학에 대한 관심은 페이스북의 성공 신화에도 고스란히 녹아있었다. 페이스북은 플랫폼의 강자답게 두 가지 오픈 비즈니스 전략을 통해 급성장할 수 있었다. 첫째, 사용자 정보 및 활동의 공개라는 전략이었으며, 두 번째는 자사의 플랫폼을 열어놓는 '오픈 플랫폼' 정책이었다.

페이스북은 이용자의 개인 정보, 사용자가 자발적으로 올리는 각종 콘텐츠, 사용자의 활동과 그 결과를 공개했기 때문에 SNS 시장의 지배자가 될 수 있었다. SNS는 아는 사람끼리 폐쇄적인 만남을 지향하지만 그러기 위해서도 이용자의 프라이버시를 공개해야만 클

수 있다는 모순을 지니고 있다. 페이스북은 오프라인의 개인 정체성이 페이스북 안으로 그대로 반영할 수 있도록 유도했다. 이러한 정체성을 바탕으로 온라인과 오프라인의 구분이 사라지면서 오프라인의 연결망이 강화되고 거대한 페이스북 왕국이 탄생한 것이다.

　사용자의 사적 활동 정보를 공개하는 동시에 페이스북은 자신의 플랫폼도 과감하게 개방했다. 페이스북은 오픈API(Application Platform Interface)를 통해 플랫폼을 공개해 60만 개가 넘는 외부 애플리케이션을 페이스북 서비스와 결합할 수 있었다. 대표적으로 게임회사 징가(Zynga)는 팜빌(FarmVille)이라는 게임 애플리케이션을 만들어 페이스북 플랫폼으로 서비스를 제공함으로써 상업적으로 큰 성공을 이루었다. 이처럼 다양한 외부 애플리케이션이 페이스북 플랫폼과 결합되면서 페이스북은 포털 사이트처럼 다양한 서비스를 확보할 수 있었고, 마치 마이크로소프트의 윈도 운영 체제처럼 자신을 중심으로 페이스북 애플리케이션 생태계라는 새로운 세상을 확보할 수 있었다.

　페이스북 플랫폼은 이용자의 활동 결과물을 공짜로 거두어간다. 이용자가 공짜로 페이스북의 각종 서비스를 사용하는 것처럼 보이지만 이용자 활동의 모든 결과물들은 자동으로 페이스북의 데이터베이스에 축적된다. 벌꿀이 돌아다니며 꽃에서 화분과 꿀을 따와 양봉업자의 꿀통을 채우는 것과 같은 이치다. 페이스북은 구글보다 한 단계 더 발전한 자동 닭장과 벌통을 마련하고 있다. 페이스북은 이용자들에게 닭장 속의 방 한 칸, 벌집 속의 한 뼘 공간을 제공해 주었을 뿐이다. 나머지는 닭과 벌이 다 알아서 만든 것이다. 공간이 급격하게 커지고 벌이 벌을 부르고 닭이 닭을 불러 10억 마리의 벌과 닭이 우글대는 새로운 서식지가 만들어졌다(페이스북: 정보자본, 백욱인, 2013.02.25., 커뮤니케이션북스).

이미 소셜네트워킹의 황제 페이스북은 백만 명이 넘는 페이스북 웹 애플리케이션 개발자들과 페이스북이 공유한 데이터베이스를 이용하여 새로운 애플리케이션을 만들어내고 있다. 또한, 스마트폰 활성화로 오픈데이터를 활용한 다양한 응용프로그램에 페이스북과 연계된 애플리케이션들도 무한히 생성할 수 있는 배경을 만들고 있다.

최근에는 자살 가능성이 보이는 친구를 돕는 새 기능을 추가하여 SNS의 순기능을 강화하고 있다. 자살을 생각하는 사람은 대개 대화나 SNS를 통해서 주변인들에게 넌지시 자살에 대한 힌트를 주곤 한다. 페이스북은 이렇게 자살의 조짐이 보이는 친구가 있을 때 쉽게 도와줄 수 있도록 새로운 기능을 추가했다. 앞으로 자살을 암시하는 글에 표시를 하면 "자살 가능성이 있다"고 페이스북에 신고가 들어간다.

페이스북 측에서는 자살 심리와 관련된 교육을 받은 팀이 표시된 글들을 직접 검열하고, 필요한 경우 글 작성자에게 "누군가가 걱정해주고 있다"는 메세지와 함께 National Suicide Prevention Lifeline(국가에서 운영하는 자살 예방 단체) 소속 심리 전문가와 상담할 수 있는 기회를 준다. 자살 관련 글의 신고자에게도 연락이 간다. 신고를 한 사람에게는 자살 가능성이 있는 친구에게 직접 연락을 할 수 있는 옵션이 주어지고, 신고자 역시 전문가의 조언을 구할 수 있다.

이처럼 페이스북은 단순 SNS 서비스를 넘어 오픈 플랫폼과 데이터를 결합한 사회 협력망을 강화함으로써 또 다른 파괴적 혁신을 준비하고 있는 것이다.

| 정부 플랫폼(Government as a platform)

민간 영역인 페이스북과 같은 오픈 플랫폼 성공 신화들은 정부가 추진하는 오픈데이터를 만드는 플랫폼들에서도 잘 나타나고 있다. 오픈데이토피아 플랫폼에 대해 우리가 지금 이야기하고 있는 데이터의 가장 큰 소유자인 정부가 어떻게 플랫폼을 구축해야 하는지를 팀 오라일리는 '정부 플랫폼(Government as a platform)'이라 부르며 다음과 같이 정의했다.

정부를 플랫폼으로 보는 접근방식은 정부가 하는 일이라면 어디에나 적용 가능하다. 1956년 연방고속도로법은 이러한 플랫폼 사고방식의 전형을 보여준다. 이 엄청난 시설투자가 가져온 사회적 경제적 효과는 매우 컸다. 정부가 한 일은 도로를 트고 길을 닦음으로써 도시와 도시를 연결한 것이었을 뿐, 공장과 농장과 여타 민간차원에서 이루어지는 일들을 직접 통제한 것은 아니었다. 민간부문이 정부가 깔아놓은 도로의 네트워크를 활용해 효율을 높였을 뿐이다. 결국 도로는 시민을 위한 것이었다. 정부는 닦은 길에 대해 정책을 수립하고, 주간(州間) 경제교류를 조율하고, 도로를 파괴하는 무거운 차량에 대해 부과세를 매기고, 구간별로 최고속도를 설정하고, 터널과 다리에 안전

규정을 설정하는 등 플랫폼 제공자, 다시 말해 멍석을 까는 사람으로서의 역할을 수행했을 뿐이다.

이미 웹 2.0을 개방과 공유, 참여로 표현했던 팀 오라일리는 정부 2.0에 대해 "정부 2.0이 성공하기 위해서는 정부가 스스로 플랫폼이 되어야 한다'고 주장하기도 했다. 미국 연방정부의 정부 오픈데이터 포탈 서비스 데이터 닷 거브(data.gov)를 사례로 들며 "정부기관은 단순 웹사이트만이 아니라 한 걸음 더 나아가 이를 이용하는 시민들과 같이 상호작용 할 수 있는 웹서비스를 제공해야 한다'는 생각으로 만들어진 것이며 이는 정부가 '플랫폼으로서의 정부(Government as a platform)'를 스스로 고려하기 시작했다는 신호라고 말했다. 그리고 이러한 정부가 추구해야 하는 데이터 플랫폼의 방향을 다음과 같이 조언함으로써 구체적인 오픈데이토피아를 만들어야 하는 정부의 역할을 강조했다.

핵심1: 열린 표준이 혁신과 성장에 불을 당긴다

핵심2: 단순한 시스템을 만들고 알아서 진화하게 하라

핵심3: 참여를 디자인하라

핵심4: '해커'에게 배우라

핵심5: 사람들의 간접 참여를 유도하는 데이터마이닝을 활성화 하라

핵심6: 실험의 장벽을 낮추라

팀 오라일리의 데이터에 대한 정부 플랫폼(Government as a platform)

오픈데이토피아를 만드는 플랫폼으로써 정부 플랫폼(Government as a platform)은 최근 데이터산업을 기반으로 하는 시장에서 중요한 역할을 이어 가고 있다.

- 데이터 제공자 역할: 오랜 기간 수많은 공공 정보를 보유한 정부는 주도적으로 개방할 수 있는 모든 정보를 투명하게 개방하는 제공자가 되어야 한다.
- 데이터 수집자 역할: 정부는 원래 보유한 공공 정보를 단순 개방하는 역할과 더불어 또 다른 개방 가능한 공공 정보를 발굴하고 모으는 수집자 역할을 해야 한다.
- 데이터 서비스 제공자 역할: 정부는 단순히 공공 정보를 개방하는 데서 벗어나 산업의 연료인 데이터를 각 산업 서비스와 시너지 효과를 창출하는 서비스 제공자 역할을 해야 한다.
- 데이터 보호자 역할: 정부는 데이터 개방과 서비스 제공이라는 영역외에 민감한 개인 정보를 보호하는 정보의 보호자 역할을 수행해야 한다.

이러한 데이터를 활용하는 오픈데이토피아 플랫폼의 확산이 결국 진정한 정부 플랫폼의 역할을 수행하는 기반이 될 것임에는 틀림없다.

| 오픈소스 데이터 플랫폼 - CKAN(http://ckan.org/)

오픈데이토피아 세상에 대표적 공공 플랫폼은 CKAN(Comprehensive Knowledge Archive Network)이다. CKAN은 현재 세계적으로 가장 많이 사용되고 있는 '오픈소스 기반의 데이터 플랫폼'이다. 영국의 비영리 단체인 열린지식재단(OKF: Open Knowledge Foundation)에 의해 개발된 공공데이터 개방을 지원하는 플랫폼으로 영국, 미국, 캐나다 등 40개 이상의 정부 오픈데이토피아 포털들이 CKAN을 기반으로 구축되었다.

미국의 경우 초기 소크라타사(社)(Socrata)의 플랫폼을 기반으로 data.gov를 구축하였으나 오픈소스 플랫폼인 CKAN의 확산에 따라 점진적으로 data.gov에 CKAN을 도입하였다. CKAN이 전 세계 정부의 공공 오픈데이토피아 플랫폼으로 자리 잡는 데는 다음과 같은 기능이 그 역할을 다했기 때문이다.

열린지식재단(OKF) 내 CKAN 개발팀이 프로젝트를 주도하고 있는데 CKAN의 가장 큰 장점은 누구나 소스코드 및 매뉴얼을 무료로 다운받아 사용가능한 오픈 기술이라는 점이다. 모든 오픈 기반 프로젝트와 마찬가지로 CKAN도 오픈 기술의 특성상 사용자들 사이에서 발생하는 문제점들에 대한 신속한 대응, 원활한 고객 지원 등이 상용 소프트웨어 대비 가장 큰 취약점이다. 이러한 문제는 헬스 IT분야의 오픈소스 그룹인 'OSHERA'와 마찬가지로 커뮤니티 그룹을 통해 개발자들이 CKAN 프로그램의 개발을 자발적으로 지원하여 해결하고 있다.

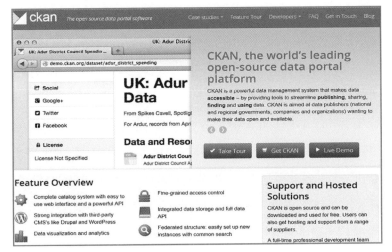
[그림] 대표적인 오픈데이터 플랫폼 CKAN

오픈 기반 데이터 플랫폼의 공유는 사용자의 참여를 통해 데이터 활용성을 극대화할 수 있는 효과적인 방법이다. 또한 사용자 거부감을 최소화함으로써 데이터에 대한 접근을 활성화시키고 이를 통해 더 많은 활용 사례를 만드는 데 도움을 줄 수 있으며, 더 나아가 데이터 플랫폼의 공유는 특정한 국가나 기관을 초월해 같은 플랫폼을 통해 데이터를 편리하게 활용하는 것이 가능하다. 상용화된 솔루션에 비해 오픈소스 기반의 플랫폼이 관리자 입장에서는 분명 불편하고 시행착오가 많은 방법이나 데이터 이용 활성화 측면에서 가장 바람직한 방법이라고 할 수 있다.

| 오픈데이터 협력 플랫폼 – 깃허브(Github)

2015년 초 미국 백악관은 예산 관련 오픈데이터를 '깃허브'에 공

개 한다고 발표했다(http://www.whitehouse.gov/blog/2015/02/02/five-new-things-about-the-fy2016-budget). 백악관은 그동안 오픈데이터를 미국 연방정부의 보물창고인 정부 오픈데이터 포탈 서비스인 데이터 닷 거브(data.gov)에 공개했다. 이 데이터 닷 거브가 오픈데이터를 전달하긴 좋지만 피드백을 받기는 다소 어려운 구조적 측면도 있었다. 백악관은 깃허브 같은 협업 도구로 오픈데이터에 대한 활용방안을 외부에서 얻고 있다. 가장 큰 목적은 오픈데이터에 대한 접근성을 높이기 위해서다. 또한 백악관은 개방의 효과를 높이기 위해 예산안 집행 과정에서 활용한 기초 데이터 모두를 깃허브에 올려놓았다.

데이터가 올라오자 열린지식재단은 직접 구축한 데이터 표준 기술 '데이터패키지.JSON'을 해당 깃허브 저장소에 올려 활용 방안을 제안하기도 했다. 백악관은 별도의 웹사이트를 만들어, 깃허브 데이터에 대한 의견만 따로 받고 있다.

백악관은 보도자료를 통해 "깃허브 데이터로 누구나 쉽게 시각화 자료나 새로운 제품을 만들 수 있을 것"이라고 기대했다. 깃허브에 올라온 파일은 별다른 가입 절차 없이 바로 내려받을 수 있다. 깃허브가 무엇이길래 미국 정부까지 직접 나서서 활용하는 것일까? 깃허브의 심장에서 작동되는 소프트웨어인 깃(Git: 재수없고 멍청한 놈, 자식이란 뜻)은 유명한 오픈 자유주의자 중의 한 명이기도 한 소프트웨어 개발자 리누스 토발즈가 만들었다. 간단히 말해 깃은 프로젝트의 어떤 부분도 겹쳐쓰지 않게 프로젝트의 변경을 관리하는 버전 관리 소프트웨어이다.

왜 깃같은 것을 사용해야 할까? 우리와 작업을 하는 동료들이 동시에 같은 웹사이트에서 페이지를 업데이트하고 있다고 가정해 보자. 당신이 무언가를 변경하고 저장한 다음 웹사이트에 그것을 업로드한다. 지금까지는 아무 문제가 없다. 하지만 동료가 동시에 같은 페이지에서 작업할 때 문제가 발생한다. 누군가의 작업은 겹쳐 쓰여질 것이고 지워질 것이다. 깃과 같은 버전 관리 앱은 바로 그런 일을 방지한다. 우리는 동료와 같은 페이지에 각자의 수정사항을 각각 업로드할 수 있고, 깃은 두 개의 복사본을 저장한다. 나중에, 당신들은 그대로 어떤 작업도 잃어버리지 않고 변경사항들을 병합할 수 있다. 깃은 이전에 만들어진 모든 변경사항의 "스냅샷"을 저장하기 때문에 이전 시점의 어떤 버전으로 되돌릴 수도 있다. (GitHub For Beginners: Don't Get Scared, Get Started, http://readwrite.com/2013/09/30/understanding-github-a-journey-for-beginners-part-1#awesm=~oj715tfImDzQHN)

[그림] 깃허브의 이미지

다만, 깃을 사용할 때 어려운 점은 90년대 해커와 같이 코드를 타이핑하는 명령어(커맨드 라인 – 맥 사용자라면 터미널)를 사용하여 접근해야 하는 것이다. 그럼에도 깃허브는 두 가지 방식으로 깃을 더 편리하게 해준다.

먼저, 깃허브 소프트웨어를 다운로드하면 로컬에서 프로젝트를 관리할 수 있게 하는 비주얼 인터페이스를 제공한다. 두 번째는, Github.com에 계정을 생성하면 웹에서 프로젝트를 버전관리할 수 있으며, 평가측정 등의 소셜 네트워크 기능을 사용할 수 있다. 다른 깃허브 사용자의 프로젝트를 둘러볼 수 있고, 그것들을 변경하거나 배우기 위해 자신만의 복사본을 다운로드할 수도 있다. 다른 사용자도 당신의 공개 프로젝트에 대해 같은 걸 할 수 있으며 에러를 발견해서 해결책을 제안할 수도 있다. 어느 경우든, 깃이 모든 변경사항에 대한 "스냅샷"을 저장하기 때문에 어떤 데이터도 잃어버리지 않는다.

바로 이러한 이유로 오픈 소스와 오픈데이터의 협업 도구로 백악관까지 나서서 오프데이토피아 플랫폼으로 깃허브에 공개하는 것이다. 이러한 협력 도구의 사용이 머리 아프다면 개인 사용자는 그냥 개방된 데이터를 직접 내려 받아 사용해도 좋다. 다만, 누군가 공동으로 협력을 통해 비즈니스에 활용하고 싶다면 참여자들의 놀이터라고 불리는 깃허브와 같은 개방된 오픈데이토피아 플랫폼은 또 다른 지름길을 제공할 것이다.

05

가까이서 활용할 수 있는
오픈데이토피아 플랫폼

오늘날 가장 뛰어난 창의적인 광고를 얻는 방법은
자존심을 버리고 데이터를 사랑하는 법이다.
적어도 데이터에 의존하는 방법을 배우는 것이 필요하다.
- 잭 월치

    지금 우리는 오픈데이토피아가 가지고 오는 다양한 데이터 폭발을 경험하고 있다. 문제는 이러한 거대한 데이터 세트로부터 어떻게 가치를 끌어내느냐 하는 가이다. 데이터 잡음의 홍수 속에서 가치 있고 의미 있는 정보를 발굴해 내기란 더욱 더 쉽지 않게 되었다. 이미 너무 많은 정보 때문에 실제 기대치가 낮아지는 측면이 있다. 데이터 그 자체가 아니라 가늠할 수 없는 데이터를 분석한 결과만 소중히 여기기 때문이다. 엄청난 양의 금은보석이 묻혀있는 산이라도, 이를 캐내기 위한 비용이 보석의 가치를 넘어서면 산의 크기와 매장량에 상관없이 쓸모없는 것처럼 되어 버렸다.

오늘날 전 세계에서 가장 많이 데이터를 보유하고 있는 조직은 각국의 리바이어던이다. 이미 미국 정부는 상상할 수 없이 많이 쏟아지는 데이터 산과 마주보고 있는 형국이다. 미국 국립해양대기청(National Oceanic and Atmospheric Administration: NOAA)의 기상 데이터, 미국 우주항공국 나사(NASA)의 천문데이터, 미국 지질조사소(U.S. Geological Survey: USGS)의 지구 과학 정보, 미국 국립보건원(National Institute of Health: NIH)의 유전자 정보 등 가늠할 수 없는 방대한 데이터와 마주보고 있다. 이 보석들을 캐내기 위해, 오바마 행정부는 2012년 3월 29일 빅데이터 연구와 개발 이니셔티브(Big Data Research and Development Initiative)를 발표했다(Executive Office of the President, 2012). NIH, USGS, 미국 국립과학재단(National Science Foundation), 미국 국방부(Department of Defense: DOD), 미국 에너지부(Department of Energy: DOE) 등 5개의 기관에서 빅데이터 툴과 기술을 향상시키는 데 2억 달러 가량을 투자하겠다는 거대한 전략이다.

오바마 정부의 데이터에서 금맥을 찾기 위한 투자는 그 이전부터 진행되었다. 치밀한 전략으로 가장 거대한 데이터의 산에서 보물을 모으고 공개하는 데서 시작되었다. 바로 그 발자취가 전 세계 리바이어던들이 오픈데이토피아를 새롭게 창조하는 원동력이 되었다는 것을 부인할 수 없다.

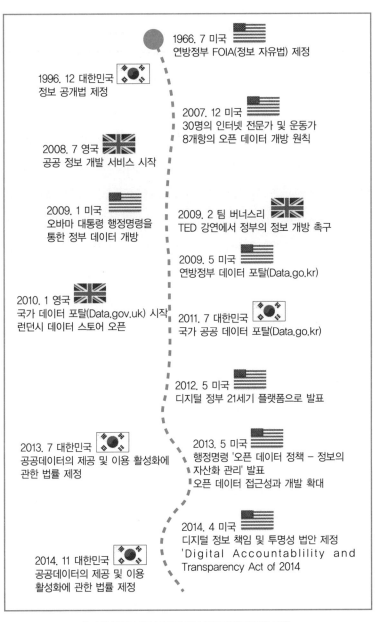

1966. 7 미국
연방정부 FOIA(정보 자유법) 제정

1996. 12 대한민국
정보 공개법 제정

2007. 12 미국
30명의 인터넷 전문가 및 운동가
8개항의 오픈 데이터 개방 원칙

2008. 7 영국
공공 정보 개발 서비스 시작

2009. 1 미국
오바마 대통령 행정명령을
통한 정부 데이터 개방

2009. 2 팀 버너스리
TED 강연에서 정부의 정보 개방 촉구

2009. 5 미국
연방정부 데이터 포탈(Data.go.kr)

2010. 1 영국
국가 데이터 포탈(Data.gov.uk) 시작
런던시 데이터 스토어 오픈

2011. 7 대한민국
국가 공공 데이터 포탈(Data.go.kr)

2012. 5 미국
디지털 정부 21세기 플랫폼으로 발표

2013. 7 대한민국
공공데이터의 제공 및 이용 활성화에
관한 법률 제정

2013. 5 미국
행정명령 '오픈 데이터 정책 – 정보의
자산화 관리' 발표
오픈 데이터 접근성과 개발 확대

2014. 4 미국
디지털 정보 책임 및 투명성 법안 제정
'Digital Accountablility and
Transparency Act of 2014

2014. 11 대한민국
공공데이터의 제공 및 이용
활성화에 관한 법률 제정

[그림] 각국 리바이어던들의 오픈데이토피아 구축

세상에서 가장 큰 오픈데이토피아 플랫폼들

| 세상에서 가장 큰 미국 오픈데이터의 개방

최초의 흑인 대통령이며 재선에 성공한 오바마는 2009년 1월 21일 출근 첫날, 연방 기구 대표들에게 보낸 행정명령(Memorandum for the Heads of Executive Departments and Agencies on Transparency and Open Government)에서 가능한 한 많은 데이터를 개방할 것을 요구하였다(Open Government Directive, 2009). 이 명령으로 2009년 5월 오바마 행정부는 미국 오픈데이토피아 정책의 핵심인 '데이터 닷 거브(Data.gov)'를 개설하여 연방정부의 데이터의 공개 촉진 및 일반 대중의 접근성을 향상시키기 위해 최초의 국가 오픈데이토피아 포털을 개설하기에 이른다.

연이어 12월에는 백악관 산하 예산관리국(Office of Management and Budget, OMB) 중심으로 '투명성과 열린 정부'의 구체적인 실시 계획으로, '오픈 거버먼트 지침(Open Government Directive)'을 발표하여 실질적인 오픈데이토피아의 법률적 지원을 시작했다(Transparency and Open Government, 2009). 이를 통해 본격적인 데이터 산맥 자료들이 세상에 개방되기 시작했다. 국제 사회와의 협력을 통해 오픈 거버먼트파트너십을 체결하여 국제 오픈데이토피아를 위한 정책에서 리더십을 발휘하였고(현재는 우리나라를 포함 65개국이 참여하고 있다), 2012년 5월 '디지털 정부: 미 국민을 위한 더 나은 서비스를 제공하기 위한 21세기 플랫폼 구축(Digital Government: Build a 21st Century Platform to Better Serve The American People)'을 발표하여 오픈데이터를 위한 정부 정보의 전면적 개방을 통해 미 전역에 걸쳐 공공 서비스의 품질을 한 단계 높이는 정책을 추진했다(CENTURY PLATFORM TO BETTER SERVE THE AMERICAN PEOPLEMAY, 2012).

2013년 5월에는 중앙 정부 각 부처에 오픈데이터플랫폼 사용을 확산하기 위해 오픈소스 개발도구 포털 사이트 '프로젝트 오픈데이터(Project Open Data)'와 공공 기관의 데이터 공개를 의무화하는 행정명령 '오픈데이터정책-정보의 자산화 관리(Open Data Policy- Managing Information as an Asset)'를 발표하게 되는데, 이를 통해 오픈데이터에 대한 개발자의 접근성과 사용성을 극적으로 향상시킴으로써 미국 내 오픈데이터와 연관된 산업 활성화를 위한 광범위한 활용 사례들을 쌓아가고 있다(Open Data Policy-Managing Information as an Asset, 2013).

미국은 연방정부뿐만 아니라 주정부 차원에서도 오픈데이토피아 정책을 대대적으로 추진하고 있다. 2013년 2월 기준 43개의 주정부가 오픈데이터를 공개하였으며 하위 21개 시들도 자체 오픈데이터 웹사이트를 운영 중이다. 2014년 8월 미국 데이터혁신센터(Center for Data Innovation)는 50개 주정부를 대상으로 오픈데이터 정책과 포탈을 평가하는 보고서(the State Open Data Policies and Portals)를 발간하게 되는데(State Open Data Policies and Portals, 2014) 이에 따르면 10개 주정부에서 오픈데이터 정책을 중요 정책으로 수행하고 있으며, 포탈을 통한 데이터의 제공은 24개 주에서 제공하고 있다. 이 중 하와이, 일리노이, 메릴랜드, 뉴욕, 오클라호마, 유타 등 6개 주

정부는 오픈데이터 정책을 수립하고 포털에 정부지출 등 기본적인 정부데이터의 발행과 컴퓨터 해독성을 정책에 명시적으로 규정하는 노력에 힘입어 최고점인 8점을 획득하여 미국의 오픈데이토피아 이니셔티브를 선도하고 있다.

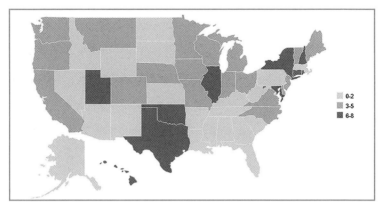

[그림] 미국 주정부 오픈데이터 정책 점수(소스: 데이터 혁신 센터 포털)

| 미국의 데이터 닷 거브(Data.gov)

미국 오픈데이토피아 추진 전략의 상징은 앞서 말한 데이터 닷 거브(Data.gov)이다. 리바이어던이 제공 가능한 고품질의 공공 정보를 국민이 보다 쉽게 접근하여 활용할수 있도록 구축된 사이트 'Data.gov'는 오바마 행정부의 대표적인 오픈데이토피아 정책의 결정판이다. 미국 오픈데이터 이니셔티브를 상징하는 존재로 연방정부의 데이터를 기계 판독이 가능한 데이터 형태로 무료 제공하고 있다. 데이터를 쉽게 검색할 수 있음은 물론 간편하게 이해 및 활용할 수 있도록 설계되었고, 과거 공개된 데이터에 대해서도 별도의 분

류 작업을 거치는 등 사용자 접근성을 획기적으로 개선해 산업 전반에 보다 적극적인 오픈데이터 활용을 유도하고 있다.

'Data.gov'의 가장 큰 특징은 데이터 분류 체계를 확인하기 쉬운 포맷으로 제공하고 있는 것으로, 각종 필터링 옵션을 통해 원하는 데이터를 신속하게 다운로드 할수 있도록 구성하였다. 특히 정부기관의 데이터를 카탈로그(catalogue)처럼 보기 쉽게 분류하여 제공하기 때문에 사용자는 적은 클릭만으로도 원하는 데이터를 간편하게 확인할 수 있다. 따라서 'Data.gov'에서는 데이터 유형, 데이터 공개 기관, 데이터 카테고리, 데이터 관련 애플리케이션 개발과 관련된 정보를 습득하는 것이 가능하다.

또한 사용자들은 'Let's Talk' 메뉴를 통해 관심 있는 포럼에 가입하여 다른 사용자와 협력 모델을 만들거나, 'Challenges' 메뉴에서 주기적으로 진행되는 오픈데이터 기반 콘테스트에 도전할 수도 있도록 문호를 개방하고 있다.

[그림] 미국 정부 오픈데이터 포털(data.gov)과 오픈데이터 세트

영국 노동당 최장수 총리였던 토니 블레어는 1998년 집권 첫 해, 국정운영 철학을 창조경제(Creative Britain)로 시작한다. 산업혁명의 나라 영국은 어려운 경제 여건 속에서 그들이 가진 금융, 관광, 문화산업 등 지식산업을 기반으로 한 국가 경제산업 구조의 근본적인 변화를 일구려는 노력을 시작한 것이다. 지난 2008년 기존 창조경제 정책을 업그레이드하기 위해 중장기 계획 '크리에이티브 브리튼 (Creative Britain: New Talents for the New Economy)'을 발표하며 구체적인 창조국가의 실천 방안들을 제시하는데(creative-blueprint.co.uk) 이 보고서에는 1) 연구·혁신 지원 2)자금·성장 지원 3)지식재산 장려·보호 4)글로벌 창조허브 구축 등 8개 분야 26개 과제를 정책 방향으로 내세웠다.

당시 고든 브라운 영국 총리는 영국이 당면한 도전 요인으로 세계화·안보·환경 등 세 가지를 꼽고, 혁신·창조산업·금융산업 등에서 정부정책 개혁을 강조한다. 이를 토대로 영국 런던 중동부 지역을 미국 실리콘밸리 같은 첨단 기술벤처 집적지로 육성하겠다는 '테크 시티' 계획이 나왔으며, 이후 테크 시티는 1300개가 넘는 디지털 기업이 입주하며 영국을 대표하는 ICT기술 클러스터로 자리매김했다. 바로 이 테크 시티에서 새롭게 출발한 스타트-업 기업들을 기반으로 현재 영국 정부가 지속적으로 추진하고 있는 신산업 정책들이 가시적 성과를 내고 있는 것이다. 이를 통해 새로운 창의국가 비전으로 오픈데이토피아의 이상적 모델이 만들어지고 있다(Data is culture, 2014).

영국은 이미 2007년 6월 '정보의 힘(Power of Information)' 보고서를 발표하며 이를 기초로 공공데이터의 개방을 시작하였다. 2012년 5월에는 오픈데이터 연구소(Open Data Institute)를 개설한 바 있다. 국제적으로도 오픈데이터 이니셔티브(Open Data Initiative)를 만들어 미국과 함께 오픈데이터 개방을 선도하고 있으며, 2011년 9월 세계 47개국과 오픈 거버먼트 파트너십(Open Government Partnership)을 체결하기도 했다.

오픈데이토피아를 위한 영국 정부의 도약은 미국과 마찬가지로 2010년 팀 버너스리(Tim Berners-Lee)를 책임자로 하여 공공데이터 포털인 data.gov.uk를 출범하면서 시작되었다(해당 포털은 2014년 3월에만 20만 명에 가까운 사용자가 방문할 만큼 데이터 공개 창구로서의 전 세계 열린 정부의 모범이 되고 있다).

2010년 5월 정권 출범과 동시에 데이비드 캐머론(David Cameron) 총리는 열린 정부의 실현을 위한 정책 아젠다(Agenda)를 공개하며 정부 투명성 강화를 구체화하기 위한 전문가 집단인 '공공부문 투명성 위원회(Public Sector Transparency Board)'를 설치하였다. 이를 통해 정부는 오픈데이터 공개의 기본 전제인 '공공데이터원칙(Public Data Principles)'을 공개하게 하였다. 이 원칙에는 첫째, 오픈데이터는 재사용이 가능하도록 기계 판독이 가능한 형태여야 하며 둘째, 오픈데이터는 오픈라이센스 하에 영리 목적으로 이용 가능해야 하고 셋째, 사용성을 위한 온라인 포털(data.gov.uk)을 통해 접근성을 향상하여야 한다고 명시되어 있다. 이 내용은 이후 전 세계 각국 정부 오픈데이토피아 정책의 기반이 되었음은 물론이다. 특히 영국에서 산업화 정책과 맞물려 눈에 띄는 점은 새로운 라이센스 제도 'OGL(Open Government License)'의 도입이다. 이 제도는 공공 기관 데이터의 상업적 목적을 포함한 광범위한 이용이 가능하도록 도입된 저작권 제도로서 기존 저작권 제도 영향 하에 있던 공공데이터가 OGL의 적용을 받음에 따라 보다 자유롭게 데이터의 창의적인 활용이 가능하게 되었다(Being Open About DataAnalysis of the UK open data policies andapplicability of open data).

영국 정부는 데이터를 하나의 자원으로 인식하고 오픈데이터를 독립적인 ICT경제 정책의 하나로 추진해야 한다고 언급할 정도로 영국 정부의 오픈데이터 정책은 모든 국가의 가장 성공적인 모범 사례가 되고 있다. 고용 측면에서도 데이터 사이언티스트 육성 등을 통해 보다 전략적인 데이터 활용을 진행하고 이를 토대로 국가 경쟁 우위 전략을 확보하겠다고 강조하였다.

이와 같은 영국 정부의 활동 덕택에 2013년 10월 WWW(World Wide Web Foundation)이 발표한 보고서 '오픈데이터 지표(Open Data Barometer)'에서 공공데이터의 평가 결과는 전 세계 77개국 중 1위를 기록하기도 하였다(Open Data Barometer - 2013 Global Report(Open Data Barometer, 2013)).

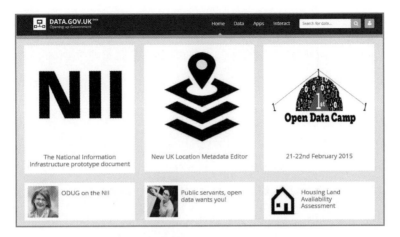

[그림] 세계 1위의 영국 정부 오픈데이터 포털(data.gov.uk)

| 영국 오픈데이토피아 정책의 시작과 끝: ODI(Open Data Institute)

영국 정부는 오픈데이토피아 정책의 핵심 역할을 담당하는 비영리 조직으로 '오픈데이터 연구소(http://opendatainstitute.org/ - ODI(Open Data Institute)'를 설립하게 되는데, ODI는 단순 개방을 넘어 오픈데이터 활용 비즈니스의 발굴 및 창업을 지원하는 전진 기지 역할을 하게 된다. ODI의 주요 임무는 창업에 대한 투자 및 오픈데이터 관련 활동에 관심이 있는 기업을 회원으로 하여 자금을 모집하고, 오픈데이터에 관한 기술 및 서비스 개발을 통해 신규비즈니스 창출을 시도하는 벤처 기업과 인재 개발에 노력을 기울이고 있다. 특히 데이터의 개방뿐만 아니라 영국 산업 전반에 경제적 가치를 창출하는 데 대한 지원과 인재 개발을 실시하고 이를 통해 오픈데이터 확산 및 민간 기관들과의 협력을 통해 데이터의 경제적 확산에 주력하고 있다는 점에서 의미가 있다.

| 지방 정부 오픈데이토피아 모범 사례: 런던 데이터 스토어

오늘날 세계 거대 도시들은 인구의 팽창과 도시가 직면한 미래 발전 방향 사이에서 많은 고민을 하고 있다. 2012년 유엔개발계획(UNDP)의 보고서는 세계 인구가 2050년까지 96억 명에 이를 것으로 예상되고, 그 중 60% 이상인 65억 명이 도시에 거주할 것으로 전망했다(United Nations, The 2012 Revision).

이처럼 다른 세계 대도시들과 마찬가지로 세계적 금융과 관광의 중심지인 런던의 인구는 2011년에서 2021년 사이에 100만 명 가까이 증가할 것으로 예상되고 있으며, 2030년에는 뉴욕보다 앞서 인구 1000만 명의 도시가 될 것으로 런던 시는 내다보고 있다.

런던 시는 런던 시민에게 더 좋은 도시환경과 일자리를 제공하고, 기업들이 요구하는 기반시설 및 도시 서비스를 확충하기 위해서는 스마트 시티 시스템의 도입이 필수적이라 판단했다. 이에 런던 시장의 정책 지원기구인 스마트 런던 위원회(Smart London Board)를 2013년 3월 설립한 뒤 스마트 시티를 향한 첫 번째 장기적 계획인 '스마트 런던 플랜'을 발표했다. 스마트 런던 플랜에는 향후 미래 도시 런던의 목표가 잘 나타나 있다. 여기서 효과적인 목표 추진을 위해 7개의 정책 방향을 설정하였는데 그 중 3개는 효율적인 도시 관리에 관한 내용을 다루고 있으며, 혁신 기술을 보유한 중소기업에 대한 지원과 디지털 기술 확산 및 지역 커뮤니티 중심의 시정 참여 증진에 대한 내용을 포함한다.

이 단출한 54페이지의 런던 미래 도시에 대한 계획에서 주목할 것은 오픈데이토피아 개방 및 구축의 가속화를 통해 시 정부의 정책 진행과 의사결정을 데이터 기반으로 진행할 것을 권고하고 있으며, 미래 도시 발전과 방향을 제시하는 수단으로 오픈데이토피아 정책을 사용하고 있다는 점에서 의미가 있다.

　오픈데이터정책의 구체적인 방안으로는 런던 시의 오픈데이터를 제공하고 있는 런던 데이터스토어(London Datastore)가 세계적 오픈데이터 플랫폼으로 성장할 수 있도록 지원하며, 런던 시와 각 구청 간의 협력을 확대해 나가야 함을 명기하였다. 더 나아가 EU(유럽연합) 내 대도시들과 오픈데이터를 공유할 수 있는 iCity 프로그램을 추진해 더 많은 시민들이 오픈데이터의 혜택을 볼 수 있는 방안을 실천하고 있다. 또한 현재 런던의 움직임을 한눈에 파악할 수 있는 런던 데이터스토어(London Datastore; http://data.london.gov.uk/)를 개선하여 적극적으로 홍보함으로써 런던 데이터스토어의 사용자 수가 2018년까지 2배로 증가할 수 있도록 지원하기로 하였다.

[그림] 런던 시 오픈데이터 포털 런던 데이터스토어

글로벌 오픈데이토피아 플랫폼

| 유엔이 물고기를 잡는 법

국제 사회에서 가장 공동체적인 성격은 유엔이다. 유엔은 2008년 한 해에만 에티오피아에 8억 달러(약8000억 원) 이상을 원조했다. 식량 원조가 4억6000만 달러, HIV/AIDS 치료를 위한 원조 3억5000만 달러다. 농업 발전을 위한 자금은 불과 700만 달러(약 70억원)다. '물고기 잡는 법'을 가르치는 데 소요되는 돈보다 '물고기를 사는 데' 들어가는 지원금이 65배나 많다는 설명이다.

최근 들어 유엔은 이처럼 '물고기를 사주는' 국제 지원 방식보다 '물고기 잡는 법'을 가르치는 데 더 많은 투자를 하고 있다. 바로 국제적인 오픈데이토피아 개방을 통해 다양한 물고기를 잡을 수 있는 방법을 국제 사회에 던지고 있는 것이다. 이미 기존에 유엔 오픈데이터 창구를 통해(http://data.un.org/) 유네스코 등 유엔 산하 기구들의 34개 데이터베이스, 6천만 건의 어마어마한 데이터를 제공하고 있으며 이를 토대로 각국 정부와 NGO들은 각종 산업지표와 경제정책을 수립하는 도구로 사용하고 있다(the guardian, 2015).

유엔이 국제 사회에서 오픈데이터를 활용하여 국제 문제를 해결하려는 노력은 이미 여러 곳에서 찾아볼 수 있다. 1960년 전 세계 기아 퇴치를 위해 설립되었고, 전 세계 80여개 나라에서 사무소를 운영하고 있는 유엔 산하의 식량원조기구인 세계식량계획(WFP: World Food Programme)은 이미 오래전부터 미국 국립해양대기청(National

Oceanic and Atmospheric Administration: NOAA), NASA, 미국 농무부 (United States Department of Agriculture) 등에서 제공하는 오픈데이터와 Esri사의 ArcGIS라는 GIS분석 소프트웨어를 활용하여 세계 각지의 태풍이나 홍수, 가뭄과 같은 자연재해로부터 발생하는 식량 부족이나 기근현상을 예측하고 국제 사회에 사전 조치를 취하는 활동 등을 벌이고 있다(Esri, 2015). 또한 최근들어 유엔의 오픈데이터를 위한 활동은 단순히 UN 오픈데이터 포탈에서 데이터를 공개하는 데 그치지 않고 2014년 8월 반기문 유엔 사무총장이 '지속 가능 발전을 위한 데이터 혁명(Data Revolution for Sustainable Development)' 이라는 성명서를 통해 독립전문가 자문단(Independent Expert Advisory Group: IEAG)을 구성했다. 이는 국제 사회 여러 이슈에 실시간 데이터분석 기법을 통해 보다 정확하고 구체적인 방법론을 대응할 수 있는 전략을 제시하는 것이다(유엔, http://www.undatarevolution.org/, 2015).

이들 독립전문가 자문단은 2014년 11월 데이터 혁신 리포트인 'A WORLD THAT COUNTS'를 발표하는데, 여기서 지속 가능 성장을 위해 오픈데이토피아 혁신이 가져올 수 있는 사례를 소개하면서 모든 공공데이터는 기본적으로 개방되어야 함을 언급하고 있다. 이러한 전략은 데이터의 폭발과 팽창으로 비유되는 빅데이터시대라고는 하지만 아직은 특정기업이나 정부기관에 한정되고 있는 '비오픈데이터'의 문제점을 해결할 수 있는 방안을 제시하고 있으며, 이는 국제 사회의 오픈데이토피아에 대한 구체적인 실행력을 보여주는 모범 사례라고 할 수 있다.

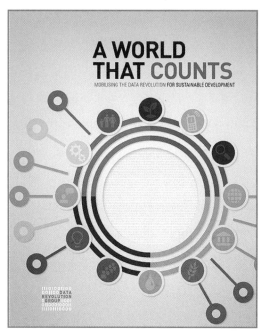

[그림] 유엔 산하 독립전문가 자문단 데이터 혁명 실행보고서

| 유엔 글로벌 플러스 팀이 제공하는 구체적인 오픈데이터 활동

전 세계에서 트위터의 사용이 제일 많은 국가가 어디일까? 놀랍
게도 미국, 일본이나 우리나라가 아니라 인도네시아다. 한 조사 결
과에서는 미국의 36%, 독일의 8%에 비하여 인도네시아는 64%의 사
용률을 나타냈다(VB, 2013). 이러한 인프라 덕분에 인도네시아 국민
들은 생활비와 같은 여러 가지 다양한 사회 현상을 트위터로 주고
받는다.

유엔과 인도네시아 국가개발계획국(Indonesian Ministry of National

Development Planning), 세계식량계획(World Food Programme)은 지난 2012년 6월 26일부터 2013년 9월 27일까지 사용된 트위터를 활용하였다. 육류, 닭고기, 양파 등에 대한 트위터 언급횟수, 공식적인 물가지수를 통해 트위터 기반 모델을 개발하였다. 이를 통해 소셜미디어의 오픈데이터를 활용하여 정확한 물가지수 산출이 가능함을 확인하는 성과를 올리기도 하였다(United Nations Global Pulse). 이 오픈데이터를 활용한 유엔의 또 다른 혁신적 활동의 주인공은 유엔 산하 글로벌 플러스(Global Pulse)팀이다.

글로벌 플러스팀은 뉴욕에 본부를 두고, 인도네시아 자카르타뿐만 아니라 지속적으로 전 세계 추가 연구소를 설립하고 있다. 이들의 활동은 단일 국가, 국제 데이터 분석을 통해 가격 변동, 질병 확산, 실업 문제 등의 사회적 문제를 모니터링하고 예측하여, 조기 경고를 하거나, 국가적 정책변화를 유도하는 것이다.

이 글로벌 플러스팀의 리더 로버트(Robert Kirkpatrick)는 "데이터를 잘만 활용하면 여러 국가에서 공식 통계보다 수개월 빠르게 사회 시스템에 예상되는 경보"를 발령할 수 있다고 주장한다. 특히, 개발도상국들은 신뢰할 만한 기초 통계 데이터조차 얻을 수 없는 경우가 다반사이므로 데이터를 활용한 사회 문제 진단 및 분석은 오히려 또 다른 대안으로 국가의 정책을 반영하는 유일한 도구가 될 수 있다고 그 가능성을 입증하기도 했다(New York Times, 2013).

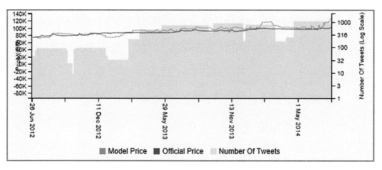

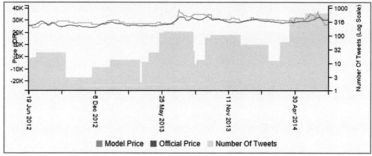

[그림] 트위터를 통해 개발된 육류, 닭고기 물가 산출 모델
출처 :http://nowcasting.unglobalpulse.org/
http://www.unglobalpulse.org/nowcasting-food-price

물론 지금은 우선 트위터와 같은 소셜 미디어 데이터가 일차 대
상이 되는데, 이것만으로는 개개인의 행위를 센싱하거나 사회적 패
턴을 추출하기는 부족하다. 그래서 중요하게 생각하는 것이 민간
데이터, 특히 이동통신사업자의 휴대폰 로그를 분석하는 것에 역점
을 두고 있고, 데이터를 제공하도록 통신사 및 정부를 설득하는 것
을 가장 중요한 업무로 보고 있다.

이처럼 실질적인 오픈데이토피아 구축을 위해서는 여러 오픈
데이터가 민간 데이터와 결합될 때 최고의 시너지가 날 수 있음

을 잘 보여주고 있다. 유엔 글로벌 플러스는 이곳(http://post2015.
unglobalpulse.net/)에서 다양한 시각화 도구를 통해 또 다른 정보를
체험할 수 있는 공간을 개방하고 있다.

| 나의 참여로 바꾸는 세상

누구나 한번쯤 사회적 이슈 혹은 성적 차별, 교육이나 장애 여부
를 떠나 세상이 좀더 아름답게 바뀌기를 꿈꿀 것이다. 그렇다면 우
리도 잠시 시간을 내서 오픈데이토피아로 세상을 건강하게 바꾸는
대열에 참여해보는 것은 어떨까?

21세기를 시작하는 2000년 9월 전 세계 187개국 정상과 정부 대
표들이 새로운 천년에 인류가 맞게 될 미래에 대해 토론하기 위해
뉴욕 UN본부에서 새천년 정상회의(Millennium Summit)를 갖고 지난
천년간 해결하지 못하고 남겨진 각종 개발의 난제들을 공동으로 해
결하자는 천년선언에 서명했다. 그리고 이에 대한 세부 실천계획으
로 새천년개발목표(Millennium Development Goals)를 수립했다. 여기
에는 국제 사회의 빈곤퇴치 및 지속가능한 발전을 위해 2015년까지
전 인류가 함께 달성하고자 합의한 8가지(절대빈곤 및 기아 퇴치, 보
편적 초등교육 달성 등) 구체적 개발 목표를 정하고 추진했다. 그 중
한 가지 유엔 산하 UNDP(United Nations Development Programme)와
ODI(Overseas Development Institute) 등은 전 세계인들을 대상으로 온
라인, 대면 면접형식으로 16개 주제 중에서 개인이나 가족에게 제
일 중요한 항목 6개를 설문하고 그 결과를 공개하고 있다. 이곳에의
참여는 간단한데, 성별, 나이, 거주국가, 학력수준(초등, 중등 중 선택)

을 선택하면 결과를 실시간으로 알 수도 있고 이 분석을 통해 유엔
의 정책 수립 조직 및 유엔 회원국들에게 제공된다.

[그림] 세상을 바꾸는 My World Survey 참여 사이트, http://vote.myworld2015.org/

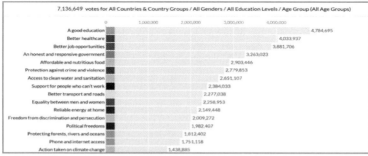

[그림] 오픈데이터로 공개하고 있는 My World Survey결과
http://data.myworld2015.org/

| 세계 경제 데이터의 금맥 '세계은행'에서

한때 우리 국민들에게도 익숙했던 국제통화기금(IMF), 세계무역 기구(WTO)와 함께 3대 국제경제기구로 꼽히며, 영향력으로 봤을 때는 IMF와 더불어 세계 경제의 양대산맥을 형성하고 있는 국제 기구 중의 하나가 세계은행(World Bank)이다. 이름에서 처럼 세계은행 은 단일 조직이 아니라 세계은행그룹이라 불리우며 국제부흥개발은 행(IBRD)과 그 자매기구인 국제개발협회(IDA), 국제금융공사(IFC), 국제투자보증기구(MIGA), 국제투자분쟁해결본부(ICSID) 등을 포함 한다. 이 중에서 IBRD와 IDA를 합쳐 세계은행이라 칭한다.

세계은행은 총회, 상무이사회, 총재, 그리고 참모들이 운영한다. 총회는 전 회원국의 대표들로 구성되고, 1년에 한 번 소집한다. 21 명의 상무이사들이 정책을 수행하며 모든 대부의 승인 여부를 결정 한다. 2012년 4월 세계은행 제12대 총재로 한국계 김용 다트머스대 총장이 공식 선임, 7월 1일 공식 취임하면서 우리에게 더욱 친숙하 게 알려져 있다.

세계은행은 미국 수도 워싱턴DC 중심가 국제통화기금과 백악 관 사이 18번가에 자리잡고 있다. 세계은행이 오픈데이토피아와 관 련하여 중요한 이유는 여러 시민 단체와 함께 오픈데이터를 활용한 참여 행사를 구호로서가 아니라 실질적으로 지원하고, 넘치는 세계 경제 데이터들에 대한 개방과 참여를 제공하기 때문이다.

그 중에는 국내에는 잘 알려지지 않았지만 오픈데이토피아 구축 에 열성적인 데이터 사이언티스인 한국계 샘리(Sam Lee)도 있다. 매년 워싱턴DC에서 열리는 'Open Data Day DC' 행사에 자주 등장해서 오픈데이토피아가 가지고 오는 미래 가치와 비전을 제시하고 좀 더 많은 시민이 참여를 통해 집단지성으로 공공의 문제를 해결하자고 역설했다.

2011년 세계은행에 합류한 샘은 세계은행 오픈 금융팀(Open Finances Team) 리더이자 세계은행의 정보를 개방으로 이끄는 전도사임을 자처하고 있다. 오픈데이터를 활용한 시민들의 참여와 오픈데이터로 국제 사회의 문제 해결 기회를 갖는 것이 주요한 지구촌의 변화라고 주장하고 있는 것이다. 그의 활동 덕분에 세계은행은 오픈데이터 포털인 'http://data.worldbank.org/'에서 1차 통계 자료, 온라인 데이터베이스, 각종 출판물, 보고서 등에 이르기까지 매우 광범위한 세계 경제 지표를 제공한다. 또한 원시 데이터를 직접 확인하며 'Data & Research', 'Publications' 등의 항목에서 찾아볼 수 있다. 모든 정보들은 날짜, 주제, 제목, 출판인 등의 항목에 따라 편리하게 검색할 수 있으며 최근에는 다음과 같이 여러 가지 오픈데이터 제공을 강화하였다(http://data.worldbank.org/news/new-features).

- World Development Indicators(세계 개발 지표)의 지표를 종전의 339에서 1200 이상으로 증가
- Data Catalog의 개정, 증강(http://data.worldbank.org/data-catalog)
- 그라데이션맵으로 데이터를 가시화
- 지표 페이지로의 네비로 독자적인 그래프 작성, 국별 비교가 가능
- 도표류를 자신의 사이트 등에 활용할 수 있는 위젯 부착

또한 해커톤 형식으로 진행되는 전 세계 '오픈 데이터의 날' 행사
에는 다양한 오픈데이터 활용 방법과 수단들을 공유하기도 한다.

CERN

'오픈데이토피아'의 어머니 팀 버너스리가 세계 최초로 월드와이드웹을 개발하고 세계에 알리는 데 공헌한 CERN은 과학계의 오픈데이토피아 구축 임무를 성실히 수행하는 곳 중의 하나다. 많은 과학자들의 근본적인 물음인 "물질의 가장 기본이 되는 단위물질은 무엇일까?"라는 해답을 찾기 위해 21세기 인류의 세기적 과학 구조물인 대형강입자충돌기(LHC, Long Hadron Collider)를 이용해서 신의 입자로 불리는 힉스입자를 발견했으며, 향후 LHC 엔진을 이용한 새로운 물질 발견이 기대되는 곳이기도 하다.

이 세계적인 연구가 더욱 눈길을 끄는 것은 오픈데이토피아 정책을 중심으로 전 세계 시민 누구나 인류에 소중한 과학적 지식에 손쉽게 접근할 수 있다는 점이다. 언제 어디서나 무료로 LHC 실험을 통해 얻은 데이터를 사용할 수 있으며 CERN은 최근 이런 실험 데이터를 데이터 포털을 통해 연구나 교육 목적으로 이용할 수 있도록 데이터 분석을 위한 문서나 프로그램도 전면 공개하고 있다.

CERN책임자인 롤프 호이어(Rolf Heuer) 소장은 이런 실험 데이터 공개가 전 세계 연구자와 학생 등에게 새로운 영감과 희망을 줄 것이며 이를 통해 과학계 오픈데이토피아를 만드는 데 시간과 비용을 절약하면서 새로운 발견을 위한 길을 연다고 말하고 있다.

실제로 이 사이트는 교육과 연구 섹션으로 나눠 데이터를 교육 목적으로도 활용할 수 있도록 했다. CERN의 이런 움직임은 투명성의 원칙을 준수하기 위한 것이기도 하며 창설 당시부터 정한 인류의 위대한 발견을 통해 얻은 데이터를 모두 공개하는 것도 이런 투명성의 원칙 일환이다. 데이터는 크리에이티브커먼즈로, 소프트웨어는 오픈소스로 이뤄져 있으며 개방 데이터를 과학 논문에 인용할 수 있도록 디지털콘텐츠식별자(Digital Object Identifier)를 갖고 있다(CERN, 2014).

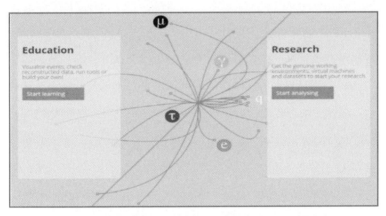

[그림] CERN의 연구 및 교육용으로 사용할 수 있는 오픈데이터
자료 − http://opendata.cern.ch/

NASA

2012년 7월 23일 발생한 태양 폭풍(Solar Storm)이 생각보다 규모가 컸던 것으로 나타났다. 보통 태양 폭풍은 원자폭탄보다 1억 배에 달하는 위력을 갖춘 것으로 알려져 있다. 태양을 이루는 주요 성분 가운데 하나는 기체 덩어리인 수소이며 온도는 1500만 도에 달하는데 1초마다 수소 수백만 톤이 헬륨으로 바뀐다. 이 과정에서 자기가

발생하는데 크게는 수십만킬로미터 높이까지 치솟기도 한다. 태양 폭풍은 태양 흑점이 폭발하면서 표면에 있는 플라즈마 입자가 우주로 방출되는 현상으로 태양 폭풍이 발생한 면이 지구 반대편을 향하고 있을 당시 일어나 별다른 피해가 없었지만 그게 아니었다면 대규모 재앙이 일어났을 수도 있었다. 만일 2012년 당시 태양 폭풍이 지구를 강타했다면 관측 사상 최대 자기 폭풍으로 알려져 있는 캐링턴 이벤트(Carrington Event)에 필적하는 거대한 태양 폭풍이 지구 전체를 자기 불꽃으로 덮었을 것이다(Science daily, 2014). [주-캐링턴 이벤트는 지난 1859년 발생한 것으로 영국 천문학자 리처드 캐링턴이 관측해 이름을 따온 것이다. 당시 발생한 태양 폭풍으로 22만 5000km에 달하는 전신망이 마비됐다고 한다. 만일 요즘 같은 때 이런 태양 폭풍이 발생한다면 피해 규모가 최대 2조 달러에 달하는 한편 복구 기간도 10년까지 걸릴 수 있다고 한다.] 당시 NASA는 태양 폭풍이 또 다시 지구를 위협할 것이고 경고하며 그 가능성과 관측 데이터를 모두 공개하여 각국에 정보를 제공함으로써 또 하나의 범인류적 위기를 극복하기도 했다.

[그림] 우주 신비를 풀어주는 정보를 제공하는 NASA

지난 50년간 우주 산업은 주로 미국, 러시아 등에서 정부 주도로 진행된 가장 폐쇄적인 산업이었다. 정부 주도로 진행되는 대표적인 국가 산업이었으며 몇몇 방위산업체만 참여하는 정도였다. 이러한 흐름은 미 항공우주국(NASA)이 미국 오바마 행정부의 가능한 많은 오픈데이토피아 개방 정책에 참여함에 따라 새로운 전기를 맞게 된다. 그 결과 NASA는 새로운 행성이나 항성을 발견할 경우 이 데이터를 자체 천문 연구 기관에 완전히 인터넷을 통해 실시간 공개하고 있다. NASA는 'NASA Open Government Initiative'(http://www.nasa.gov/open/)에 따라 오픈데이토피아 정책을 전략적으로 추진하고 있는 것이다. NASA는 오픈데이터 포털에서 인류가 우주에서 관측하고 실험하는 사진, 동영상 등을 포함 대부분의 데이터를 개방하고 있으며 산업 및 교육용으로도 가치 있는 오픈데이토피아 구축을 위해 지금도 노력하고 있다(http://data.nasa.gov/).

대한민국 오픈데이토피아 플랫폼

국내 오픈데이토피아의 최초 시작점은 2010년 6월 국가지식포털 내에 공공정보개방 및 활용과 관련된 공공-민간의 다양한 애로사항 해결을 목적으로 시작되었다. 이때 공공정보 활용지원센터가 설치되어 개시한 공공정보목록 안내서비스와 공공정보 신청안내 서비스가 출발이라고 할 수 있다.

그러나 각 부처의 소극적인 자세와 데이터의 관리가 제대로 이루어지지 않아 실효성 있는 서비스를 제공하지 못한다는 평가를 받았다. 2011년 7월 공공데이터 포털인 국가공유자원포털(http://data.go.kr)이 설치되어 본격적인 오픈데이터 제공서비스가 시작됐다 (윤종수, 2013).

이후 국가공유자원포털과 국가지식포털이 통합되는 등 국가정보자원 개방, 공유체계를 전면적으로 개편하는 내용의 국가정보자원 개방, 공유체계 구축의 완료를 발표했다. 여기서는 국가통계정보, 생활기상정보, 농수축산 가격정보 등 14개 기관, 100개의 서비스, 386개의 오퍼레이션으로 이루어진 10종의 공유서비스가 개발되었고, 국가법령정보, 항공운행정보, 산악안전정보 등 12종의 타 기관에 의한 24개 서비스, 457개의 오퍼레이션이 연계되었으며, 경기도 버스정보, 국민권익위의 국민정보, 국회도서관 학술정보 등 이미 구축된 13개 기관의 105개 서비스, 362개의 오픈데이터가 체계화되어 그 활용가치를 높이고 있다.

최근 대한민국 오픈데이토피아의 중심인 공공데이터 포털(data.go.kr)에는 총 1649만7972건의 데이터 링크와 1만1924건의 파일 데이터, 총 1646개의 오픈 API, 251건의 시각화 자료를 제공하고 있어 일단 외형적인 면에서는 상당한 성장을 이루었다.

사용자들의 활용 측면에서 요약 DB적용 및 튜닝으로 응답속도를 개선하였으며 동적 정보제공에 따른 실시간 업데이트, 통합검색 제공, 기관별, 분야별 공공정보 보유, 개방, 이용현황을 도식화하여 제공하는 등 여러 기능을 추가하여 대한민국 오픈데이토피아 플랫폼으로 꾸준히 성장하고 있다.

[그림] 대한민국 국가 데이터 포털

비즈니스 측면에서는 2013년 '공공데이터법(공공데이터의 제공 및 이용 활성화에 관한 법률)'이 시행되면서 민간의 아이디어와 오픈데이터가 결합한 성공 사례가 속속 등장하고 있다. 법 시행 이전이었던 2013년 10월 1963개였던 공공데이터 개방 건수는 2014년 9월 1만 1255개로 6배가량 늘어났으며 데이터 다운로드 건수도 같은 기간 1만1825건에서 7만9651건으로 7배가량 늘었다.

정부 관계자는 "공공기관이 보유하고 있으나 활용하지는 않던 데이터가 민간의 창의적 발상과 만나 데이터산업이라는 새로운 업종을 만들어내고 있다"며 "공공데이터의 경제적 가치를 24조 원, 이로 인한 고용창출 효과를 15만 명으로 추산하고 있다"고 말했다. 공공 데이터를 활용해 서비스를 개발한 사례도 1년 새 42개에서 333개로 8배가량 늘었다. 농업진흥청의 유전체 정보를 활용한 '맞춤형 유전체 정보 분석', 서울시의 공영주차장 정보를 활용한 주차정보 서비스 앱 '모두의 주차장', 식품의약품안전처의 원료 분석 데이터를 기반으로 한 화장품 성분 제공 서비스 '화해' 등이 이에 해당된다. 그림과 같이 2014년까지 1년간 오픈데이터의 활용이 가장 두드러진 분야는 국가 기관의 절대 신뢰 정보인 기상과 환경 정보이다(자료: 정부 데이터, 민간 아이디어를 만나 일자리가 되다. 중앙일보 2014.11.22).

파일데이터 활용신청 TOP 20 (2011/01/01~2017/05/31 기준)

구분	기관명	파일데이터 명
1	교육부	유·초·중등 및 고등교육기관 현황
2	교육부	2015년 교육기본통계 (대학)
3	교육부	2014 교육기본통계
4	중소기업청	전국 1,200대 주요상권DB (2015년)
5	소상공인시장진흥공단	상권정보업종 코드집(2015년 12월)
6	교육부	2014 교육기본통계(대학)
7	보건복지부	2014년 장애인실태조사 보고서
8	교육부	고등교육기관 졸업자 취업통계
9	교육부	2014년 학교 기본현황
10	교육부	2015년 학교 기본현황

OPENAPI 활용신청 TOP 20 (2011/01/01~2017/05/31 기준)

구분	기관명	OPENAPI 명
1	한국관광공사	국문 관광정보 서비스
2	기상청	(신)동네예보정보조회서비스
3	서울특별시	노선정보조회 서비스
4	서울특별시	버스위치정보조회 서비스
5	한국환경공단	대기오염정보조회 서비스
6	서울특별시	버스도착정보조회 서비스
7	미래창조과학부 우정사업본부	우편번호 정보조회
8	서울특별시	정류소정보조회 서비스
9	국토교통부	버스위치정보조회 서비스
10	미래창조과학부 우정사업본부	도로명주소 우편번호조회 서비스

　또한 공공데이터법 시행 이후 데이터 활용 기반이 조성된 만큼, 앞으로 국민이 필요로 하는 데이터를 개방하고, 이를 통해 다양한 활용 기업·서비스를 창출해야 하는 과도기에 서 있다. 이를 위해 지난 2014년 개발자, 기업인, 대학생 등 100명으로 구성된 '열려라 데이터' 활동단원을 구성하였으며, 시민이 원하는 데이터를 직접 참여하여 선정하고 있다. 그리고 2017년까지 100개의 데이터 표준을 마련하고, 누구나 이용할 수 있는 오픈포맷 비율을 50%까지 높이는 동시에 민간과 중복 논란이 있는 공공서비스를 단계적으로 정비하여 민간이 활동할 수 있는 영역을 확대할 계획으로 오픈데이토피아

정책을 추진하고 있다(공공데이터법 시행 1년, 생활속으로 들어온 데이터, 안전행정부, 2104.11.1).

	"맞춤형 유전체 정보 분석" – 씨더스㈜ 서비스: 유전체 분석을 통한 육종지원, 컨설팅 및 진단키트 활용정보: 농진청(유전체 정보) 연매출: ('13년) 4억 → ('14년) 7억
모두의주차장	"모두의 주차장" – 모두컴퍼니 서비스 : 주변의 공영, 민영, 무료 주차장과 주차장, 허용구간, 시간 등 안내 활용정보: 공영주차장 정보(서울시, 인천시 등) 다운로드: 100만 건 이상, 네이버와 제휴를 통해 지도 서비스 실시 연매출: 5,000만 원, 2013 대한민국 모바일 앱 혁신상 수상
Total Weather Service Provider Kweather	"케이웨더" – 케이웨더㈜ 서비스: 대기오염, 재해기상, 미디어 날씨 등 기상정보 제공 활용정보: 동네예보 정보조회 서비스(기상청) 다운로드: 250만 건, 연매출: 50억 원, 직원수 100명,
	"메디라떼" – 메디라떼에이디벤처스㈜ 서비스: 병원의 모든 정보를 한눈에 확인(영업시간, 주소, 전화번호, 카톡, 시술사진, 의료진 약력 등) 활용정보: 전국 병의원 정보(건강보험심사평가원) 다운로드: 80만 건 연매출: 12억 원, 고용창출 40명, 100만 달러 투자유치
HiDoc 건강 Q&A 하이닥 질문하기 | 솔직담백 성 상담	"하이닥" – 엠써클 서비스 : 전 국민 대상 건강지수, 건강 체크, 출입 병원의 의사 등록/관리 활용정보: 기상청 생활기상(보건기상) 지수 등 다운로드: 10만 건 연매출: 총250억 원(공공데이터 활용 영역 구분 불가), 직원수 214명, 네이버와 의료정보 제휴 등
김기사 자동실행	"김기사" – 록앤올 서비스: 실시간 교통정보를 이용 정확하고 빠른 길 안내 활용정보: 교통정보(한국도로공사) 다운로드: 1000만 건 연매출 : 37억 원, 직원 34명, 국내 네비 시장 1위, '14년 일본 시장 진출, 카카오 내비로 인수

[그림] 국내 오픈데이토피아 비즈니스 활용 사례(자료: 공공데이터, 성공의 베이스 캠프)

스타트-업을 이끄는 플랫폼

| 인터넷으로 주문한 물건이 어디쯤 오고 있는지 알려 줄게요

온라인 쇼핑으로 주문한 물건이 어디쯤 오고 있을까? 홈쇼핑이나 인터넷, 모바일 쇼핑 등으로 물건을 주문한 뒤, 그 물건을 손꼽아 기다려 본 일은 누구에게나 있을 것이다. 특히 요즘처럼 쇼핑 형태가 바뀐 뒤부터는 그런 일이 일상이 되어버렸다.

대형 택배회사 몇 곳을 제외한 국내에 있는 대부분의 택배사는 적은 마진으로 콜센터에 상담원을 많이 두지 못한다. 이로 인해 콜센터는 언제나 통화 중이고 어렵게 연결된 고객은 오랜 대기시간에 짜증을 낸다. 그런데 정작 긴 통화대기 시간을 기다린 고객들이 묻는 질문들은 비슷했다. 가장 흔한 질문은 '지금 택배가 어디쯤 오고 있나요?'와 '나의 택배는 출발했나요?'였다. 고객들이 가장 궁금한 것은 별다른 것이 아니었다. 바로 여기에 착안해서 만든 도구가 '스마트택배'이다. 고객이 물어보기 전에 '당신의 택배는 지금 어디에 있다'고 미리 알려주면 많은 문제가 해결되리라 생각되었다. 그렇게 되면 고객은 택배 위치 확인을 위해 택배사에 전화할 일이 없어지고, 택배사는 콜센터 전화 수가 줄어 들어 비용 절감이 되어 선순환 구조를 만들 수 있다고 확신했다.

택배회사 직원이었던 김영준(40) 씨는 '배송 경로를 추적해주는 애플리케이션을 만들면 소비자도 편리하고 택배회사도 업무가 원활해질 것'이라는 생각이 들었다. 더군다나 스윗트래커(www.sweettracker.com)를 창업하기 전 택배관련 콜센터 관리일의 경험도 있었다. 그는 창업에 나선 뒤 '스마트택배'라는 앱을 선보였다. 특히 이 앱은 내가 주문한 물건이 어디까지 오고 있는지 자동으로 알려주는 작은 편리함까지 제공하고 있다. 또한 정확한 택배 정보를 고객에게 실시간으로 알려주기 위해서는 택배사와의 제휴가 필수적인데, 국내의 모든 택배사들은 대기업이어서 초기에는 제휴 맺기가 아주 어려웠다. 이유는 간단하다. 신생 기업과의 제휴 이후 도산의 위험이나 기술력 부족 등에 대한 우려 때문이다.

그럼에도 불구하고 스윗트래커가 대기업과 제휴를 체결할 수 있었던 가장 큰 원동력은 '스마트택배'를 다운로드 받아 사용하는 고객들의 평가 덕분이었다. '스마트택배'는 출시 1년 만에 배송 조회 앱 1위의 자리를 지켰고, 4.8이라는 높은 평점을 받았다. 이러한 고객들의 사랑으로 해당 택배사를 설득시킬 수 있었던 것이다.

결국 스윗트래커는 창업 2년 만에 국내 모든 택배사와 제휴하고, 이후 활용도가 더욱 크게 높아졌다. 국내 택배 시장 점유율 2위인 우체국 택배의 배송 정보가 포함됐기 때문이다. 우체국이 제공하는 배송 정보인 오픈(공고)데이터를 활용한 게 도움이 됐다. 우체국 택배 정보는 우정사업본부의 '우편물 종적 조회 서비스 '오픈데이터를 이용하여 고객들에게 제공할 수 있었다. 2014년에는 매출 10억 원을 달성하였으며 현재 다운로드 수는 530만 명, 실제 이용자수 225만 명이다. 홈쇼핑 4개사, 택배사 7개사, 쇼핑몰 4개사와 계약을 체결한 상태이다. 이용자가 400만 명을 돌파하며 김씨는 직원을 8명으로 늘려야 했다. 택배회사에서 받는 서비스 요금과 제휴 광고 등 매출이 연간 3억 원을 돌파했다. '스마트택배'는 중소기업진흥공단이 선정하는 으뜸 기업상, 구글 어워즈 올해의 앱 등을 수상했다(공공데이터, 성공의 베이스캠프가 되다! 공공데이터 활용 사례집, 한국정보화 진흥원, 2015.1).

[그림] 우체국 오픈데이터를 활용한 '스마트택배'

| 색 다른 데이트를 원한다면 오픈데이터를

요즘 청춘들은 바쁘다. 학교 수업, 취업준비, 돈도 없는데 청춘의 특권인 데이트는 어디서 해야 하나? 여대생 신동해(홍익대 산업디자인과)씨는 이렇게 연인과 데이트 코스 때문에 고민하는 친구들을 보며 데이트 정보를 모은 앱 '서울데이트팝'을 개발했다. 사람들은 어디에서 데이트를 하고 어떤 데이트를 좋아할까? 홍대 앞, 이태원, 가로수길 등 트렌디한 동네 방문, 좋은 분위기의 맛집 탐방 등은 대

부분의 연인들이 주로 하는 데이트 유형이다. 그러나 자세히 들여다보면 지역만 달라질 뿐 내용은 비슷비슷하고 지극히 반복적인 데이트이다. 이런 비슷한 데이트가 지루해진 커플들은 맛집 앱이나 블로그 등을 이용해 새로운 곳을 찾아보기도 하지만 코스를 짜기 위해 여러 곳을 일일이 검색해야 하는 과정은 영 번거롭기만 하다. 광고성 정보도 많아 오히려 선택하기가 더 어려워지는 경우도 있다. 간혹 잘 찍은 사진과 글로 데이트 장소를 소개하는 책들도 있지만, 값이 비싸고 가지고 다니기에는 무거우며 빠른 업데이트가 힘들다는 단점이 있다. '데이트팝' 앱은 이런 불편을 해소해 주기 위해 만들어졌다.

신 씨는 "안 그래도 고민 많은 젊은이들에게 데이트 코스 짜는 고민만"은 덜어 주고 싶었다고 했다. '데이트팝'은 기존 맛집 서비스처럼 그냥 한 장소를 알려주는 것이 아니라 하루 데이트를 '코스'로 제공하는 아이디어를 결합한 앱이다. 그리고 간단히 모든 데이트장소들은 도보로 10분 이내에 갈 수 있고, 3~5만 원 내에서 반나절 동안 즐길 수 있는 코스를 제공한다. 또한 지난 2년 동안 직접 발로 뛰어 모은 700여 개의 장소는 비용, 시간, 지도, 데이트팁 등 철저히 커플의 시각에서 작성되는 체험형 후기방식으로 되어 있다.

가장 흥미로운 점은 9년째 연애 중인 '모모'와 '나래'라는 캐릭터를 설정하고, 둘의 데이트과정을 웹툰처럼 재미있는 이미지로 보여주는 스토리텔링 방식으로 구성했다는 점이다. 또한 '데이트팝'은 한국관광공사에서 제공하는 국내 관광정보를 오픈데이터 소스로 활용하여 DB를 분석해 데이트장소를 발굴하고, 한국관광공사의 수준 높은 사진과 각 유형별로 분류된 풍부한 관광자료들을 데이트코스 설계에 적극 활용하였다.

또한 데이트코스에 포함되어 있는 각 장소들의 위치를 다음 지도 API를 통해 표시하였다. 이렇게 구현된 지도사용자 인터페이스(UI)를 앱 내의 실제 데이트코스 소개 페이지에서 보여줘, 중요 정보인 위치 정보를 사용자들이 빠르고 쉽게 접근할 수 있도록 하였다. 현재 '데이트팝' 다운로드 수는 약 50만 건이고 하루 방문자 수는 1만 5000명이며, 구글 플레이 스토어 데이트 앱 부문 1위를 기록하고 있다. 2014년 7월, 쿨리지코너 인베스트먼트로부터 4억 투자 유치를 받았으며, 2014년 12월 1일 인천·수도권 지역 오픈을 통해 베타 서비스 '서울데이트팝'에서 정식 서비스 '데이트팝'으로 도약하고 있다. 2015년 5대 광역시를 중심으로 지역을 확장해 더 다양한 데이트 코스를 제공하는 앱이 되고 있으며. 또 하나의 큰 변화도 있다. 지금까지는 예쁘고 트렌디한 매거진 같은 콘텐츠를 일방적으로 제공하는 것을 목표로 하여 데이트를 가기 전 참고하는 앱의 역할만 하였다. 그러나 앞으로는 데이트를 가기 전 뿐만 아니라 실제 데이트 중에, 그리고 데이트를 다녀와서까지 적극적으로 활용할 수 있는, 커플들이 간절히 필요로 하는 플랫폼과 서비스를 선보일 것이라 한다(자료 :http://blog.naver.com/nia_korea).

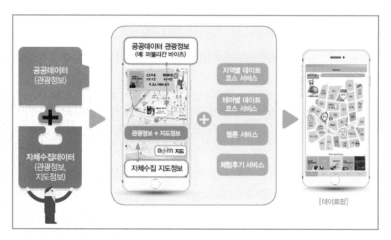

[그림] 데이터 서비스 모델

　이러한 작은 변화의 바람은 수많은 비즈니스 기회와 새로운 스타
트-업들을 탄생시키고 있다. 물론 그 바람의 가운데에는 우체국의
우편물 정보, 관광공사에서 제공하는 관광 정보와 같은 개방형 데
이터를 활용한 오픈데이토피아 플랫폼이 있다. (위 사례는 공공데이
터 활용 사례집 〈공공데이터 성공의 베이스캠프가 되자!〉에서 가장 대표
적인 사례들을 이용하였다.)

Chapter 4

오픈데이토피아 미래에
오신 것을 환영합니다

06
이미 시작된
오픈데이토피아의 미래

우리가 도구를 만들어내지만
그 후엔 도구가 우리를 만든다
- 마셜 맥루언

　21세기는 SNS로 대변되는 개인이 중심이 된 자기 관심사를 공유
하는 1인 미디어 커뮤니케이션 시대가 되었다. SNS는 사람과 사람
이 중요한 컨텐츠 제공자가 되어 서로의 관심을 나누는 수단이다.
사람들은 SNS를 통해 개인중심으로 서로의 공통 컨텐츠를 공유하
고 있다. SNS는 웹 1.0, 2.0과 같은 일방적 정보제공을 뛰어넘어 오
픈데이토피아 세상에서 중요한 정보 소통 도구로 성장하고 있으며
기업에게는 단순히 개인과 소통 그 이상의 기회를 제공하고 있다.
여기에 SNS 필수도구 스마트폰의 등장으로 미래학자들은 개인용
컴퓨터(PC) 시대는 가고 모바일 플랫폼의 시대가 진행되고 있음을
인정하기 시작한다.

SNS가 커뮤니케이션에서 갖는 가장 큰 강점은 적은 비용으로 신속하게 정보를 공유할 수 있는 개방 커뮤니케이션이라는 점이다. 사회적 이슈가 될만한 소식은 하루 안에 지구 반대편까지 국경을 초월하여 확산되며, 기존 미디어가 공급하지 못했던 누구나 평등하게 말할 수 있는 권리와 자유로운 자기표현 방식을 시공간을 초월, 완전하게 개방하고 있다. SNS 공간활동은 쌍방향 소통뿐만 아니라 일방향 형태도 가능해 특별한 제약 없이 자유롭게 개방된 정보를 제공하는 창구 역할도 하고 있다. 이런 자유로운 오픈 커뮤니케이션인 SNS 그 이후의 미래는 무엇일까?

후쿠시마에서 불어오는 바람

2011년 3월 11일 14시 46분 일본 도호쿠(東北) 지방에서 발생한 일본 관측 사상 최대인 리히터 규모 9.0의 지진이 일본 열도 동쪽을 덮쳤다. 이 날 발생한 지진은 1995년 6000여 명이 희생된 한신(阪神) 대지진(규모 7.3)의 180배 위력이자 1960년 발생했던 규모 9.5의 칠레 대지진, 1964년 9.2의 알래스카 지진, 2004년 인도네시아 수마트라 지진(9.1) 등에 이어 1900년 이후 세계에서 네 번째로 강력한 지진으로 기록됐다.

강진 발생 이후 초대형 쓰나미가 센다이시 등 해변 도시들을 덮쳤고, 도쿄(東京)를 비롯한 수도권 일대까지 건물 붕괴와 대형화재가 잇따르며 피해가 속출했다. 특히 지상으로 밀려든 대규모 쓰나미로 인해 전원 공급이 중단되면서 후쿠시마현에 위치한 원전 가동이 중지되고 방사능 누출 사고가 발생했다.

이 다급한 시각에 기술 엔지니어 이시노 세이고는 도쿄 인근 자기 사무실에서 근무하고 있었다. 평소 수많은 훈련을 통해 몸에 익힌 대로 이시노는 침착하게 자기 책상 밑으로 기어들어갔다. 안전함을 확인하고 밖으로 나온 이시노는 교통 대란이 일어난 도심을 피해 겨우 집으로 돌아갈 수 있었다. 하지만 후쿠시마 제1원전에서 발생한 또 다른 지진 여파에 대한 소식은 우리나라를 비롯해 태평양 건너 미국과 전 세계 매스컴을 강타했다.

TV 긴급 뉴스를 통해 이를 보고 있던 이시노와 그의 아내는 제2차 세계대전 당시 일본에 투하된 원자폭탄 악몽을 떠 올리며 숨죽이고 있었다. 당시 이시노의 아내는 임신 8개월이었다. 이제 그는 가장으로서 어려운 선택을 해야만 했다. 도쿄에서 직장을 그만두고 원전이 멀리 떨어진 남쪽으로 이사를 해야 하나. 그럼 어디로 가야 하나. 이동은 어떻게 할까. 자동차로 이동해야 할까. 도로가 통제되지는 않았을까. 아님 아예 일본을 떠나야 하나. 이런 상황에 비행기표가 있기는 할까? 등등 수많은 생각으로 도무지 결정을 내릴 수 없었다.

많은 일본인들이 이시노처럼 공포를 느끼고 있을 때 일본 정부는 긴급 담화를 발표한다. 방사능 유출은 위험한 수준이 아니며 모두 정부 관리 하에 안전하게 유지되고 있으니 국민들은 일상생활을 지속하라는 메세지를 전달하고 있었다. 하지만 발표 몇 시간이 지나지 않아 원자로 폭발로 발생한 원전 붕괴 장면이 TV로 생생하게 다시 전 세계 매스컴의 화면을 채우게 된다. 대부분 국민들과 마찬가지로 이시노는 더 이상 정부를 신뢰할 수 없었다.

당시 이시노는 건물 에너지 사용을 기록하는 시민 연구 활동 중 하나인 영국 센서 전문 크라우드 플랫폼-패치베이('파큐브 Pachube'- 현재 자이블리 xively로 변경되었다)멤버 중 한 명이었다. 이시노는 이런 활동경험을 배경으로 즉각 구글 지도 등 기존에 습득한 오픈 기술들을 활용했다. 그는 전국에서 수집한 방사능, 풍향 데이터 등을 이용해서 스마트폰 앱을 만들기 시작한다. 그리고 그 이름을 '후쿠시마에서 부는 바람(Wind From Fukushima)'이라 붙여 안드로이드 앱 스토어에 올리게 된다. 이 앱에는 방사능 측정 정보 외에 비상 알람 기능, 플래시라이트, 피난처 정보 등 재난 상황에 정부가 제공하지 않았던 많은 기능을 제공하게 된다(Fukushima-radiation).

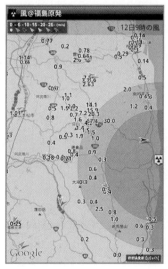

[그림] 오픈데이터를 활용한 앱 '후쿠시마에서 부는 바람'

지금까지 방사능 측정은 고가의 특수 장비로 복잡한 기술이 필요한 전문 영역이었다. 하지만 개방된 데이터와 오픈 기술을 확보한 아마추어 동호인들을 통해 그들의 작은 방에서 짧은 시간에 만들어져 재난 현장 대중들에게 필요한 정보를 완벽하게 제공한 것이다.

미국 중서부 지역 오클라호마주는 북미에서 토네이도가 가장 많이 발생하는 지역 중 한 곳이다. 연 평균 54개의 토네이도가 발생하며, 2014년 한 해에만 24명이 사망했다.

오클라호마대학 기상학과 교수 존 스노우는 오클라호마 시티 주변과 그 남서 지역은 미국에서 토네이도 발생 빈도수가 가장 높다는 연구 결과를 발표했다. 스노우 교수는 토네이도가 특정 지역에서 거의 발생하지 않지만 한 번 일어나면 여러 지역을 강타하는 특징을 파악했다(미국 해양대기청(NOAA)에 따르면, EF2 이상의 강력한 토네이도가 오클라호마를 강타할 가능성은 2013년 0.025%였다. 뉴욕시는 단 0.002%다). 이 때문에 미국 오클라호마대학 연구팀은 오픈 데이터를 활용하여 토네이도의 이동 경로를 예측하는 연구를 꾸준히 진행한 결과, 토네이도 이동 경로를 분석하는 데 성공했다. 2015년에는 토네이도 발생 14분 전까지 사전 예측이 가능해졌다.

이미 많은 국가와 도시들이 재난을 예측하고 대응하기 위해 오픈 데이터와 빅데이터를 활용하고 있다. 폭우와 산사태로 인명 피해가 매년 되풀이되던 브라질 리우데자네이루시는 IBM과 함께 리우시티 오퍼레이션 센터를 설립, 산사태 등 자연재해는 물론 교통, 전력

공급 등 도시 내 30개 기관의 정보를 통합해 실시간 모니터링하는 시스템을 구축했다. 이를 통해 비상사태 발생시 대응 시간을 30%나 줄였다.

새로운 기후 변화의 시대, 이제 우리나라도 오픈데이터를 활용해 재난을 예방하는 장기적인 미래 전략이 필요하다. 한번 큰 재난이 발생하기 전에 29번 작은 재난과 300번의 경미한 징후가 있다는 '하인리히 법칙'처럼 오픈데이토피아 플랫폼을 기반으로 재난을 준비하는 사회 안전망 확보가 절실한 시점이 되었다.

규제의 벽을 넘은 오픈데이터 파워

| 혁신의 변방 산업이 새로운 중심 산업으로

1977년 4월 17일, 지미 카터(Jimmy Carter) 대통령 모습이 TV화면으로 미국 전역에 방송되었다. 그는 오일쇼크로 발생한 에너지 위기에 관한 중대한 연설을 하고 있었다. 카터는 중동 산유국들 때문에 유가가 상승했다고 설명했다. 당시 미국은 해외 석유 의존도가 위험할 만큼 높은 상태였다. 그는 미국 국민들에게 희생과 절약을 요구하며 주먹을 불끈 쥐고 지금 상황이 도전적 의미에서 전쟁과 다름없다고 강조했다.

에너지 위기에 관한 카터 대통령의 주장은 시대를 앞선 통찰력을 갖고 있었다. 하지만 연설 이후 그의 인기도는 급락했다. 국민들은 그의 메시지와 호소를 외면했으며, 심지어 몇몇 언론은 그를 코미디 프로 주인공으로 올려놓기도 했다.

1970년대 후반 대다수 미국인들은 자신에게 에너지 문제에 대해 책임이 있다고 생각하지 않았다. 그들은 에너지 위기가 해외 원유 수출국들과 다국적 에너지 기업들 간 이해관계에 대한 충돌이라 생각했다. 따라서 이 위기는 미 국민들의 일상적인 삶과 직접적인 문제가 아니었던 것이다.

국민들이 카터 대통령의 에너지 절약 참여 캠페인에 거부감을 보인 이유는 우선 정부가 시행하고자 하는 에너지 정책에 대한 상호 공감대가 만들어지지 않았기 때문이다. 국민들에게 정확한 데이터를 제공하지 못했기에 정책에 대한 소통도 전혀 이루어지지 않았다.

에너지 산업은 정부 규제로 인해 새로운 아이디어를 산업화하고 이를 기업 매출과 연결하기 어려운 대표적인 규제 절벽산업이다. 전 세계 대부분 국가에서는 새로운 에너지 제품이나 서비스를 출시하기 이전에 반드시 정부의 승인이나 감독, 허가를 받아야 한다. 극단적으로 일부 국가에서는 산업 자원화 명분으로 에너지 산업을 국가 공공재로 분류하고 있다.

지금까지 에너지 산업은 새로운 혁신자들로부터 가장 안전한 피난처를 제공받았다. 하지만 40년이 지난 오늘날 지미 카터 대통령의 일방적 노력은 오픈데이토피아 세상에서 새로운 모습으로 등장하고 있다.

미국 행정부는 2012년 1월 소비자 전기사용 정보 제공 및 에너지 절약 분야오픈데이터 활용을 촉진하기 위한 그린버튼 이니셔티브(Green Button Initiative)를 공식발표했다. 이 이니셔티브의 목표는 전력소비자들에게 개방된 데이터를 제공하여 자신이 사용한 에너지 정보를 모니터링하고, 민간 부문 기업들에게는 에너지사용 데이터 공개를 의무화하여 국가 에너지 절약을 유도하자는 것이다. 그린버튼 이니셔티브로 전력회사들은 소비자가 한번의 버튼 클릭으로 자신의 에너지사용 데이터를 온라인(웹,모바일)에서 쉽게 접속할 수 있도록 했다. 미국 American Electric Power, Baltimore Gas and Electric, Commonwealth Edison, Austin Energy, PG&E 등 다수의 전력회사들이 이 서비스를 제공하고 있다.

현재 미국 전역에서 1500만 명 이상의 전력소비자가 그린버튼 이니셔티브의 혜택을 받고 보다 빠르고 쉽게 개인 에너지사용 데이터에 접근할 수 있게 되었다. 이를 통해 에너지 사용 현황을 실시간으로 확인하고 그래프 색에 따라 전력 피크를 모니터링 하여 에너지 수급 상황을 통제하고 확인할 수 있게 되었다.

또 우리나라 통신사 요금제 선택 과정과 비슷하게 소비패턴 분석을 통해 요금제 옵션 비교 및 최적화된 에너지 사용 요금제를 선택할 수 있게 되었다. 대표적인 규제 산업이 그린버튼 이니셔티브와 같은 개방 정책으로 정부, 시민, 기업이 공유할 수 있는 새로운 비즈니스 모델로 재탄생한 것이다.

한발 더 나아가 미국 에너지 관리 부문을 총괄하는 미국 에너지성(U.S. Department of Energy)은 에너지 오픈데이터를 활용한 아이디어 개발 컨테스트(American Energy Data Challenge's)를 매년 진

행하며 시민들과 공감하는 정책을 지속적으로 펼치고 있다(http://
energychallenge.energy.gov/a/indexU.S.).

[그림] 미국 에너지성의 에너지 부문 오픈데이터 컨테스트

| 규제 산업을 넘어 경쟁력 있는 스타트-업 산업으로

오픈데이터를 통해 정부 산하 공공 에너지 기관 이외에 WattzOn,
PlotWatt, FirstFuel 등 에너지 절약 스타트-업들이 새로운 아이디어
로 큰 성공을 거두고 있다.

오파워(Opower - http://www.opower.com/)는 지난 2007년 설립된
에너지 신생기업으로 미국 10대 전력회사 가운데 8곳을 고객으로
두고 있을 정도로 성장했다. 이를 기반으로 전 세계 7개국에 진출해
총 85개 전력사업자들과 파트너십을 맺고 서비스를 제공하고 있는
에너지절약 분야 리더 가운데 한 곳이다. 핵심 서비스는 주거용 에
너지 소비 부문 오픈데이터를 이용한 지역별·맞춤형 에너지 절약

사업 모델이다.

이 회사는 한 달에 한 번씩 회원들에게 에너지 분석 보고서를 보내주는데 친구, 동료들과 한 달 평균 전력사용량을 공유하는 서비스를 제공하고 있다. 오파워는 각 가정 에너지 소비가 이웃과 비교해 얼마나 높거나 낮은지 알려주는 고지서를 행동과학모델에 근거하여 데이터를 시각화하여 제공한다. 예를 들어 이웃 평균과 가입회원의 전력 사용량을 상세히 분석해 이번 달 전력사용량이 이웃보다 10% 많다 혹은 20 %적다 등의 메시지를 스마트폰, 테블릿 등 다양한 디바이스를 통해 보내준다. 또 개인 경쟁심리를 자극하는 자발적인 에너지 절약 비즈니스 모델을 고민하고 있다. 오파워는 한국 내 가정용 에너지 수요관리 분야에 관심을 두고 시장 진출을 모색하고 있는 것으로 알려졌다(BakerPam, 2014).

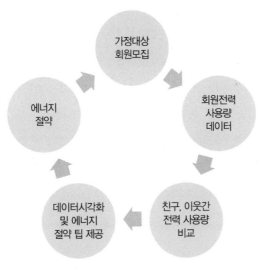

[그림] 오파워 -오픈데이터 기반 비즈니스 모델

오픈데이토피아가 제시하는 과학문화 패러다임의 변화

| 오픈데이토피아를 만드는 오픈 사이언스의 가치

1600년대 과학계를 주름 잡던 집단으로 두 가지 유형이 있었다. 하나는 연금술사이고 또 하나는 자연주의 철학자들을 가르치던 대학이었다. 연금술사는 이미 사라졌고, 대학은 아직도 건재하다. 그 이유는 무엇일까? 《끌리고 쏠리고 들끓다》로 국내는 물론 전 세계 지식인들의 찬사를 받았던 뉴욕대 클레이 셔키 교수는 사라진 연금술사와 대학의 차이를 개방과 공유라고 설명한다.

연금술사는 제자를 제외한 어느 누구에게도 자신의 비법을 알려주지 않았다. 반면 대학들은 구체적 형식을 만들어 연구 내용을 공유하고 토론했다. 개방과 공유를 통해 새로운 문제 해결을 시도 했고 시간이 지날수록 더 진화하게 되었다.

대학은 적자 생존의 비즈니스 세계와 달리 개방된 연구 네트워크를 통해 자유로운 공유 플랫폼을 만들어 수세기 동안 외부 세계와는 동떨어진 조용한 섬에서 살아 남을 수 있었다. 이런 학문 연구자들의 자발적인 공유 플랫폼을 오픈 사이언스라 부른다. 오픈 사이언스는 학술 연구와 데이터를 학계에 뿐만 아니라 사회 모두가 누릴 수 있도록 개방하자는 것이 핵심 내용이다. 요즘 들어 새로 생긴 개념이라기보다는 이미 연금술사들 시절인 1600년대부터 있었던 운동이다.

과학계의 공유 바람은 디지털 시대 21세기에도 여전하다. 오히려 협력 네트워크를 타고 이전보다 훨씬 넓고 손쉽게 연구 내용을 공유할 수 있게 되었다. 오픈 사이언스는 이론적 배경이 아니라 과학자들이 적극적으로 연구 결과나 실험 과정을 공유하자는 행동실천 운동이다. 그 촉매제 역할을 한 것은 물론 인터넷이라는 네트워크 기술 덕분이다. 인터넷은 시·공간을 초월해 사람과 기기를 연결하며 과학계 밖의 다른 사람들도 참여할 수 있게 물꼬를 텄다.

네트워크를 통한 오픈사이언스 운동은 2000년대 초반부터 일반인들로부터 주목받기 시작했다. 시작은 과학 정보를 공유하는 데 불필요한 제약과 장애물을 없애는 것에 초점을 맞추고 있었다. 개방이 중요하지 않은 분야가 없겠지만, 지식 소스 하나하나가 귀중한 과학분야에서는 특히 오픈이란 가치가 더욱 소중한 원동력이 되는 것이다.

오픈 사이언스는 여러 지식 공유 운동을 하나로 포괄하는 사상이다. 데이터 개방을 중심으로 하는 '오픈데이터(Open Data)', '오픈소스 소프트웨어' 운동처럼 연구에 이용되는 기술 방법론을 다른 연구자들과 공유하는 '오픈 리서치(Open Research)', 공공의 펀드가 투자된 학술논문을 공유하자는 '오픈 액세스(Open Access)', 연구 프로젝트 A부터 Z를 모두 인터넷에 공개하자는 취지의 '오픈 노트북 사이언스(Open Notebook Science)', 그리고 학자들끼리만 돌려보는 갇힌 지식보다 시민 모두와 함께 보는 자유로운 학문을 지향하자는 '시민과학(Citizen Science)'까지 모두 오픈 사이언스 운동을 하나로 묶는 주제이다(http://en.wikipedia.org/wiki/Open_science).

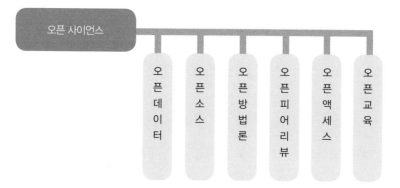

[그림] 오픈 사이언스의 범위

오픈데이토피아 시대 오픈 사이언스가 더욱 강조되는 이유는 오픈데이터를 통한 연구가 새로운 형태로 가능해졌기 때문이다. 여러 과학분야 연구들이 단순히 연구자들 성과용 논문발표로 끝나는 것이 아니라 연구 논문을 집필하는 모든 데이터를 개방하는 협력 연구로 확장되고 있기 때문이다. 이런 거대한 변화는 데이터중심 과학 발전 때문에 더 급속히 진행되고 있다. 과학 패러다임의 변화는 1세대 실험과학, 2세대 이론과학, 3세대 계산과학을 거쳐 발전했다. 그리고 오늘날 4세대 과학에서는 모든 학문 분야가 데이터를 중심으로 하는 '신데이터 과학 시대'에 진입 하기에 이르렀다(heyTony, 2009).

- 수천 년 전
  과학은 인간이 경험한 자연 현상을 논하는 실증적인 단계였음.

- 지난 몇 백 년 동안
  일반적으로 적용이 가능한 이론들이 등장함.

- 지난 몇 십 년 동안
  복합적인 현상을 시뮬레이션하는 컴퓨터적인 방법이 등장함.
- 현재 : 데이터 탐구(e사이언스)
  이론과 실험과 시뮬레이션의 통합이 이루어짐.

  – 도구나 시뮬레이터를 통해 데이터 발생
  – 소프트웨어를 이용하여 가공
  – 정보나 지식이 컴퓨터에 저장
  – 과학자가 데이터 관리나 통계를 이용하여
    데이터 베이스 또는 파일 분석

[그림] 과학의 패러다임 변화

| 임상 과학자들을 위한 오픈 사이언스 보물들

무어의 법칙(Moore's Law)은 반도체 마이크로칩 기술 발전속도에 관한 것으로 마이크로칩에 저장할 수 있는 데이터 양이 18개월마다 2배씩 증가한다는 법칙이다. 그 결과 컴퓨터 성능은 거의 5년마다 10배, 10년마다 100배씩 개선되었다. 이 법칙은 인터넷이 적은 노력으로도 큰 결과를 얻을 수 있다는 '멧칼프의 법칙', 조직은 계속적으로 거래 비용이 적게 드는 쪽으로 변화한다는 '가치사슬 지배 법칙'과 함께 '인터넷 경제 3원칙'으로 불리기도 했다.

이런 무어의 법칙과 반대되는 법칙은 '이룸의 법칙(Eroom's Law)'

이다. 이룸의 법칙이란 제약산업 연구비 10억 달러가 지출될 때마다 개발되는 신약의 수가 9년마다 절반으로 줄어든다는 법칙이다('이룸(Eroom)'은 무어의 법칙(Moore's Law)에서 무어(Moore)알파벳 스펠링을 거꾸로 쓴 것이다). 이룸의 법칙은 오랜 기간 제약산업을 지배해 왔다. 그 결과 기술은 꾸준히 발달했지만 막대한 비용 증가와 새로운 규제로 신약 출시는 갈수록 어려워 졌다. 하지만 이런 제약업계도 대학이나 신생 기업들과 활발한 제휴를 통해 과거 외면했던 희귀 질환 분야 신약을 재창출하는 등 새로운 개방형 R&D전략을 만들고 있다.

국내 소비자들에게 생활용품 업체로 친근한 존슨앤드존슨(Johnson & Johnson)은 세계적 종합 제약업체로 매출액과 자산규모 기준면에서 미국 제약업체 파이자(Pfizer)와 세계 1, 2위를 다툰다(지난 2013년 713억1200만 달러의 매출을 올렸다). 60여 개 나라에서 250여 개 자회사를 운영하며 직원 수 12만8100명에 이르는 거대 다국적 기업이다.

국내에서는 이미 1983년 한국존슨앤드존슨으로 출발했다. 의약품, 의료용구, 생활용품, 건강관리제품 등을 생산하며 미국 경제전문지 포춘이 선정한 세계 500대 기업에 매년 포함되는 기업이다. 이 육중한 몸집의 존슨앤드존슨이 지난 2014년 제약산업분야 오픈데이토피아를 앞당기는 운동에 참여하겠다고 선언해 세상을 놀라게 했다(Johnson & Johnson Announces Clinical Trial Data Sharing Agreement with Yale School of Medicine).

존슨앤드존슨이 연구 자료를 공개하면 자칫 핵심 전략을 노출할 위험을 갖게 됨에도 불구하고 이 개방 운동에 참여하는 데는 몇 가지 이유가 있다. 기업 내부 연구 시간과 예산 등으로 버려지는 프로젝트도 적잖은 데 자사 제품이 만들어지는 과정과 데이터를 구체적으로 공개하면 R&D 투명성을 높이는 효과를 가질 수 있다는 것이다. 또 데이터를 공개해서 여러 연구자들이 접근하면 새로운 아이디어로 혁신적인 제품이나 연구 성과를 창조할 수 있고 기업 자산을 공유하는 행위 자체가 사회기여 활동으로 인정받을 수 있는 점을 고려한 계산이다.

조앤 왈드스트라이터 존슨앤드존슨 최고의료책임자(CMO)는 존슨앤드존슨 연구 자료를 학계, 연구계와 공유함으로써 이전에는 보지 못한 새로운 방식으로 의학 문제를 해결할 수 있을 것이라고 밝혔다. 주요 외신들도 다국적 기업들이 내부 연구 자료를 공개하는 것에 대해 긍정적 평가를 내렸다.

존슨앤드존슨의 개방 전략에 대해 포브스는 오픈사이언스가 얻은 가장 큰 성과라고 표현하기도 했으며, 뉴욕타임스는 연구 분야에서 얻는 혁신적인 사건이라고 설명했다(Give the Data to the People)(In Stunning Win For Open Science, Johnson & Johnson Decides To Release Its Clinical Trial Data To Researcherhttp).

특히, 존슨앤드존슨이 세간에 이목을 집중시킨 또 다른 이유는 참여한 공개 프로젝트가 예일대 의과대학이 진행하고 있는 오픈데이터 액세스 프로젝트(Open Data Access Project, YODA)이기 때문이다. 존슨드앤존슨은 YODA 프로젝트와 협력을 통해 과거에는 접근조차 불가능했던 임상실험 자료나 연구 결과물을 완전 개방했다. 오픈데이토피아 세상에 완전 무료로 공개된 이 소중한 연구 결과는 이제 전 세계 임상 연구자들이 자유롭게 드나들 수 있는 혁신적 보물로 평가되고 있다.

[그림] 대표적인 과학 분야 오픈데이터 공개 'YODA'

　　과학분야 연구자들이 학술결과와 관련된 데이터를 공유하는 활동은 몇 년 전부터 활발히 이루어지고 있었지만 글로벌 기업들이 데이터 공유에 동참하면서 앞으로 오픈사이언스 운동에 참여하는 영리단체나 기업도 늘어날 것으로 기대된다. 오픈 사이언스가 과학계 전반에 확장되는 추세이기는 하지만 여전히 많은 과학영역에서 연구데이터에 대한 표준이 정해지지 않았고, 데이터 형태나 방식 의견일치가 이루어지지 못한 분야도 많다. 이는 오픈데이토피아 시대의 미래 과학분야의 또 다른 도전이 되고 있다.

| 오픈 액세스

전 세계 연구자들은 연구 결과를 논문을 통해 발표해야 한다. 그리고 논문이 권위 있는 저널에 실리고 많이 인용되어야만 능력을 인정받고 자금을 지원받아 계속 연구를 진행할 수 있다. 이처럼 중단 없는 연구는 최신 연구 저널을 구독해야만 연구 흐름을 파악할 수 있기 때문에 값비싼 해외 저널 구독이 필수적이기에, 대학이나 연구소 등 많은 기관들이 막대한 비용을 지불하고 유명 저널을 구독하고 있다. 엘스비어(Elsevier), 스프링거(Springer), 와일리(Wiley) 등 막강한 자금력을 무기로 한 일부 대형 국제 학술출판사들은 전체 유통시장 과반 이상을 장악하고 유래 없는 성장을 거듭하고 있다. 엘스비어 출판사의 경우 영업마진율이 33%에 이른다고 알려져 있는데 이러한 불합리한 구조에 대항하고자 시작된 것이 오픈 액세스(Open Access) 운동이다.

오픈 액세스는 국민 세금으로 시작된 연구에 대해 그 성과를 누구라도 볼 수 있도록 하자는 연구개방으로 시작해서 학술 저널의 인터넷 출판 증가와 함께 급속히 확대되고 있다. 이미 2002년 OAI(Open Archives Initiative) 선언에서는 "문헌 접근장벽을 없애는 것으로 연구가 가속화되고, 교육의 질이 향상되며, 부자와 가난한 자 사이의 상호 학습을 공유하고, 문헌을 최대한 활용하여, 인류가 공통으로 지식의 대화나 지식 탐구의 장을 엮을 수 있는 기반을 구축한다."라고 명시하며 오픈 액세스가 연구 정보 접근 공평성과 공공 기금에 대한 사회적 책임을 모두 포함하고 있음을 주장했다(오픈아카이브).

오픈 액세스를 대표하는 선두주자는 플로스(PLoS)와 아카이브(arXive)다. 플로스는 미국 공공 과학도서관 학술지를 온라인으로 제공하고 있는데, 2013년 등록된 논문수만 3만1500개가 넘는다. 2006년부터 시작된 이 서비스는 생명과학, 의학, 정치 등 다양한 분야 학술지와 학술기사, 논문을 검색할 수 있다. 다만, 논문을 보거나 검색하는 것은 무료이나 논문을 출판하려면 저자가 일정 비용을 지불해야 한다. 현재는 미국 국립과학 재단(National Science Foundation) 자금 지원으로 코넬 대학에서 운영하고 있다.

아카이브는 논문 출판 이전 예비초안 형태인 '프리프린트' 논문들을 모은 지식 저장소다. 오픈 액세스를 활성화하는 데 큰 공을 세웠다는 평가가 뒤따르며 특히 물리학, 컴퓨터 공학, 수학 등 분야에서 학문 정보의 보물격인 매달 5천여 건의 새로운 지식이 등록되고 있다.

이런 오픈 액세스 운동에 하나의 사건이 발생한다. 2012년 1월 영국 캠브리지 대학의 유명한 수학자인 티모시 가우어 (Timothy Gowers)는 본인 연구 대부분이 국민 세금으로 수행되었음에도 저널에 투고하기 위해 다시 비용을 지불하는 모순을 지적했다. 그리고 엘스비어 출판사가 소유한 저널들에 논문을 싣거나, 심사하는 데

참여하지 않겠다는 내용을 담은 지식의 비용(The Cost of Knowledge)이란 사이트를 개설하고 많은 연구자들의 지지를 이끌어 냈다(2016년 현재 1만5977명의 연구자들이 서명하고 있다)(GowersTimothy).

이와 같은 오픈 액세스 운동에 반감을 가진 다국적 거대 학술출판사들은 한때 초강력저작권 보호 법안인 온라인해적행위금지법(SOPA: Stop Online Piracy Act)을 통해 반대 입장을 명확히 하기도 했다(이 법안은 2011년 10월 미국 하원에서 최근 공표된 온라인 저작권 보호를 위한 가장 강력한 법안으로 저작권을 침해한 웹사이트를 일방적으로 폐쇄하는 내용을 담고 있다).

하지만 이들 거대 학술출판사들도 이제 비즈니스 전략을 수정해 적극적으로 오픈 액세스 논문을 창간하려는 움직임을 보이고 있다. 가장 보수적인 학회로 유명한 미국화학회지(American Chemical Society)도 2014년 오픈 액세스지 형식으로 개방했고 미국 NIH는 수행중인 연구결과를 자체 운영 오픈 액세스 플랫폼(PubMedCentral)에 의무적으로 공개하여 오픈 액세스 운동에 적극 참여하고 있다. 이런 추세는 오늘도 현재 진행형이다.

2016년 5월 유럽연합(EU)은 회원국 과학, 혁신, 통상 장관들이 모인 경쟁력위원회를 벨기에 브뤼셀에서 개최했다. '삶을 바꾸는 개혁'을 주제로 진행한 위원회는 유럽연합에서 2020년부터 공적 자금이 일부라도 들어간 모든 과학 논문은 무료로 볼 수 있게 합의했다. 이 위원회는 지식재산권이나 안보, 개인정보 보호 등의 이유가 아니라면 과학 연구 자료는 모든 사람이 이용할 수 있어야 한다고 밝혔다. 현재 세계 각국 학술논문의 50%는 무료로 액세스가 가능하다고 파악되고 있고, 대표적 오픈 액서스 저널 목록 DOAJ(Directory of Open Access Journals)에 수록되고 있는 저널이 2013년 말 1만여 개가 넘어서며 확연한 증가세를 보이고 있다. 2014년 11월 국내를 방문한 바 있는 명망 있는 컴퓨터 과학자이며 영국 정보시스템합동위원회(JISC)위원장 에든버러대학 오시어 총장은 오픈 액세스를 강조하는 이유를 다음과 같이 말하고 있다.

연구 결과물을 자유롭게 이용할 수 있다는 것은 상업적 이익을 만들어낼 수 있는 기회를 의미한다. 기업들은 이런 정보를 어떻게 찾을 수 있는지 배워야 하고 또 이 같은 정보에 대한 접근이 어떻게 자신들의 비즈니스를 도울 수 있는지 이해해야 한다. 오픈 액세스의 또 다른 장점은 이처럼 공개된 정보는 세계를 향해 열려 있기 때문에 산업에서 발생하는 이익은 오픈 액세스를 통해 정보를 얻은 기업이나 대학, 그리고 그들이 속한 국가에 국한하지 않고 더 큰 파급 효과를 가져올 것이다. 공유는 더 큰 혁신을 가져온다. 정보를 공개하고 공유할 수 있도록 한 애플리케이션에서 쉽게 발견하듯이 데이터 공유가 혁신과 관계되지 않을 이유가 없다. 공유를 촉진하기 위해서는 데이터를 쉽게 발견하고 사용할 수 있도록 하는 것이 핵심이다. 이를 위해 검색엔진을 더 쉽게 접근할 수 있도록 해 전 세계 누구나 이용 가능하게 시스템을 구축해야 한다.

오픈데이토피아 세상을 앞당기는 오픈 액세스의 가치는 공공부문에서도 다음과 같이 양적 성장에서 질적 변화를 유도하는 기폭제가 되고 있다.

- 중복되는 연구를 피하여 연구 결과의 질을 높인다.
- 다양한 영역에 걸친 연구의 기회를 늘려, 공동 연구를 가능하게 한다.
- 연구결과와 성과를 쉽게 확인하여 R&D의 비용대비 효과를 높인다.
- 공공 R&D 성과를 촉진하고, 과학정보를 기반으로 한 신산업 창출이 가능하게 한다(EU Open) (EUO1).

지식이란 공개 돼서 널리 알려졌을 때 새로운 연구 등에 유용하게 쓰일 가능성이 높아진다. 그리고 지식 소유를 위한 경제적 장벽이 낮아지면 지식을 만드는 학자들이 더 많은 자료를 리뷰하고 더 나은 결과를 창조할 수 있게 된다. 지식 접근성의 보편화로 사회구성원들 누구나 평등하고 손쉽게 객관적 연구에 근거한 양질의 결과를 도출할 수 있는 오픈데이토피아 세상에서는 손쉽고 강력한 지식 관리도구들이 무료로 인터넷에 넘쳐난다. 이제 우리는 마음만 먹으면 어디서나 지식을 재생산, 재활용할 수 있게 되었다. 지식 개방이 일반화되면 고급 지식의 민주화로 집단 지성 효과가 일어날 가능성도 그만큼 높아질 것이다. 오픈데이토피아에서 시작한 과학 연구정보 개방은 우리 시대의 지식 격차를 줄이고 다음 세대를 위한 건강한 자양분으로 성장하게 될 것이다.

오픈데이토피아 시대 교육과 문화예술 혁명

| 파괴적인 혁신 교육 MOOC의 미래

전 세계 교육 시장 규모는 얼마나 될까? 무려 4조 4000억 달러다. 이런 상업적 가치로도 환산할 수 있는 교육은 이미 아리스토텔레스 시대 대학 강의에서 시작되었다. 서구 사회는 19세기까지 교양인을 만들어내기 위한 학교 제도 형식에서 산업혁명을 완성하며 그 결실을 맺게 된다. 피터 드러커는 자본주의 이후의 사회에서 수세기 동안 진행된 역사의 변화 뒤에는 기술혁명과 관련된 지식 개념의 변화만이 있었다고 주장했다. 결국 지식 사회를 살아가기 위해서는 단순히 읽고 쓰는 것만으로는 부족하고 지식을 습득하는 과정에 대한 지식도 중요하다고 지적한 것이다(피터 드러커, 2002). 피터 드러커가 이야기 한 학교교육이라 불리는 제도권 교육은 지금까지 적당한 보통 사람을 만들어내, 대량 생산과 대량 소비에 쉽게 사용할 수 있는 교육이었다.

하지만 인공지능과 같은 기술 발달로 미래 교육은 학교라는 제도와 교실이라는 장소를 벗어나 모든 영역에서 계속 진행되는 평생교육(Continuing education)이 대세가 되고 있다. 이러한 변화는 무크(MOOC: Massive Open Online Course)라 부르는 오픈 교육의 한 형태인 개방형 온라인 강좌를 통해 점차 현실화 되고 있다.

2008년 9월 캐나다 매니토바 대학에서 처음 시작했고 2012년 미국으로 확산된 개방형 온라인 강좌는 기존 교육계에 엄청난 혁신을 가지고 왔다. 오늘날에는 주류 교육 분야를 넘어 세계 교육 시장을 흔들고 있다. 이 새로운 교육 방법으로 누구든 전 세계 어디서나 시, 공간 장벽 없이 세계 석학 강의를 무료로 들을 수 있게 되었다. 개방을 통해 폐쇄된 교육이 지식 공유라는 새로운 미래 공동체 교육 모델로 발전하고 있는 것이다.

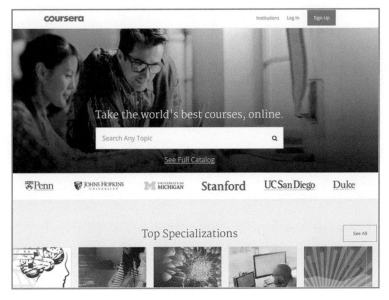

[그림] 오픈 교육의 대표주자 - 코세라

무크의 대표 주자 코세라(courser)는 최근 구글, 인스타그램, 500스타트업 등 실리콘밸리 유명 IT기업, 엑셀러레이터 등과 파트너십을 맺고 서비스를 확장하고 있다. 코세라의 대표적 수익 모델은 유료 강의 코스인 스페셜라이제이션스(specializations)이다. 실제 강의 수료 후 학생들이 배운 지식을 가지고 실무에 적용해볼 수 있는 기회를 제공하는 것이 특징이다. 스페셜라이제이션스 코스를 수료하기 위해 학생들은 일정량의 수업을 들어야 하는 이른바 캡스톤 프로젝트(기존 전통 대학에서의 졸업 작품과 유사하다)를 마쳐야 한다. 코세라는 기업들과 파트너십을 맺으며 학생들에게 보다 넓은 실무적 경험을 제공하고 있다. 이 외에 전직 헤지펀드 분석가였던 살만 칸이 창립한 칸 아카데미는 전 세계 인터넷 무료강의 분야 혁신의 상징으로 성장했다(https://www.khanacademy.org/). 또 과학 기술 전문분야는 물론 역사, 교육, 심리, 예술분야에서 부담 없이 수강할 수 있는 에드엑스(https://www.edx.org/)도 대표적인 무크로 인기를 얻고 있다.

물론 무크가 기존 교육시스템을 완전히 대체할 수는 없을 것이다. 코세라 창립자 앤드류 응은 고객 80%가 이미 학사 학위 취득자이며, 수강을 시작한 고객 중 단지 10%만이 강의를 끝까지 마친다고 무크 교육의 제한점을 인정하기도 했다. 그리고 교육 과정을 통해 발급되는 수료증이, 한 과목을 성공적으로 완성했다는 자기 만족 이외의 어떤 기회를 제공해 줄 수 있는가에 대한 문제도 여전히 무크 교육의 난제로 남아있다.

| 문화 예술 영역과 오픈데이터의 결합

문화 예술계도 오픈데이토피아 사상인 나눌수록 좋다는 것을 알았을까? 근래 유럽, 미국 박물관과 미술관들은 소장한 작품을 대중에게 공개하고 재사용할 수 있는 데이터로 앞서 변환하는 추세에 있다. 단지 작품 정보를 데이터로 개방하는 것뿐만 아니라 이를 활용하는 방법에 대한 고민도 적극적이어서 정기적인 컨퍼런스나 해커

톤(경진대회) 개최도 자주 열리고 있다. 2014년 4월, 독일에서는 재미있는 아이디어 해커톤이 열렸다. 대회 이름은 '코딩다빈치'로 위키백과, 열린지식재단, 문화유산 보호단체 등이 이 대회를 주관했다. 해커톤 주제는 박물관·미술관에 있는 문화예술작품을 디지털로 바꿔보자였다. 보통 해커톤은 하루 동안 진행된다. 하지만 코딩다빈치는 3개월에 걸쳐 열렸다.

[그림] 문화예술계 대표적 오픈데이토피아 – 코딩다빈치

코딩다빈치는 문화예술계의 오픈데이토피아인 오픈글램(GLAM) 운동을 지향하는 대회다. 오픈글램에서 글램은 미술관(Galeries), 도서관(Libraries), 기록보관실(Archives), 박물관(Museums)의 앞 글자를 딴 단어다. 즉, 글램에 저장된 소중한 문화 자료들을 공개하자는 운동이다. 한마디로 오픈컬처 데이터를 개방하고 공유하자는 얘기다.

코딩다빈치는 인터넷이나 모바일을 통해 쉽고 재미있게 문화예술 콘텐츠를 접할 수 있게 돕자는 취지에서 시작했다. 단순히 예술 관련 콘텐츠만 보여주는 게 아니다. 이를 넘어 오픈컬처 데이터 저작권에 저촉되지 않는다면 모든 작품들, 사진, 그림에 대한 메타데이터까지 개방하고 있다(메타데이터란 특정 작품에 대한 설명, 작가명, 생산연도, 재질 등의 설명이다). 코딩다빈치 해커톤 작품 중 하나인 〈인사이드 19세기〉의 사례를 보면 쉽게 이해가 될 것이다. 〈인사이드 19세기〉는 나치정권(1938년~1941년) 때 활동이 금지된 작가들의 서적 및 예술작품을 보여주는 사이트이다. 나치정권 당시 해당 작가들이 어떻게 살았는지 살펴볼 수 있으며 작가에 대한 설명과 그림, 동영상, 지리정보를 한번에 볼 수 있다. 또 그들이 왜 도망가야 했는지, 언제 이사했는지, 어디서 살았는지 등의 작품 외 소소한 정보들도 알려준다.

〈인사이드 19세기〉는 위키백과, 미국 의회도서관, 오픈메타데이터레지스트리, 노르트라인 베스트팔렌주 도서관에서 제공하는 오픈데이터를 활용했다. 코딩다빈치를 이끌고 있는 헬렌 한은 미국과 네덜란드 같은 나라에 오픈글램이 일부 퍼져 있고 독일, 우리나라 등은 이제 막 시작 단계라고 설명한다.

오픈글램은 많은 사람들이 문화유산 및 예술작품을 바라보는 수동적인 관람문화를 벗어나게 도와준다. 문화유산과 작품들은 일반인들이 이해하기 어려운 전문가들의 영역이었다. 하지만 이제 기술 발달로 누구나 문화 예술 작품에 한 걸음 더 다가 갈 수 있게 되었다. 오픈글램은 문화예술계가 스스로 내부 작품을 공개한다는 점에서 오픈데이토피아 시대에 더욱 가치 있는 작업이 되고 있다. 그리고 단순히 예술 작품을 공개하는 것을 넘어 재사용하기 쉬운 데이터로 변환하면서, 예술과 기술이 만나는 접점도 넓어졌다. 이러한 오픈글램 운동으로 더 많은 대중들이 예술에 관심을 가질 수 있을 것으로 보인다.

인터넷에서 개방 기술을 이끌고 있는 월드와이드웹 컨소시엄(W3C)은 예술계에서 데이터를 공개하는 운동이 아직 초기이지만 계속 성장하고 있는 중이고 위키피디아처럼 예술작품들도 전 세계에 퍼지게 만드는 효과를 낼 것이라고 오픈글램의 방향을 지지했다(open culture data position paper—Open data on the web).

문화 예술 작품들은 동 시대를 살았던 모든 이들의 삶이었고 다음 창작 활동을 위한 사회 공유 자산이다. 일반인들도 적극적으로 문화예술 작품을 접하면, 동시에 문화유산과 예술작품을 더 귀중하게 여길 수 있다는 오픈글램의 새로운 개방 정신이 미래 문화 창작 활동의 큰 흐름이 되고 있다.

| 한국형 코딩다빈치 '컬처링'

최근 국내에서도 코딩다빈치와 같은 오픈글램이 시민 예술가들을 통해 확산되고 있으며, 방대한 문화예술데이터를 공개하여 큰 호응을 얻고 있다. 2015년 서비스를 시작한 역사 문화 포털사이트 '컬처링'(www.culturing.kr) 얘기다. 한국콘텐츠진흥원은 국내 역사·문화·민속·고전 등 인문 자산 관련 7개 기관들에서 개별적으로 제공해 오던 자료를 하나의 데이터베이스로 모아 통합하여 제공하는 컬처링 사이트를 본격적으로 시작했다.

[그림] 국내 대표적 문화예술계 오픈글램 - 컬처링

첫 화면은 구글 사이트에 접속한 것처럼 단순하고 직관적이다. 궁금한 문화 키워드만 치면 원하는 결과가 일목요연하게 펼쳐진다. 결과만 확인하려다 추가 제공하는 각종 멀티미디어 서비스는 이 개방 사이트가 내세우는 최고 자랑거리다. 키워드로 '경주 석굴암'을 입력하면 문서뿐 아니라 연관 검색어, 이미지, 동영상, 3D까지 보여준다. 오픈글램과 마찬가지로 컬처링 서비스는 인문자산 관련 콘텐츠를 통합하고 새로운 창작을 지원하기 위해 탄생했다. 한국콘텐츠진흥원, 국립문화재연구소, 국립민속박물관, 동북아역사재단, 한국고전번역원, 한국문화정보원, 한국저작권위원회 등 7개 기관이 업무협약을 맺어 그 결과를 개방한 것이다. 그동안 문화예술계 창작자들은 작품 소재 발굴을 위해 각 기관 홈페이지를 일일이 방문해 콘텐츠를 찾아야했다. 하지만 이제 컬처링 서비스를 사용해 창작자들은 한 번에 모든 정보를 확인할 수 있게 되었다.

컬처링의 가장 큰 특징은 137만 건에 이르는 오픈데이터다. 사이트에는 정치, 경제, 군사, 외교, 교통, 문화예술, 관광, 과학기술 등 방대한 종류의 오픈 콘텐츠들이 사진, 일러스트, 전통문양, 영상, 3D, 오디오, 플래시 등의 형태로 담겨있다. 사용자는 이들 데이터를 기관별, 유형별로 검색할 수 있으며, 동의어, 유의어확장 검색기능과 이미지, 아이콘 중심의 직관적인 사용자 인터페이스를 이용해 빠르고 손쉽게 원하는 콘텐츠를 얻을 수 있게 되었다.

한국콘텐츠진흥원 관계자는 역사 및 문화 관련 콘텐츠 창작을 위한 고증, 새로운 소재를 활용한 콘텐츠의 제작 컨설팅, 콘텐츠 큐레이션까지 문화예술 창작자들을 위한 다양한 맞춤 서비스도 제공한다고 설명했다.

컬처링은 소중한 문화 오픈빅데이터를 바탕으로 전통 문화를 압축한 새로운 디지털 아카이브로 재탄생되었다. 문화예술계에서 개방 데이터로 만들어진 컬처링과 같은 토털 서비스들은 일반인들이 전문 예술 분야를 좀더 쉽게 이해하고 해석할 수 있는 새로운 정보 개방 문화로 발전하고 있는 중이다.

07
오픈데이토피아의
빅 미디어 전쟁

> 혁신은 생존을 위한 조건이다.
> 신문의 생존은 전적으로 우리의 진화능력에 달렸다.
> − 토니 갤러허

　앨빈 토플러와 함께 미래학의 대가이며 전 세계적으로 1400만 부 이상 판매되었고 106주 연속 뉴욕타임스 베스트셀러에 올랐던 《메가트랜드2000》의 저자 존 나이스비트는 신문에 대하여 "신문은 최고의 조력자이고, 우리에게 미래에 대한 스케치를 보여주는 정보제공자이다. 왜냐하면 우리가 지금 하고 있는 일이야말로 미래를 결정하는 것이기 때문이다"라고 했다(Naisbitt John). 나이스비트의 말처럼 신문과 언론은 전 세계에서 일어나는 다양한 인류의 삶을 그대로 반영하고 있다. 온라인 기술 덕분에 언제나 우리를 위한 수백만 명의 취재원들이 제공하는 무한한 정보를 무료로 제공받고 있다. 그러나 현대 문화를 지배한 대표 미디어 신문도 전통과 혁신 사이에서 선택의 기로에 서있다.

미디어 제국들의 위기와 디지털 파괴를 통한 탈출구

| 전통 미디어 제국의 종말

미국 주류 언론 중 하나이자 정론지로 명성을 얻어왔고, 특히 1973년 유명한 워터게이트 사건 특종으로 당시 닉슨 대통령 사임을 이끌어 냈던, 1877년 창간된 〈워싱턴 포스트〉가 2013년 8월 세계 최대 온라인쇼핑몰과 디지털 컨텐츠 회사인 아마존 CEO 제프 베조스에게 단돈(?) 2억5천만 달러에 매각되었다. 이런 굵직한 사건이 아니더라도 종이 신문의 몰락은 앞을 내다 볼 수 있을 정도다.

미국에서 하루에 발행되는 신문 부수는 지난 십 년 동안 20퍼센트 넘게 줄어들었는데 신문사의 광고비 수익은 인플레이션을 고려할 때 1950년대 수준으로 떨어졌다.

전반적인 신문 산업의 미래는 더 우울하다. 2012년 퓨리서치센터 연구결과, 30-39세 사이의 응답자들 가운데 겨우 12퍼센트, 18-24세 응답자들 사이에서는 전날 종이로 신문을 읽은 비율이 단 6퍼센트로 떨어졌다. 신문사들이 남은 독자들을 대상으로 종이신문 산업을 계속한다 하더라도 종이신문 산업은 이미 폐업 상태인 것이다(빅뱅파괴자들). 이런 변화 속에서 〈뉴욕타임스〉는 1993년 18억 달러에 보스턴 글로브를 인수한 뒤 2013년 7120만 달러에 다시 매각하였고, 시카고 〈썬타임스〉는 2011년 불과 2100만 달러에 레포트LLC의 손에 넘어갔다. 긴 역사와 전통을 지닌 신문 매체들이 사양 산업화하는 과정에서 염가에 팔려나가고 있는 것이다. 한때 미국을 대표하는 3대 시사 주간지 중 두 개는 더 이상 정기 발행을 하지 않는다. 그 결과 재능 있고 열정적인 많은 사람들이 일자리를 잃고 있다.

최초의 종이신문은 1830년 등장한 1페니 저가 신문에서 시작되었다(Donald K. Brazeal. 2005). 우리에게 익숙한 종이 미디어 개념이 등장한 지 200년이 되지 않았지만 그 앞날을 예측할 수 없게 되었다.

최근 모든 미디어 산업은 정보 생산 과잉 시대로 접어들었다. 증기 인쇄기의 등장으로 신문, 잡지가 넘실대던 때처럼 인터넷의 등장으로 수많은 네트워크 미디어가 온라인 공간에 출현하고 있다. 이들이 생산한 정보의 양은 측정이 불가능할 정도로 넘치고 넘친다. 정보 생산 과잉은 필연적으로 정보 탐색 비용을 증가시켰다. 이로 인해 수많은 정보 속에서 필요로 하는 정보를 골라내기 위한 다양한 기술들이 등장하게 된 것이다. 이미 전통 미디어를 넘어 우리의 생활 비서가 되어버린 네이버, 구글과 같은 검색엔진이 정보 과잉 생산 시대에 필수적 도구가 된 이유가 여기에 있다.

대중 개개의 취향을 고려하지 않고 일방적으로 정보를 내보내왔던 전통 미디어들은 서서히 설자리를 잃어가고 있다. 미디어 황제 루퍼트 머독은 미국 조지타운대 연설에서 13세 여자 아이는 시카고에 있는 50대와 같은 뉴스를 앞으로 원하지 않게 될 것이며 전통적인 매스미디어는 소멸한다고 전망했을 정도다(Murdoch: Technology drives vast changes in media). 다양한 입맛과 관심사를 맞춤 형태로 제공하지 않는 미디어들은 더 이상 작동하기 어려울 것이라는 예상이었다.

지금까지 대량 미디어가 실생활 속으로 깊이 파고들지 못한 건 비용과 기술의 탓이었다. 사용자들은 관심사에 맞춰 나에게 맞춤형 콘텐츠를 제공해달라고 수없이 신호를 보냈지만 기존 미디어들은 이들의 목소리를 외면했다. 이제 비용은 낮아졌고 기술적 문제도 해결되고 있다. 지금부터가 새로운 미디어의 출현을 준비해야 할 시점일지도 모른다.

| 언론 노동자의 오늘과 내일

보수를 넉넉히 주는 직업은 노동자들에게 독특한 기술, 노력, 지식을 요구한다. 또한 그런 일을 하는 사람들은 자신들의 노동이 대량생산되는 상품으로 취급받지 않기를 요구한다. 하지만 안타깝게도 언론 노동은 상품화되었다.

언론 노동자들은 대부분 같은 기술을 공유하고 사건에 대해 같은 출처를 찾고 비슷한 질문을 하며 별 차이가 없는 이야기를 만들어낸다. 언론산업 전반에 뉴스를 수집하는 과정과 절차는 표준화되어 있다. 뉴스 가치를 판단하는 기준도 표준화되어 있고 글을 쓰는 문체도 글을 담는 형식도 표준화되어 있다. 결국 이상하리만치 똑같은, 거의 차이가 없는 표준화된 이야기를 만들어 낸다. 하지만 언론 노동자들은 자신들이 오늘날 노동시장의 일부로 취급 받는 것을 싫어한다. 치열한 정보산업 시장의 일부로 여겨지는 것은 더더욱 싫어한다. 사회에서 언론이 필요하다는 이유만으로 자신들이 창조한 가치를 정당화 하기를 좋아한다. 자신들이 하는 일이 수익을 만들어내지 못한다고 하더라도, 자신들이 하는 일은 보다 선하며 따라서 충분히 보상을 받 아야 한다고 생각한다(세스고딘, 2010).

미디어 경제학자 로버트 피카드가 말한 언론 노동자의 미래 모습 이 이런 것일까? 안타깝지만 이들의 미래가 밝아 보이지는 않는다. 미국 신문사 기자를 포함한 취재인력 수가 2014년에 10% 이상 급감 해 1978년 조사를 시작한 이후 가장 큰 감소세를 기록했다. 매년 조 사를 통해 뉴스 산업 통계를 발표하는 미국 신문편집자협회(ASNE) 는 미국 신문사 취재인력 숫자가 2013년 3만6700명에서 2014년 3만 2900명으로 10.4% 줄었다고 2015년 발표했다. 특히 중소형 신문사 들의 인력 감소세가 뚜렷해 일일 발행부수가 10만~25만 부인 신문 사들은 기자 수가 21.6% 급락했다.

미국신문편집자협회는 발행부수가 많은 신문사나 아주 작은 규 모의 신문사들은 일부 흑자를 보이지만 대부분의 전통 뉴스 생산자 들은 계속된 적자를 내고 있다는 것이다. 리서치회사 아웃셀의 미 디어분석가 켄 닥터는 자신의 블로그를 통해 최근의 기자 수 감소 세가 계속될 경우 2017년 이후에는 기자 수가 16년 전의 절반 수준 으로 줄어들 것이라고 전망했고, 미국 경기가 아주 좋은데도 취재 인력 감소가 발생했다고 말했다. 그는 미국 내 25만 부 이상의 일일 발행부수를 가진 신문사는 단지 10개뿐이며 그들은 성장을 위해 투 자하고 있다고 덧붙였다. ASNE에 따르면 미국 언론사 기자 수는

1990년 5만6900명으로 정점을 찍은 바 있다(ASNE).

반면 1987년생, 미국 올린 공대를 졸업한 천재 개발자인 그의 이름은 그레그 마라이다. 그의 일거수일투족이 전 세계 언론사의 운명을 좌지우지하고 있다. 영국 일간지 텔레그라프는 그를 언론 재벌 루퍼트 머독보다 미디어 산업에 더 강력한 영향력을 지닌 인물로 꼽았다. 그 이유는 페이스북의 뉴스피드 알고리즘이 그의 손을 거쳐 완성되기 때문이다. 14억 페이스북 사용자에게 어떤 뉴스를 노출할 것인지 그와 그가 이끌고 있는 팀이 결정한다. 그의 공식 직함은 '페이스북 뉴스피드 프로덕트 매니저'다. 페이스북은 2015년 4월 뉴스피드 알고리즘을 변경한다고 발표했다(News Feed FYI: Balancing Content from Friends and Pages). 핵심은 친구가 직접 올린 포스트를 우대한다는 것이었다.

페이스북의 알고리즘 변경으로 언론사 페이지는 된서리를 맞고 있다. 예를 들어 A 사용자의 친구들이 언론사 팬페이지에서 '좋아요'를 누르더라도 A 사용자가 직접 참여 행위를 하지 않는 이상 뉴스피드엔 노출되지 않게 된다. 2014년 기준 미국 언론사의 페이스북 트래픽 의존도는 평균 20%를 넘어섰다. 구글 검색보다 페이스북 유입 트래픽 비중이 더 큰 경우도 적지 않다. 때문에 페이스북이 알고리즘을 변경할 때마다 유명 언론사들 전체 트래픽이 휘청거리고 있다. 페이스북도 언론사들 페이지 도달률과 유입 트래픽이 줄어들 것을 인정했다.

문제는 이것만이 아니다. 페이스북에 더 의존적인 언론사일수록

그레그 마라라는 젊은 소프트웨어개발자의 손에 운명을 내맡겨야만 하는 처지가 되었다. 왜 그가 미디어 산업계에서 루퍼트 머독보다 더 강력한 영향력을 갖고 있는지, 그리고 페이스북, 더 나아가 데이터와 결합된 컴퓨터 알고리즘이 만들어 가는 미래 언론 노동자의 모습이 어떨지 우리에게 명백히 보여주고 있다.

진화하는 미디어 저널리즘

| 로봇 저널리즘

…시가총액 상위 종목 중에는 내린 종목이 더 많았는데, 셀트리온(0.09%), 바이로메드(3.69%) 컴투스(4.55%)가 상승한 반면, 카카오(-0.98%), CJ E&M(-1.74%), 동서(-3.16%) 등은 하락세를 보였다. 업종별로는 하락한 업종이 더 많았는데, 숙박·음식이 0.0%, 운송이 0.1%, 섬유/의류가 13.59% 상승했으며, 건설이 -6.19%, 유통이 -1.32%, 금융이 -1.01% 하락했다.

－ robot@fnnews.com IamFNBOT 기자

국내 로봇기자가 작성한 뉴스

2016년 1월 21일 국내 경제전문지인 〈파이낸셜뉴스〉는 '코스피 4.29포인트 하락, 1840.53포인트 거래 마감'이라는 기사를 냈다. 작

성 기자는 마지막 문구에서 보듯 'IamFNBOT' 즉, 로봇이다. 파이낸셜뉴스가 로봇기자를 채용한 것일까? 파이낸셜뉴스는 단순 기사 작성을 넘어 로봇기자의 이름까지 달아 기자화시켰다. 홈페이지는 물론 네이버, 다음 등 대형포털에도 기사를 전송했다. 로봇이 작성한 기사에 신뢰도까지 덧붙이겠다는 의도이다. 물론 이 기사는 야구기사를 알고리즘으로 작성해 주목을 받은 서울대 이준환 교수팀의 또다른 데이터 알고리즘 중의 하나였다. 유명세를 탄 파이낸셜뉴스의 로봇기자는 중국 관영매체인 중국중앙방송(CCTV)에 소개되는 등 국제적으로 화제가 되기도 했다. CCTV 경제채널 프로그램인 '글로벌커넥션'은 '인공지능에 주목하다―한국의 로봇기자, 두각을 드러내다'라는 부제의 방송을 통해 파이낸셜뉴스가 개발한 로봇기자를 집중 조명하기도 했다.

구글, 애플, 마이크로소프트 등 거대 IT 기업들의 음성인식과 외국어 번역기술이 접목돼 발전하면서 더는 외국어 통·번역자가 필요없는 세상이 되고 있다. 또 인간 고유영역으로 생각되어 왔던 기사 작성 분야 또한 데이터기술과 컴퓨터알고리즘으로 대체되고 있다. 파이낸셜뉴스 온라인 편집팀은 기사품질 자체가 저널리즘에 부합하는 최초의 사례라고 로봇기자 도입의 의미를 설명했다. 하지만 인간기자와 똑같이 이름을 걸었지만 차이점도 있다. 로봇기사는 기사 발행 전 데스크의 편집이 없다. 사전편집은 로봇기사의 의미를 퇴색시킨다는 이유다. 로봇이 작성한 기사는 발행 이후 사후관리를 철저하게 한다. 파이낸셜뉴스는 사람의 잘못일 뿐 알고리즘은 오보를 내지 않는다고 하며 초기에는 시행착오도 있겠지만 학습을 통해 나아질 것이라 기대하고 있다.

국내보다 해외 대형 언론사들이 로봇 저널리스트 채용에 더욱 적극적이다. AP통신에서는 로봇 저널리스트들의 존재감이 갈수록 커지고 있다. 미국을 대표하는 AP는 로봇저널리즘 전문 스타트업 '인사이트 오토메이티드'의 전문 소프트웨어를 도입해 분기당 3천건(월 1천 건)의 기사를 알고리즘으로 생산하고 있다. 〈파이낸셜뉴스〉와 마찬가지로 로봇이 쓴 기사들은 끝 부분에 "오토메이티드 인사이트로 작성됐다"는 문구가 붙어 있다. 로봇 기사를 처음 도입할 때는 AP 내부에서도 회의적인 시각이 적지 않았다. 하지만 6개월 여 동안 실험하면서 나름대로 자리를 잡아 나가고 있다. AP통신에서 모든 기사는 사람들의 손을 거친 뒤 최종 출고된다.

AP가 실적 기사 처리에 로봇을 도입한 것은 기자들을 좀 더 생산성 있는 일에 투입하기 위한 조치였다. 또 폭증하는 기업들의 실적 기사를 좀 더 많이 처리하겠다는 의도도 있다. 이런 목표는 어느 정도 달성된 것으로 보인다. AP는 분기당 3천 건 가량의 실적 기사를 자동 처리하고 있는데 이 중 120건 정도는 사람들의 손을 거친 뒤 기사를 좀 더 보강하는 작업을 하고 있는 것으로 알려져 있다.

AP는 알고리즘으로 작성하는 기사 비중을 점차 늘려가고 있으며 기업 실적 기사에만 적용해오던 알고리즘 기사를 최근에는 스포츠 기사로 확장하고 있다. AP 부사장 루 페라라는 앞으로도 알고리즘 기사 작성 영역을 확대할 방침이라고 밝혀 로봇 기자들의 취재영역은 더욱 넓어질 것으로 예상된다(By Ross Miller on January 29, 2015).

로봇저널리즘은 로봇이라는 기계적인 의미와 달리 자동기사작성

알고리즘을 갖춘 컴퓨터소프트웨어를 가리킨다. 데이터를 수집, 분석해 이를 기사형 문장으로 표현하고 실제 언론사 홈페이지에 게시하는 일련의 과정을 처리하는 소프트웨어프로그램이다. 미 콜럼비아저널리즘스쿨 토우센터 닉 디아카풀로스 연구원은 자동화기사 작성 알고리즘의 작동 과정을 특허 등을 분석해 토우센터 블로그에 로봇저널리트들의 감춰진 비밀을 공개했다. 로봇저널리트들은 5단계로 작업을 진행한다(The Anatomy of a Robot Journalist).

첫 번째는 데이터를 수집, 분석하는 단계이다. 로봇저널리즘은 주로 표준화된 오픈데이터가 풍부한 영역에서 활용될 수 있다. 예를 들면, 스포츠나 날씨, 증권분야가 대표적이다. 그 이유는 공개, 표준화된 오픈데이터가 확보하기도 쉽고 형태도 비교적 기계알고리즘으로 표현하기 적합하기 때문이다.

두 번째는 데이터에서 가치있는 뉴스거리를 찾아내는 과정이다. 여기에는 컴퓨터알고리즘이 개입된다. 예를 들어 스포츠뉴스에서 가장 의미있는 정보는 통계적 지표를 먼저 확인하는 것이다. 최소치나 최고치 혹은 전 경기대비 큰 변화를 보인 변수를 계산해 낸다.

세 번째는 어떤 관점에서 기사를 작성할지 기사의 시각을 확정하는 단계다. 일반적으로 기자들이 제목을 뽑거나 기사의 주제를 확정하는 과정에 해당하는 데, 이 또한 수집된 데이터의 분석을 통해 해결한다. 닉 디아코플로스는 "단일 기사에 대한 관점은 중요도에 따라 1~10까지 분류가 된다"고 설명했다.

네 번째는 최종 확정된 시각에 맞게 세부기사를 배열하는 단계다. 특정 야구단이 슬럼프에 빠졌다는 주제가 확정됐다면 그에 맞쳐 근거가 되는 선수의 데이터를 제시하고 연결시킨다. 데이터만 풍부하다면 이 단계에서 외부 개방된 데이터를 더 끌어올 수 있고, 인용구도 만들어 낼 수 있다. 기사에 필요한 데이터를 더욱 풍성하게 결합하는 단계이다.

마지막으로 인간에게 친숙한 자연어로 기사를 제작하는 단계이다. 전체 과정 중에 가장 단순한 단계이며 확정된 관점, 연결된 데이터로 기사문장을 구성하는 데 기사관점과 핵심 요소에 따라 반복적으로 수차례 재작성된다. 이렇게 제작된 기사문장들은 서로 이어붙이기가 자동으로 진행되면서 완성된 하나의 최종 기사로 탄생하게 되는 것이다.

'저널리즘'의 사전적 의미는 뉴스를 취재해 대중에게 보도하는 행위이다. '로봇저널리즘'은 정확한 의미에서 저널리즘을 수행하는 저널리스트로서의 로봇이라고 할 수 있다. 저널리즘에서 인간 행위를 로봇이 대체하고 보완하는 것은 취재와 보도행위다. 취재는 뉴스 생산을 위한 정보의 수집이며, 보도는 생산한 뉴스를 대중에게 전달하는 행위로 편집도 여기에 포함된다. 물론 취재와 보도만으로 저널리즘을 수행하는 것은 아니다. 취재와 보도행위에 대한 소비자들의 평가가 더해질 때 바른 저널리즘이 탄생할 것이다. 로봇저널리즘도 다른 기술영역과 마찬가지로 아직은 사람이 중요한 역할을 해야 한다.

하지만 이런 위안에도 불구하고 오늘날 저널리즘을 실행하는 기자라는 직업이 여러 가지 이유로 위기에 처한 것으로 보인다. 내러티브사이언스의 최고 기술책임자(CTO)인 크리스티안 해몬드가 향후 5년 내에 로봇이 쓴 기사가 퓰리처상을 탈 것이며, 15년 뒤에는 전체 기사의 90% 이상을 로봇이 작성하게 될 것이라고 자신하고 있는 이유일 것이다(04.24.12.STEVEN).

| 센서 저널리즘

WNYC는 미국 뉴욕시의 공영 라디오 방송사로 2013년 '매미추적기'라는 제목의 프로젝트 기사를 내보냈다(Cicada Tracker). 이 프로젝트에서는 '미국 동부해안 17년 주기 매미(Magicicada)'의 출현 시기를 오픈데이토피아 플랫폼을 활용하여 뉴스기사로 배포했다. 17년 주기 매미는 미국 동부 해안 지역 주민들의 오랜 골칫거리로 이름 그대로 17년마다 울어대는 매미떼 때문에 지역 주민들은 큰 불편을 겪고 있었다. WYNC는 17년 매미 출현을 미리 예측하자는 의도로 이 일을 추진했다. 우선 WYNC는 '매미추적기' 라 부르는 측정센서를 오픈 소스 기반 아두이노로 제작하고 설계도면과 조립방법을 방송사 홈페이지에 공개했다.

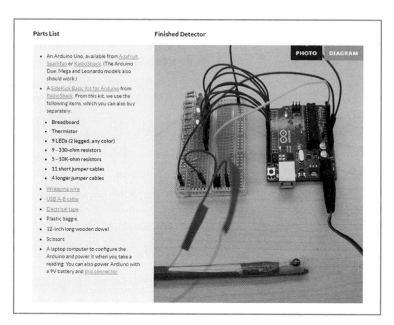

[그림] WYNC가 제작한 공개한 오픈 센서 – 일명 '매미추적기'
출처: https://project.wnyc.org/cicadas/

그리고 센서로 측정할 수 있는 범위가 넓을수록 지역별 출현 시기를 정확히 확인할 수 있기 때문에 독자들에게 적극적인 참여를 당부했다. 이후 독자들의 반응은 뜨거웠으며 시민들은 공개된 설계도를 보며 직접 센서를 조립했다. 또 WYNC의 지침대로 지면에서 8인치 위에 센서를 설치하는 것도 잊지 않았다. 이렇게 부착된 센서만 미국 동부해안 800개 지역에 1750대나 됐다. WYNC는 1750대에서 측정된 데이터를 시민들로부터 전송받아 결과 데이터를 시각화해 보여주고 새로운 센서 저널리즘 효과를 확인했다.

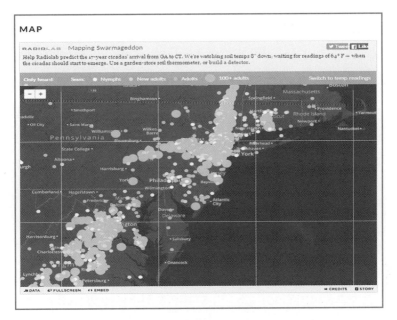

[그림] '매미추적기' 시민 데이터를 표현한 시각화 데이터
출처: https://project.wnyc.org/cicadas/

오늘날 우리는 무수한 센서의 시대를 살고 있다. 스마트폰 하나만 하더라도 자신의 의지와 상관없이 많은 정보가 센서를 통해 생산되고 있다. 또 사물인터넷시대 상호 연결이 지배하는 세상을 살고 있는데 이 연결고리를 타고 흘러가는 콘텐츠를 가장 처음 취합하고 생산하는 것이 센서의 중요 임무이다.

센서는 통신기술, 플랫폼과 함께 사물인터넷을 구성하는 3대 구성 요소로 분류된다. 사물인터넷 시대가 되면서 모든 정보 수집은 센서를 통해 진행 될 것이다. 인간 오감이 놓치고 있는 육감을 센서가 만들어 내고 있는 것이다. 비유하자면 IT 플랫폼을 몸이라 하고, 통신 기술을 신경이라 한다면, 센서는 감각기관에 해당한다. 웨어러블 기기, 스마트폰, 드론 등 일상 생활에 수많은 센서가 부착돼 데이터를 끊임없이 양산하고 있다. 이처럼 가벼워진 센서와 사회적 문제 결합에 주목하는 분야가 바로 센서 저널리즘이다. 센서 저널리즘은 센서로 측정한 데이터와 이를 분석하는 소프트웨어를 이용해 보도하는 행위를 뜻한다. 센서 저널리즘이라는 용어가 함축하고 있듯, 데이터 수집을 위한 센서는 필수적이다.

센서 저널리즘이 확산되는데 기여한 요인은 크게 두 가지로 요약할 수 있다. 첫째, 센서 가격의 하락이다. 대기오염 측정을 위한 각종 센서 모듈은 단돈 2천 원 정도면 구매할 수 있고, 좀더 복잡한 환경 데이터 측정기기도 10만 원 이하면 구매할 수 있게 되었다. 두 번째, 오픈데이토피아와 같은 오픈 플랫폼 기술들의 확산이다. 대표적인 오픈 하드웨어 플랫폼인 아두이노나 라즈베리파이와 같은 오픈 소스기반 하드웨어는 저렴한 센서 보급을 통해 일반인들도 손쉽게 센서를 사용하여 데이터를 확보할 수 있게 되었다. 매미추적기 사례처럼 환경 측정을 위한 센서를 오픈 소스 키트에 부착한 뒤 공개된 간단한 프로그래밍 작업만으로 누구나 손쉽게 대기 질을 측정할 수 있게 된 것이다. 여기에 쉽게 접할 수 있는 개방된 오픈데이터의 확산도 센서 저널리즘 확산에 한몫을 하고 있다.

하지만 오픈 플랫폼 기술들의 확산에도 불구하고 정부 중심으로 제공되는 데이터는 양적, 질적 제약을 가지고 있다. 오픈 센서 전문가인 릴리 부이 MIT 연구원은 자신의 블로그에 정부기관이 환경오염 측정 기간 중간에 수질이나 대기에 영향을 미치는 일이 발생할 경우 정부기관들은 이 사실을 깨닫지 못하는 경우가 있다며 이럴 경우 대중도 그 사실을 알지 못하게 된다고 했다. 따라서 센서 저널리즘이 확산된다면 정부기관에서 제공하는 데이터의 양과 질의 한계를 보완할 수 있다는 주장이다(릴리부이).

이미 SNS를 통해 사건 현장의 수많은 뉴스들이 언론사들보다 더 빠르고 정확하게 실시간으로 제보되고 있다. 센서 저널리즘의 확산은 일반 시민들이 기사 생산과정에 참여할 수 있는 기회를 더 많이 제공할 것이다. 시민들의 자발적 참여로 생성된 센서와 개방 데이터를 통해 앞으로 우리가 접하게 될 뉴스는 더욱 풍성해지고 다양한 관점을 가진 형태로 변화될 것이다.

| 드론 저널리즘과 가상 저널리즘

무인비행기나 드론을 활용, 기자가 접근할 수 없는 지역 또는 항공에서 중요한 사진이나 영상을 수집한 후 취재보도에 활용하는 미디어 활동을 드론 저널리즘이라 한다. 드론 저널리즘이 가능하게 된 배경에는 GPS와 드론을 정해진 목적지로 유도할 수 있는 컨트롤러 기술안정화가 첫 번째 요인으로 꼽힌다. 두 번째는 드론 가격이 상대적으로 낮아지고 동체에 고성능(4K나 HD급)카메라를 장착해 새로운 영상 확보가 가능하게 되었다는 점이다. 또한 특정 인물을 상공에서 추적할 수 있는 일반적인 취재에 필요한 여러 기능도 탑재가 가능해졌다. 그 결과 드론 저널리즘은 사건, 사고, 시위 현장에서, 생생한 화면을 신속히 요구하는 재난 현장에서 필수적인 취재도구가 되고 있다.

이미 드론은 전 세계 사건 사고 현장에서 맹활약 중이다.

– 속보·데일리뉴스·스포츠 현장: 미국 CBS의 '60분'은 2012년 좌초한 크루즈 코스타 콩코르디아 호의 인양 소식을 전하면서 드론을 사용해 그동안 볼 수 없었던 내부 모습을 공개했다.

– 분쟁·재난·전쟁 취재현장: 2007년 캘리포니아 산불이 발생했을 때는 미 공군의 글로벌호크 투입(소방당국은 드론이 제공하는 실시간 영상과 기상 데이터를 통해 주민 대피 지역을 결정하고 진화 작업을 실시).

– 2010년 아이티 지진과 2011년 일본 쓰나미 현장에도 취재용 드론이 활약. 특히 2013년 11월 필리핀을 강타한 태풍 하이엔의 참상은 CNN이 운용한 드론을 통해 최초로 보도되었다.

미국 연방항공국(FAA)이 언론사들의 드론 사용을 허가하며 드론 저널리즘은 더욱 확장하고 있다. FAA와 드론 사용 협정에 동의한 곳은 세계적 뉴스채널 CNN이다. CNN은 보도 분야에서 드론을 이용하는 조건으로 연구 내용을 FAA와 공유하고 있다. CNN 뿐 아니라 AP통신은 큰 재해 사건 보도에 드론을 활용하고 있다.

대서양 시험장은 FAA가 드론을 테스트해도 좋다고 허가한 6곳 중 한 곳으로 알려져 있는데, NBC를 비롯한 다수 언론사들도 대서양 연안 시험장에서 뉴스 보도에 드론을 활용하는 방안을 고민하고 있다. FAA가 시험결과 정보를 공유하게 되면 앞으로 드론 저널리즘은 물론 드론을 이용한 상업적 사용에 관한 규칙을 제정하는 데 큰 도움이 될 것으로 기대되고 있다. 실제로 아마존은 모든 실무 절차를 마치고 드론을 이용한 배달을 위해 FAA 최종 승인을 기다리고 있다. FAA가 드론에 대한 연구를 진행해 안전 기준을 빠르게 결정해야 드론을 활용할 수 있는 방법이 확대될 것으로 보인다.

이와 더불어 저널리즘에서 가장 권위 있는 대학으로 알려진 미국의 미주리대학 언론대학원은 최근 드론 저널리즘프로그램(Drone Journalism Program)을 개설하기도 했다.

국내에도 드론 저널리즘이 확산되고 있다. 국내 드론 저널리즘의 시작은 2014년 경주 마우나리조트 붕괴 현장 취재였다. 경성대 사진학과 교수이자 드론 프레스 대표이기도 한 오승환 교수팀은 신속히 드론을 띄워 긴박한 재난 현장을 생동감 있게 국민들에게 전달했다.

당시 사고 현장인 마우나리조트는 해발 500미터에 위치한데다 폭설이 내려 차량 진입이 지극히 위험한 상태였다. 또 수많은 취재 차량이 뒤엉켜 정상적인 현장 상황을 파악하기 어려웠다. 오 교수팀은 이 긴박한 사고 현장에서 곧 바로 드론을 띄워 생생한 현장 동영상과 고화질의 사진을 동시에 담을 수 있었다. 붕괴된 체육관이 산중턱에 있는데다 근처에 높은 건물이 없어 사고 현장을 조망하기에는 항공촬영이 유일한 해결책이었던 것이다.

마침내 드론 영상송수신기를 이용하여 사고 현장을 모니터로 확인하는 순간 사고의 규모를 비로소 제대로 볼 수 있었다. 폭설의 무게를 이기지 못해 체육관 지붕 한가운데가 폭삭 무너져 내린 생생한 사고 영상을 촬영할 수 있었다. 국내 드론 저널리즘의 서막은 이렇게 안타까운 재난 현장에서 시작되었다(오승환).

로봇저널리즘에 이어 드론도 저널리즘에 가세하면서 기자들의 입지는 더욱 좁아지게 됐다. 드론 저널리즘은 가상현실(Virtual Reality)과 결합되어 또 다른 미래 저널리즘인 가상 저널리즘으로 발전하고 있다. 아직까지 살아남은 혁신적 언론사 중의 하나인 뉴욕타임스는 새로운 시도를 통해 기사를 VR 콘텐츠로 만드는 혁신을 시작했다.

뉴욕타임스는 외부 기업과 협력을 통해 VR 콘텐츠를 만들어 공개하면서 기사의 비주얼 스토리텔링(Visual Storytelling)을 시도했다. 기사는 〈뉴욕타임스 매거진〉이라는 종이 매체에 커버 스토리로 실렸는데 이 기사의 제목은 '워킹 뉴욕(Walking New york)'이었다. 기사는 프랑스 출신 사진가 JR이 전 세계 도시를 대상으로 펼치고 있는 프로젝트 중 하나다.

JR이 뉴욕타임스에 작업을 같이 할 것을 제안하면서 VR 프로젝트는 시작됐다. JR은 이민자들에게 많은 관심을 가져왔고 뉴욕으로 이주한 이들의 사진을 찍었다. 그런 다음 그걸 대형으로 인화해 거리에 붙이는데 20세의 아제르바이젠 출신 이민자 엘마르 알리이브의 경우 사진을 62장을 뽑아 플래트런 광장에 붙이고 헬리콥터를 타고 공중에서 사진을 찍기도 했다. JR은 어떤 식으로 작업을 했는지를 모두 동영상에 담고, 모바일앱으로 공개하였다. 또 삼성전자의 기어 VR 같은 가상현실 기기를 쓰면 이 동영상을 입체(3D)로 볼 수 있게 해서 가상현실 저널리즘의 시대를 앞당겼다(VR).

[그림] 〈뉴욕타임스〉가 시도한 새로운 VR 저널리즘

또한 월스트리트저널, CNN, 블룸버그 등도 잇달아 VR경쟁에 뛰어들었다. 특히 CNN은 2015년 삼성 기어 VR을 통해 민주당 대선 후보 토론회를 VR 영상으로 중계했다. VR 저널리즘을 본격적으로 다룬 보고서는 미국 나이트재단과 USA투데이 네트워크가 공동 발표한 '미래를 보는 저널리즘에서의 가상현실'이란 보고서다(Viewing the Future? Virtual Reality in Journalism, 2015). 2015년 3월 발표된 이 보고서는 VR 시장 전망과 함께 주요 언론사 관계자 인터뷰까지 담아내면서 VR 저널리즘을 심도 있게 파헤쳤다. 보고서에 따르면 2015

년 12개 언론사가 약 60건 정도 VR 프로젝트를 선보였다. VR 보도는 주로 360도 동영상 카메라나 움직이는 3D 모델을 활용해서 제작되는데 이를 통해 가상현실 속에서 직접 경험할 수 있는 스토리텔링을 구현하고 있다. 앞서 뉴욕타임스처럼 여러 장비를 동원하는 경우도 있지만 360도 카메라만을 활용해 다양한 영상을 촬영한 뒤 단순히 붙이는 방식도 많이 사용되었다. 이렇게 제작한 영상은 앱을 통해 유통하거나 유튜브 360 같은 사이트에 올린다. 시대에 변화에 따라 기사의 전달 체계도 변하고 있다. 기존 기술적 한계로 미디어 소비자들은 전달하는 단순 텍스트 기사에 만족했다. 하지만 오픈데이토피아에서는 연결된 개방 네트워크를 통해 기사 중재자들을 거치지 않고 기사를 주고 받기 시작하는 직접 미디어 교환시대가 도래한 것이다.

기술 저널리즘의 등장

| 저널리즘은 24시간 콘텐츠 산업이다

아마존, 페이스북, 애플, 구글 이들의 공통점은 실리콘밸리를 넘어 세상에서 가장 잘 나가는 IT기업들이며 향후 미래 플랫폼 패권 전쟁을 벌이고 있다는 점도 공통 변수다. 여기에 최근 한 가지 공통점이 더 추가됐다. 이들 모두 미디어 산업과 관계된 저널리즘 사업에 뛰어들었다는 점이다.

유력 IT업체들은 왜 뉴스 서비스에 많은 관심을 보이는 걸까? 내

로라 하는 IT 기업들은 왜 경쟁적으로 뉴스 서비스를 선보이는 걸까? 당연히 궁금증이 뒤따르지 않을 수 없다. 이들이 미디어 산업에 관심을 갖는 이유는 뉴스만한 미디어 콘텐츠가 많지 않기 때문이다. 뉴스는 365일 24시간 끊임없이 업데이트 되며 신뢰성을 동시에 가지는 유일한 콘텐츠다. 따라서 기존 저널리즘이 365일 생산하는 콘텐츠를 이들 IT 공룡들은 자신이 미리 만들어놓은 오픈 플랫폼에 잘 녹이기만 하면 수많은 이용자들을 역설적이게 자신들 내부 플랫폼에 가두어놓을 수 있기 때문이다.

아마존

〈워싱턴포스트〉는 아마존 창업자 제프 베조스의 손에 넘어간 이후 신문 기업에서 기술 기업으로 전환하려는 변화를 착실히 준비하고 있다. 신문기업 워싱턴포스트가 소프트웨어중심 기술기업으로 서서히 변모하고 있는 것이다. 워싱턴포스트는 기술 중시 행보를 뉴스뿐 아니라 광고사업 분야로 영역을 확대하고 있다.

워싱턴포스트는 웹사이트에서 관련 뉴스를 추천하기 위해 클래비스라는 추천 알고리즘 도구를 개발했다. 이 도구는 독자가 읽은 기사 키워드나 문장을 분석해 관련기사를 제시해 준다. 워싱턴포스트는 아마존의 도서 추천 엔진에서 착안해 이 알고리즘을 개발했다. 또 기사 하단에 포스트 추천 박스를 마련, 클래비스 알고리즘으로 추출한 관련 기사를 독자에게 제공한다. 그 덕에 트래픽도 치솟고 있다. 2015년 3월 기준으로 워싱턴포스트의 순방문자 수는 동기 대비 65% 상승했고 페이지뷰도 96%나 늘었다. 마틴 배런 워싱턴포스트 편집국장은 최근 한 대학 강연에서 "기술 물결은 우리들 기반을 침식시키고 있다. 살아남기 위해 우리는 빨리 움직여야 한다"며 미디어 업계에서 신 기술 도입의 중요성을 강조했다(Home Business Digital Media Editorial Incubatto Press Freedom Print Production).

페이스북

페이스북은 2015년 5월 뉴욕타임스, 버즈피드를 비롯한 유력 언론사들과 손잡고 인스턴트 아티클(Instant Article)이란 신개념 뉴스 서비스를 선보였다. 미국에서는 350여 개의 언론사가, 아시아는 우리나라 SBS를 포함하여 약 50여 개의 언론사들이 함께 참여하여 페이스북 인스턴트 아티클 서비스를 시작하고 있다. 인스턴트 아티클은 언론사 페이지 접속시 로딩 속도가 느린 점을 보완해 내놓은 서비스로 작은 모바일에 한해 주요 언론사 뉴스 콘텐츠를 페이스북 페이지 내에서 직접 볼 수 있게 하는 것이다. 이에 따라 이용자들은 링크를 클릭해 언론사 페이지로 들어가는 불편을 덜고, 언론사들은 보다 많은 사람들에게 자사 콘텐츠를 노출시키는 기회를 갖는다. 페이스북 입장에서는 이용자 편의를 높이면서 뉴스 콘텐츠를 통한 플랫폼의 영향력 확대를 꾀할 수 있다. 인스턴트 아티클 활성화를 위해 페이스북은 페이지에 붙는 광고수익을 언론사와 일정 비율로 나누고, 개별 언론이 자체 수주한 광고수익의 경우 해당 언론사가 100% 가져갈 수 있도록 파격 조건을 내세웠다. 모바일 뉴스 시장을 공략하려는 페이스북의 숨은 의도가 보이는 이유이다.

구글

검색시대 제왕 구글의 뉴스 시장 진출 이유는 아마존, 페이스북과 크게 다르지 않다. 스마트폰 검색창에서 뉴스를 눌렀을 때 바로 뜰 수 있도록 하겠다는 점에서 출발했다. 하지만 구글이 뒤늦게 모바일 뉴스 최적화사업에 뛰어든 건 검색 제왕의 위기의식 때문이다. 뉴욕타임스는 구글이 모바일 뉴스 최적화를 꾀하는 것은 페이스북, 애플 같은 폐쇄된 생태계의 공세로부터 모바일을 보호하려는 시도라고 전했다.

검색 전문 사이트인 서치엔진랜드 창업자인 대니 설리반은 뉴욕타임스와 인터뷰에서 구글과 트위터는 언론사 등이 페이스북에 특화된 어떤 것을 만들면서 자신들은 후순위로 밀리는 것을 두려워하고 있다고 주장했다. 구글은 오픈 생태계인 모바일 산업에 키를 쥐고 있다. 따라서 모바일에서 기사를 비롯한 각종 콘텐츠를 좀 더 잘 볼 수 있도록 해줘야 한다. 이런 문제의식을 해결하기 위해선 '최적화된 페이지'를 보여줄 수 있는 오픈 플랫폼을 만든 뒤 모든 사업자에게 공개하는 수밖에 없다고 판단했을 것이다(JaekelBrielle, October 9, 2015).

뉴스의 역사로 유명한 미셸 스티븐스는 최근 저서 《비욘드 뉴스 *Beyond News*》에서 위기를 겪고 있는 것은 언론사이지 저널리즘이 아니다고 언급했다. 저널리즘은 오히려 더 많은 기회 요소를 갖게 됐다는 것이다. 과거 언론사들은 갈수록 힘든 상황을 겪고 있지만, 뉴스는 기술의 발달로 그 어느 때보다 풍성한 아군을 얻을지도 모른다는 것이다(스티븐슨 미셸, 2015).

물론 건전한 저널리즘이 제대로 구현되기 위해선 플랫폼 사업자와 콘텐츠 사업자 간 '상생'이 필수요소일 것이다. '상생'이란 키워드는 뉴스 서비스를 준비 중인 유력 IT 기업들 앞에 놓여 있는 가장 커다란 과제일지도 모른다. 드론, 로봇, 센서 저널리즘으로 대표되는 기술 저널리즘은 아직 시작 단계다. 특히 국내에선 기술 저널리즘의 기반이랄 수 있는 데이터 저널리즘이 이제 막 출발선에 서 있다. 하지만 정부 차원의 오픈데이터 공개, 센서 기술에 대한 이해 확산, 데이터 분석가의 편집국 채용이 확대되는 만큼 서서히 기술 저널리즘은 보편화할 것으로 보인다. 이 과정에서 다양한 독자들의 참여로 협업 기사 생산이 확대 된다면 뉴스의 신뢰 회복에 더욱 긍정적인 기여를 할 수 있을 것이다.

| 데이터 저널리즘의 새로운 발견

영화, 방송 프로그램 등 다양한 미디어를 거쳐 2차, 3차로 재생할 수 있는 콘텐츠와 달리 뉴스는 하루살이 정보다. 뉴스 속에 포함돼 있는 사건, 인물은 일회성 이벤트에 불과하다. 월간지는 1개월, 주간지는 1주, 일간지는 1일로 유지돼 오던 뉴스의 수명 주기는 정보 과잉시대로 접어들면서 수초 단위로 바뀌어 버렸다. 중복적으로 같은 기사를 전송하는 기사들의 등장은 하루살이 수명을 연장하려는 언론사의 생존전략이기도 하다. 이런 뉴스가 CAR(Computer Assisted Reporting 컴퓨터 활용 취재보도)라는 방대한 양의 데이터를 수집한 후 분석 기술을 활용해 보도하는 데이터 저널리즘으로 다시 탄생하며 새로운 기회를 맞고 있다. 단순히 기사 순위를 매기는 것에서 벗어나 뉴스 기사 데이터 속 숨겨진 진주를 캐낼 수 있게 된 것이다.

최근 한국언론진흥재단이 공개한 뉴스 빅데이터 분석시스템 빅카인즈(BIG Kinds)가 바로 그 결과물이다. 빅카인즈는 기존 한국언론진흥재단이 운영하던 뉴스 공공DB – 카인즈(KINDS, Korean Integrated News Database System)를 토대로 언론사 디지털 저널리즘을 지원하는 방안의 하나로 개발됐다. 빅데이터 분석 기술을 접목해 기존 단순 뉴스검색에서 한층 더 진보한 뉴스콘텐츠 활용 방안을 모색하고 데이터 저널리즘을 구현하기 위한 뉴스 분석 도구로 빅카인즈가 탄생하게 되었다.

빅카인즈 서비스는 2가지로 제공된다. 하나는 일반인용으로 뉴스 데이터를 분석한 콘텐츠를 제공한다. 다른 하나는 언론인이나 전문가를 위한 버전이다. 좀더 상세한 분석을 위해 조건을 설정할 수도 있고, 분석한 자료를 내려받을 수도 있으며 시각화 도구도 제공한다.

빅카인즈는 25년치 방대한 뉴스 데이터를 보유하고 실시간 뉴스를 계속 수집하여 제공하고 있다. 새로운 뉴스가 들어오면 3단계에 걸쳐 내용을 분류하고, 중복체크를 한 뒤 뉴스 형태를 표준화시켜서 저장한다. 이렇게 저장된 데이터를 바탕으로 뉴스를 검색하거나 문장과 구문 패턴을 분석하고 메타 정보를 추출해서 활용할 수도 있다.

빅카인즈는 인물, 기관, 장소처럼 의미가 있는 단어명을 분석한다. 이를 바탕으로 이슈 키워드도 분석할 수 있게 만들어져 있으며 키워드를 중심으로 네트워크 분석도 가능하다. 빅카인즈는 해당 이

슈와 대응하는 과거의 이슈를 다룬 기사도 타임라인(시간순) 형식으로 보여준다. 이렇게 추출해서 분석한 정보를 '레인보우'라는 빅카인즈 자체 시각화 도구를 이용해서 시각화하고 퍼블리싱한다. 가짜 뉴스가 범람하는 오늘날 빅카인즈는 한 단계 진화한 오픈데이토피아 플랫폼으로 우리 곁에 디지털 저널리즘의 기술 혁신 모델을 보여주고 있다(언론진흥재단, 빅데이터 뉴스 분석 시스템 공개).

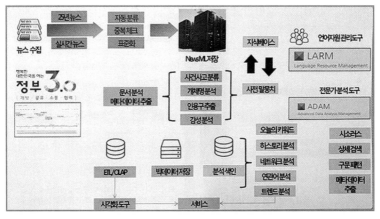

[그림] 빅카인즈 개념도 (한국언론진흥재단)
출처 : https://www.bigkinds.or.kr

[그림] 오픈데이터를 활용한 빅카인즈 시스템(http://www.kinds.or.kr)
출처 : https://www.bigkinds.or.kr

저널리즘의 새로운 미래

| 탁월한 기술 오픈 미디어들

온라인 미디어에서 가장 성공한 저널리즘 중 하나로 평가 받는 자유계열 블로그 뉴스인 〈허핑턴포스트〉는 2005년 5월 미국의 칼럼니스트인 아리아나 허핑턴(Arianna Huffington)이 설립했고, 2011년 2월 미국 인터넷 서비스 회사인 AOL(America Online, Inc.)이 인수했다. 정치, 비즈니스, 엔터테인먼트, 기술, 미디어, 세계, 생활 건강 등 폭넓은 주제를 약 700명의 기자와 4만 명의 블로거가 집필하고 있다. 현재 영어판 외에도 프랑스어, 스페인어, 이탈리어판, 일본어

판이 서비스되고 있다. 기존 언론사들이 전통적인 지면을 고집하는
데 반해 허핑턴포스트는 온라인 미디어로 오픈 서비스를 활용하여
성공적인 모델을 유지하고 있는 것이 성공의 비결이다.

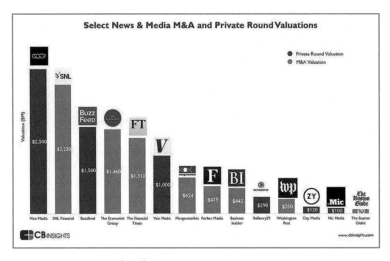

[그림] 글로벌 뉴스 미디어 기업가치
출처 : https://www.cbinsights.com/blog/gawker-valuation-news-media/

허핑턴포스트와 비교되는 9년차 또 다른 신생 미디어 〈버즈피드〉
는 127년차 〈파이낸셜타임스〉의 기업가치를 뛰어넘었다. 미국 기
술매체 리코드는 2015년 7월 NBC유니버셜이 버즈피드에 2억5천
만 달러를 투자했다는 소식을 전하면서 버즈피드의 기업가치가 15
억 달러로 평가받았다고 보도했다(NBCUniversal Poised to Make Big
Investments in BuzzFeed and Vox Media). 이는 일본 경제지 〈닛케이〉가
파이낸셜타임스를 인수하기 위해 지불한 금액 13억 달러를 넘어서

는 수치다. 뉴스 관련 미디어가 15억 달러라는 높은 가치를 인정받은 사례는 미국 언론 역사상 보기 드문 경우다. 앞서 2011년 AOL이 허핑턴포스트를 인수하면서 지불한 금액은 3억달러였다. 버라이즌이 AOL를 44억 달러에 인수했을 때 허핑턴포스트가 대략 10억 달러로 평가를 받은 적이 있지만 이는 단지 추정금액일 뿐이다. 이런 전통 미디어들의 매각 사례를 열거하면 버즈피드의 기업가치가 얼마나 대단한 금액인지 알 수 있다. 15억 달러라는 버즈피드의 기업가치는 기존 미디어와 신생 미디어 산업의 지각 변동을 알리는 상징적인 사례라 할 수 있다.

닛케이가 인수한 파이낸셜타임스는 온라인 구독자와 디지털 수익 측면에서 나름 승승장구 하고 있는 신문 기반 뉴스 미디어다. 하지만 버즈피드는 파이낸셜타임스의 가치마저도 넘어서면서 뉴스 미디어 부문의 상징적인 미래가 된 것이다.

버즈피드의 이런 가파른 성장 배경은 넷플릭스처럼 데이터기술로 대량 맞춤 미디어를 소비자에게 제공했기 때문이다. 버즈피드는 오픈 플랫폼들을 활용한 데이터 분석 기술로 특정 사용자층이 소비할 만한 정보를 끊임없이 생산한다. 예를 들어, 페이스북에서 사용자들이 작성한 수많은 포스트를 분석해, 20대 남성과 여성이 데이트를 가장 많이 하는 날짜를 분석해낸다. 이 날짜에 맞춰 버즈피드는 데이트 할 때 지참해야 할 5가지 물품들과 같은 네이티브 광고 콘텐츠를 제작한 뒤 공개한다. 누구에게 어떤 주제를 전달했을 때 주목을 끌게 되는지 데이터 과학으로 관리하고 측정할 수 있게 된 것이다. 이는 전형적인 오픈데이토피아 시대, 데이터를 기반으로 한 대량 맞춤형 정보 생산자의 탄생이라 할 수 있다. 기술적으로 버즈피드는 대량 맞춤에 필요한 요소들을 갖추기 위해 광고 타깃팅 기술을 특허로 등록했으며 2012년에는 자연어분석과 맞춤형 정보 생산 기술을 보유한 킹피시랩을 인수했다. 또한 천재 데이터 과학자라 불리는 다오 구엔을 발행인으로 임명하기도 했다. 이처럼 버즈피드는 대량 맞춤형 시대 데이터 과학의 가치를 핵심 사업 전반에 걸쳐 입증하고 있다.

| 몰입형 오픈 미디어를 새롭게 정의하다

버즈피드에 비하면 국내에선 덜 주목받고 있지만 〈바이스VICE〉는 지금 가장 가파르게 성장하는 미디어 중의 하나다. 이미 규모나 기업가치 측면에선 버즈피드를 능가한다(최근 3조 원의 기업가치를 평가 받기도 했다).

바이스의 시작은 1994년 20대를 겨냥한 캐나다 패션 잡지에서 출발했다. 바이스를 세계적인 화제거리로 만든 것은 2013년 미 NBA 농구 코트의 악동 데니스 로드맨의 북한 방문을 독점으로 동행 취재했던 시점부터다. 이때 바이스는 북한에 취재 명목으로 상당한 돈을 건넨 것으로 알려졌다. 바이스는 저널리즘의 기본 원칙인 객관화를 취재 미덕으로 하지 않는다. 이런 독특하고 파격적인 콘텐츠 덕에 바이스는 몰입형 저널리즘이라는 용어를 만들며 젊은층을 겨냥해 잡지와 영화제작, 음반 레이블, 출판 등 다양한 영역에서 신개념 미디어 회사를 만들었다.

바이스가 비교적 빠르게 성장할 수 있었던 이유는 뉴스가 객관적이고 중립적이어야 한다는 기존 저널리즘의 전통적 관념을 거부했기 때문이다. 이런 전략이 전 세계 20대 독자를 사로잡은 비결이자 바이스의 성공 전략이다. 하지만 단지 제3의 전략만으로 젊은 독자들을 끌어당기는 것은 아니다. 창업자 셰인 스미스는 세계에서 가장 큰 청년 미디어 기업이 되는 것이 바이스의 미래고 여기에 핵심은 기술 사업이 아닌 콘텐츠 발행이라며 스스로를 새로운 콘텐츠 기업으로 정의했다. 기술 미디어 기업이라고 강조하는 버즈피드와는 확연히 구분이 되는 차이점이다. 그리고 플랫폼에 최적화된 최고의 콘텐츠를 제작하는 데 더 많은 에너지를 투입했다. 이것이 오늘날 바이스의 무기이자 생존 전략이다.

바이스는 차별적인 콘텐츠와 오픈 기술로 IT 기술 종속성을 얼마든지 극복할 수 있다는 메시지를 보내며 미래 저널리즘에게 다른 방향을 제시한다. 바이스는 저널리즘 콘텐츠 산업이 보여줄 수 있는 모든 것을 보여준다. 20대 같은 특정 독자층을 모을 수 있는 전략이 있다면 얼마든지 페이스북 등 기존 IT 거인들에 종속되지 않고 새로운 저널리즘을 만들 수 있다는 것을 보여주고 있다. 바이스가 저널리즘이 나아갈 길을 보여주는 메시지는 바로 오픈데이토피아가 제시하는 종속되지 않는 개방 플랫폼의 원칙이다.

바이스와 같은 신생 미디어뿐만 아니라 진보적 영국 신문인 〈가디언〉은 전통 미디어를 재창조한 선구자로 평가 받는다. 이미 2014년 10월 홈페이지 월 방문자수는 뉴욕타임스를 넘었다. 디지털퍼스트(Digital First)는 가디언의 중요한 상징이자 사상이 되었다. 가디언은 오픈 온라인 서비스를 바탕으로 개방 플랫폼을 통해 글로벌 독자를 확보하고 있다. 가디언은 온라인 공개정책의 핵심으로(오픈·온라인·고품질의 기사) 사업 모델을 만들었다. 가디언은 개방을 통해 미디어가 핵심 지지자들 중심에 서 있기를 원한다. 가디언에게 더 많은 참여와 관심은, 새로운 개방 미디어의 중요한 목표가 되었다. 가디언은 온라인 커뮤니티 구성원 간 대화를 유도하고, 주제와 데이터를 상호 공유하며, 기사주제들을 발굴하는 과정을 통해 기존 거대 미디어 기업이 새롭게 나아갈 방향을 보여주는 모범 사례를 만들고 있다.

08

오픈데이토피아가 마주하는
맞춤형 의료시대

모든 생명체는 생명체로부터 유래된다.
– 프란시스코 레디(생물학자)

전 세계 어느 나라나 인구 고령화, 만성질환 유병률 증가로 인한 의료비의 폭발적 부담과 건강한 삶을 위한 정책 지원이 국가 주요 현안이 되고 있다. 특히 보건·의료 체계가기존 치료 중심에서 예방 및 건강관리 중심으로 변화하면서 사전 질병 발생 가능성을 예측하고, 질병을 예방할 수 있는 개인 맞춤형 의료 서비스가 확대되고 있다. 여기에 일상 생활에서 건강 측정이 가능한 웨어러블 기기의 상용화, 원격의료의 확산 등 헬스케어 산업과 정보기술이 접목된 새로운 헬스 IT 기술이 미래 산업대안으로 떠 오르고 있다. 이미 유-헬스케어와 같은 원격의료 서비스는 의료비 절감, 사회경제적 비용 감소효과 등의 이유로 차세대 공공보건 의료 서비스정책 대안으로 제시되고 있다.

혁신적 헬스 IT기술의 등장은 의료 산업 분야에 많은 변화를 가져올 것이다. 유무선 통신기술과 센서 기술 발전으로 스마트폰, 스마트TV 등을 통해 의사의 건강상담 및 진료가 가능한 의료서비스를 이용할 수 있게 되고, 개인 건강정보를 기록하는 전자의무기록은 환자의 건강상태를 실시간으로 관찰할 수 있게 발전하고 있다. 부착형 웨어러블 기기를 시작으로 생체정보를 수집하는 다양한 스마트센서들이 병원을 벗어나 개인 정밀의료 도구로 등장하며 환자의 데이터는 지금까지 경험하지 못한 형태로 분석·처리·저장되어 활용할 수 있게 되었다. 글로벌 헬스 IT 기업들을 중심으로 병원 밖 의료서비스 및 유전체 정보 관리와 활용에 대한 연구가 활발하게 진행되고 있다. 더불어 질병 발생 가능성을 사전에 예측해 질병을 예방할 수 있는 개인 맞춤형 의료서비스가 현실화되고 있으며 여기에 오픈데이터,빅데이터가 결합되어 신개념 의료 서비스가 속속 등장하고 있다.

〈백투더퓨처〉의 주인공 '마이클 제이 폭스'는 없다

| 마이클 제이 폭스 파킨슨병 연구재단

지난 2015년은 유년기에 이 영화를 보고 미래를 꿈꾸어 왔던 이들에게 새로운 감동의 한해였을 것이다. 1989년에 공개, 세계적인 대 히트를 기록한 SF 코미디 영화인 〈백투더퓨처2 Back To The

Future Part 2, 로버트 제머키스 감독〉의 배경 무대가 바로 2015년이었다. 총 3부작으로 구성된 이 시리즈는 고교생인 '마티 맥플라이(마이클 J. 폭스 분)'와 괴짜 과학자 '브라운 박사(크리스토퍼 로이드 분)'가타임머신 자동차 드로리언을 타고 시간여행을 하며 겪는 공간을 넘나드는 에피소드를 그리고 있다.

이 영화에 등장하는 30년 후 미래가 바로 2015년이다. 1989년 개봉한 이 영화는 기발한 상상력으로 창조한 미래 과학기술을 영화에 접목, 세계 관객들의 호기심을 자극했다. 〈백투더퓨처 2〉가 예견한 미래 과학기술들은 이미 상용화됐거나 개발이 진행중인 사례가 적지 않다. 영화 속 공상으로 여겨졌던 장면이 실제 현실로 이루어진 셈이다.

[그림] 1989년 개봉한 〈백투더퓨처 2〉 (출처 : 구글 CCL)

영화 속 공중을 떠 수면이나 지표 위를 달리는 스케이트보드 '호버보드'는 미국 스타트업 아르스 팍스사가 2014년 유사한 모델로 '헨도'를 개발했다. 이 제품은 원형 자석장치 4개로 지상에서 2.5센티미터 가량 부양해 움직이는 것이 특징이다. 아직 한정된 공간에서만 탈 수 있고, 배터리 사용 시간이 15분에 불과한 것을 감안하면 상용화까지 다소 시간이 필요할 것으로 예상된다. 미국 〈타임〉지는 헨도를 2014년 올해의 발명품 가운데 하나로 선정하며 향후 다양한 분야에 활용할 수 있을 것으로 평가했다.

또한 호버보드 못지않게 눈길을 끌었던 '자동 끈 조임 신발'도 상용화 되고 있다. 크라우드 펀딩 사이트 킥스타터는 최근 신발 끈을 자동으로 조이는 기술을 공개해 눈길을 끌었다. 캐나다 연구팀이 개발한 이 기술은 발을 신발에 넣으면 발뒤꿈치 부분에 탑재한 센서가 체중 압력을 감지, 자동으로 끈을 조인다. 영화에서 주인공 마티가 신었던 신발이 스포츠 브랜드 나이키 제품이다. 나이키는 지난 2010년 자동 끈 조임에 관한 기술 특허를 출원했으며 실제 나이키 디자이너 팅거 햇필드는 2015년 자동으로 신발 끈을 조이는 신발을 선보이기도 했다.

영화 속의 등장인물들은 문을 열거나 택시 요금을 지불할 때 엄지손가락 지문을 이용한다. 미래 생체 인식 솔루션이 일반화되어 보안, 결제 등에 사용할 것으로 예측한 셈이고 바로 적중했다. 지문 인식 솔루션은 현재 스마트폰, PC, 출입시스템 등에 광범위하게 사용되고 있다. 또, 주인공 마티가 다양한 문자가 표시되는 안경을 쓰고 전화를 하는 장면은 웨어러블 디바이스가 등장하면서 현실화됐다. 1980년대 당시 상상하기 어려웠던 200개를 웃도는 TV 채널 수, 화상전화, 홀로그램 등도 이제는 평범한 기술이 되었다.

1961년 캐나다 출신으로 중년이 된 주인공 마이클 폭스는 15살 때 캐나다 TV 시리즈로 데뷔해 연기를 시작했다. 그 후 고등학교를 중퇴하고 17살 때 스타의 꿈을 안고 할리우드로 건너왔다. 1998년 에미상과 골든글로브에서 코미디부문 남우주연상을 휩쓴 폭스는 언론에 1991년 처음으로 파킨슨병 진단을 받고 수년간 남몰래 투병 생활을 해오고 있다고 자신의 희귀병을 고백한다.

파킨슨병은 신경계 퇴행성 질병으로 몸이 점점 굳어지며 신경퇴행성 뇌질환 중 알츠하이머병 다음으로 높은 유병률을 보이고 있다. 덩 샤오핑, 무하마드 알리, 교황 요한 바오로 2세 등도 파킨슨병에 시달린 인물들이다. 아직 확실한 치료법이 나오지 않은 파킨슨병은 주로 60대 이상 노인층에 나타나며 치료법은 물론 발병 원인도 확실히 밝혀지지 않았다. 특히, 폭스처럼 서른이라는 젊은 나이에 이 병을 앓는 것은 아주 드문 경우다.

폭스는 파킨슨병 원인을 밝혀내고 자신과 같은 병을 앓고 있는 환자들을 위해 자신 이름을 딴 마이클 제이 폭스 파킨슨병 연구재단 (Michael J. Fox Foundation for Parkinson's Research: MJFF)을 세웠다. 파킨슨병 분야 최대 비영리 후원단체로 성장한 폭스 재단은 파킨슨병에 대한 신개념 치료법을 개발하는 데 앞장서고 있다. 폭스 재단은 지금까지 총 4억5천만 달러의 연구자금을 지원했을 뿐 아니라 치료법 개발 과정자체를 근본적으로 변혁시켜왔다. 폭스 재단은 전 세계 파킨슨병 연구의 오픈데이터 플랫폼 허브로서 선도업체, 과학자, 정부 연구 기금들과 획기적인 협력기반을 구축했다. 또 온라인 도구인 '폭스 트라이얼 파인더(Fox Trial Finder)'로 파킨슨병 임상시험의 참여자 수를 확보하고, 적극적인 홍보, 이벤트 등을 통해 파킨슨병을 알리며, 전 세계의 수천 명의 팀 폭스(Team Fox) 회원의 참여를 유도하고 있다.

[그림] 폭스 파킨슨병 연구재단

이 폭스 재단이 다시 언론의 주목을 받고 있다. 폭스 재단은 컴퓨터 반도체 회사 인텔과 파킨슨병 진단 및 치료에 획기적 연구를 상호 협력하기로 했다. 양 기관은 빅데이터 분석, 웨어러블 컴퓨팅, 오픈데이터 수집과 활용으로 파킨슨병 진료에 새로운 패러다임 기술을 적용하는 협력 연구를 발표했다. 이를 위해 인텔은 데이터 수집, 보관 관리용 오픈 소스 소프트웨어 플랫폼 등 여러 개의 소프트웨어 컴포넌트를 결합한 오픈 빅데이터 플랫폼을 개방했다. 이 데이터 플랫폼은 인텔아키텍처에 최적화된 클라우드 인프라에 구축되었다. 환자, 게놈, 임상시험 결과 등 다른 유형의 데이터도 활용할 수 있게 개발되고 있으며, 다양한 분야 과학자들이 복잡한 컴퓨팅 기술을 모르더라도 임상 연구에 집중할 수 있도록 돕고 있다. 여기에 기계 학습과 그래프 분석과 같은 빅데이터 기술도 시원해 과학자들이 파킨슨병 연구를 위해 사용할 수 있는 보다 정확한 치료 모델들을 제공하고 있다.

폭스재단과 인텔은 이런 혁신적 협력 모델을 통해 파킨슨병 본질에 대한 전례없는 통찰을 제공함으로써 파킨슨병 치료에 획기적 전환점을 마련했다. 또 익명화 환자 데이터를 광범위한 대규모 연구에 추가 기증할 수도 있게 완전 개방하며 연구자들을 위한 범 파킨슨병 공동체 사례를 만들어 가고 있다.

| 헬스케어 MOOM으로 연결되다

인텔 헬스케어에서 2013년 진행한 전 세계 8개국 시민들 대상 조사에 따르면 개인 정보 익명화를 전제로 1만2002명 중 76%는 기꺼이 개인 건강 데이터를 공유하는 데 동의했다(intel, 2013). 또 영국 성인 1396명을 대상으로 한 조사에서도 60% 이상이 개인 의료 정보를 공유하여 의학연구에 사용하는 데 긍정적인 반응을 보였다(Callaway Ewen, 2013).

헬스케어 산업에도 페이스북 트위터를 뛰어넘는 소통 모델이 존재한다. 대표적인 환자 소통 공동체는 페이션트라이크미(Patient Like Me)다. 이름에서 그 의미를 알 수 있는 것처럼 서비스 사용자인 환자들이 나와 동일한 혹은 유사한 질병을 가진 환자들을 찾아 진료

정보를 공유할 수 있는 온라인 모임이다. 국내에도 많은 활동을 하고 있는 각 질병별 환우회를 떠올리면 쉽게 이해할 수 있다.

이 서비스의 시작은 2004년 29세 젊은 나이로 희귀 질환인 루게릭병으로 고통 받는 형제를 위해 3명의 MIT 출신 엔지니어가 모여서 만들었던 작은 환자 모임에서부터 출발했다. 현재는 질병 1800개, 25만 명이 넘는 환자들이 모인 거대한 환자 정보 공유 모델로 성장했다. 환자들이 이 온라인 모임을 통해 정보를 주고 받기 위해서는 나이, 성별, 질병, 복용하는 약 정보를 익명으로 등록해야 한다. 그런 다음 자신과 같은 질병을 가진 회원들과 주소, 성별들을 매칭하여 진료 정보를 주고 받으며 치료 방법을 나눌 수 있다.

이 질병 정보 공유커뮤니티의 오픈데이터는 비즈니스를 수행하는 보험사나 제약사들에게 많은 사업 기회를 제공하고 있다. 다국적 제약사들은 신약 개발 후 임상시험과 승인 등 복잡한 과정을 거쳐 약을 출시 한 후에도 장기간 약물 부작용 여부를 판별하기 위해 사후 관찰이 필요한데 이를 조기에 발견할 수 있는 정보를 제공한다.

해외에서는 의약품 출시 이후 사후 모니터링이 활발해서 의료 소비자의 자발적인 부작용 신고가 해당 의약품의 퇴출로 이어진 사례도 많다. 환자들의 자발적 데이터를 통해 개방된 정보는 이제까지 접근하지 못한 새로운 방법으로 헬스케어 산업을 발전시키고 있다. 현재 의학계에서 연구 논문이 가장 많이 인용되는 10명의 연구자 중 한 명이자 스크립스 중개과학연구소(Scripps Translational Science Institute) 소장인 심장전문의 에릭 토플은 이러한 현상을 교육계의 개방 모델인 대중공개강의(Massive Open Online Course, MOOC)에 빗

대어 온라인 대중공개의료(massive open online medicine, MOOM)라고
부르기 시작했다(에릭 토플).

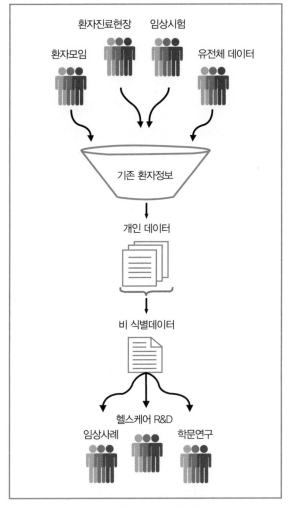

[그림]환자 정보 공유를 위한 오픈 모델(대중공개의료 MOOM)
Bringing patient data into the open, Kotz, J. SciBX 5(25); 10.1038/
scibx.2012.644/ Published online June 21, 2012

에릭 토플은 환자들의 정보가 빠짐없이 글로벌 의학 지식 자원의 일부가 되어 개방, 저장될 수 있다고 가정했다. 모든 환자의 검사, 치료, 결과 자료가 MOOM에 항상 기록된다. 이 MOOM에는 각 개인 의료 정보와 함께 다양한 질병 기준 특성을 가진 수십만, 수백만 명의, 아니 수천만 명의 진료 정보가 저장된다. 또 각 유전 질환별 정보, 모든 돌연변이 경로, 그리고 이외 정보조합들이 의학지식 자원 안에 담길 것을 예상했다. 각 개인정보와 그 개인이 받은 치료결과도 새로 발생 될 때마다 자동적으로 업데이트되고, 업그레이드될 것이다.

이 대중 공개의료를 잘 관리하고 활용한다면 단 한 명의 사례를 대상으로 질병을 치료하는기존 'N of 1' 의학 연구에서 질병이 발생한 전 세계 인구 집단을 대상으로 하는 수준으로 옮겨갈 수 있게 되는 것이다. 결국 MOOM이라는 의학 지식 오픈데이터를 통해 일부 사례 연구가 'N of 수천만'으로 확장되는 질병 민주화가 완성될 수 있게 된다. MOOM의 의학 지식들은 환자 치료 과정에도 획기적 전환점이 될 것이며 인종과 지역을 초월한 질병 빅데이터 허브로 전 세계 전염병 확산과 새롭게 등장하는 수퍼 박테리아들에 대항하는 인류의 마지막 저항선이 될 것이다.

물론 이것이 실현되려면 진정한 의미의 오픈데이터가 개방되어 모든 문화적 장벽을 허물어야 하는데, 이렇게 전 세계적으로 협력과 조화가 일어났던 전례는 아직까지 한 번도 없었다. 하지만 이 장벽 일부가 무너지고 있는 것을 앞서 페이션트라이크미나 MOOC을 통해 이미 경험하고 있다.

이런 변화들은 결국 폐쇄적 정보의 대명사였던 세계 최대 식, 의약품 정보의 보고인 미국 식품의약품국(FDA)의 문을 개방하게 만들었다. 2014년 6월 2일, FDA는 개발자, 연구자 그리고 대중들이 쉽게 자료에 접근할 수 있도록 OpenFDA라는 서비스를 공개 했다. OpenFDA는 체계적이고 구조화된 식, 의약품 정보에 접근할 수 있게 개방되었다. 모바일 프로그램 제작자, 웹개발자, 데이터 시각화 전문가나 임상 연구자와 같은 해당 전문가들이 신속하게 정보를 검색, 문의, 대용량 다운할 수 있게 개발되었다. 또 OpenFDA는 방대한 양의 자료들을 검색기반 응용 프로그램 인터페이스(API)를 통해 편리하게 개방했다. 전문가들에게는 자료 내 텍스트를 통해 직접 검색할 수 있는 기능을 제공하고 구글 검색과 유사하게 검색 결과에 대한 순위를 보여주는 기능도 포함하며 질병 오픈 플랫폼을 완성해 가고 있다.

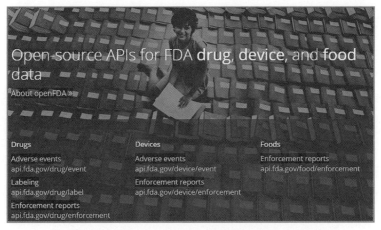

[그림] 미국 FDA의 정보 개방 Open FDA (http://open.fda.gov/)

국내 최대 건강정보 보유기관인 건강보험심사평가원(이하 심평원)도 오픈 빅데이터를 이용해 일반인들에게 의료기관 맞춤형 정보 및 진료정보 제공서비스를 시작했다. 심평원은 포털, SNS 자료를 바탕으로 의료지식사전인 보건의료빅데이터개방시스템을 개발하여 자연어 검색만으로 정확한 병명을 찾아주고 있다. 기존 보유한 75억 8100만 건 심사정보와 116억 건의 처방정보를 활용, 해당 질병의 평균, 최대, 최소 진료기간 및 진료비용에 대한 예측정보를 제공한다. 향후에는 환자에게 많은 부담을 주는 MRI나 CT 등을 공유하는 영상정보 교류시스템을 구축한다는 계획도 가지고 있다. 이런 영상정보 외에도 환자 개인진료정보까지 교류할 수 있는 시스템을 오는 2018년을 목표로 구축할 예정이다.

심평원 관계자는 병원 간 환자 진료정보 교류 시스템은 기존에도 시도가 됐지만 최근 정부 3.0 등 정보 개방 변화에 따라 다시 준비하고 있다며 우선 영상정보만 공유되더라도 비용절감은 물론 각종 진료검사에 대한 안전문제도 해결할 수 있다고 자신감을 보이고 있다. 이 밖에도 심평원은 보유한 2200만 건의 의료기관 정보와 지역 인구, 소득 통계정보를 바탕으로 의료·요양기관 등에 관련 지역 의료서비스 수요와 공급현황 등을 제공하고, 의료산업 지원을 위해 심평원의 의약품 생산내역 70만 건과 공급 실적 12억 건 등 정보를 개방할 것을 준비하고 있다.

[그림]건강보험심사평가원의 보건의료빅데이터개방시스템

심평원과 함께 국민건강보험공단도 전 국민의 출생에서 사망까지 건강보험자격 및 보험료 자료, 병의원 이용내역, 건강검진 결과와 가입자의 희귀난치성 질환 및 암 등록정보 등 10여 년 동안 축적된 1조 3034억 건의 데이터를 보유하고 있다. 건보공단은 이를 활용해 개인별·인구집단별 다양한 맞춤형 건강관리 서비스와 개인별 진료내역, 건강검진, 장기요양서비스 등을 연계한 평생 건강관리 포털서비스를 제공할 예정이다.

우리가 몰랐던 신약 개발의 비밀

| 유리하면 공개하고 불리하면 감춰라!

2005년 3월 2일 아침 14세 일본 소녀가 두려움에 가득 차 잠에서 깨어 났다. 처음에 그녀는 집 밖에서 누군가 자신을 쳐다보고 있다

고 생각했다. 하지만 곧그 낯선 사람이 집안에 있다고 확신했다. 그 소녀는 두려움에 집안을 배회하다가 추운 날씨에도 모든 창문을 열어 놓았다. 그리고 식사 중 샐러드에 독이 들었다고 소리질렀고 이틀 후에는 자살하고 싶다고 말했다. 이후 정신과 병력이 없던 이 소녀는 정신질환인 섬망(delirium) 진단을 받았다. 이 소녀는 환각 증상이 시작되기 전날까지 타미플루(Tamiflu, 성분명 오셀타미비르) 인플루엔자 치료제를 복용했다.

우리에게도 친숙한 타미플루는 세계 각국이 대규모 인플루엔자 확산에 대비에 천문학적인 예산으로 비축해 놓은 약이다. 2014년 4월 런던에 근거를 둔 비영리 단체 코크런(Cochrane Collaboration)은 타미플루 임상실험 결과의 부정적인 데이터 중 상당수가 일반 대중에게 공개되지 않고 은폐되었다고 주장했다(Jefferson Tom, 2014). 전염병 확산을 관리하는 미국질병통제예방센터(CDC)는 FDA 같은 규제 당국과 달리 미발표 데이터를 열람하는 권한이 없다. 그 결과 타미플루의 모든 정보를 확인하지 못한 채 그 약을 인플루엔자 치료제로 추천했다. 하지만 그 미공개 임상실험 결과가 마침내 세상에 드러났을 때 타미플루가 제조사 주장만큼 효과적인지에 대한 의문이 계속 제기되었다. 타미플루 부작용으로 인한 문제는 이전부터 꾸준히 발표되었고 심지어는 FDA 보고서에 소개되기까지 했다. 앞선 일본 소녀는 다행히 자살에 이르지는 않았다. 그러나 타미플루로 인한 부작용으로 적어도 70명 이상이 사망했으며 그 중 다수가 자살로 생을 마감한 것으로 추정된다. 이들의 사망은 거의 영화에 가까웠다.

타미플루를 복용한 14세의 어린이는 발코니에서 뛰어내렸고, 17세 청소년은 그 약을 복용한 뒤 달리는 트럭 앞으로 몸을 던졌다. 다른 정신병적 사례도 보고되었다. 일시적으로 양극성 장애를 일으킨 한국 소녀, 이름을 불러도 대답하지 않고 으르렁거리기 시작한 8세 일본 소년 등이 대표적이다.

코크런보고서 이후 제약사와 당국에 실험 데이터를 공개하라는 요청이 이어졌다. 특히 정부 예산이 사용되는 경우 임상시험 결과를 공개하라는 목소리가 더 커졌다. 미국 정부는 타미플루를 포함해 항바이러스 약 개발과 비축에 13억 달러를 쏟아 부었다.

타미플루는 스위스 제약사 로슈와 미국 제약사 길리아드 사이언스가 합작 개발한 것으로 로슈가 독점 생산하고 있고 매년 로슈에게 막대한 수익을 가져주고 있다. 1964년 헬싱키 선언에서는 임상 시험에 대한 모든 결과가 공표돼야 한다는 원칙이 세계 임상 윤리 가이드라인으로 제시되었다. 미국에도 임상실험 결과 등록 불이행이 2007년부터 불법으로 규정됐다. 하지만 타미플루가 1999년 승인됐기 때문에 로슈는 한번도 처벌받지 않았다. 엄격한 요건이 발효된 뒤에도 여전히 실험결과가 등록되지 않는 경우가 적지 않다. 이런 이유로 다국적 거대 제약사들이 임상시험 결과를 유리하면 공개하고 불리하면 감추는 것이다(Ben Wolford).

| 신약계 오픈데이터 이노베이션

세계적 제약사 글락소 스미스클라인(이하 GSK)은 2013년 2월 임상실험 결과의 투명성 확보를 위해 올 트라이얼(AllTrials) 캠페인을

시행한다고 발표했다. 이 캠페인은 임상시험의 과학적 근거를 공유하기 위해 그동안 폐쇄적으로 진행하던 임상시험 절차를 완전히 공개하고 연구 결과와 임상연구보고서(ClinicalStudyReport, CSRs)를 개방하는 운동이다.

　임상연구보고서는 임상실험의 설계, 과정 및 결과 정보를 상세히 정리한 공식 보고서이다. 이 보고서는 미국 FDA와 유럽 의약청(EMA) 등 신약 결과를 최종 승인하는 각국 당국에 제출할 때 근거가 되는 중요한 자료다. GSK는 이전부터 누구나 접속할 수 있는 웹사이트에 많은 양의 임상시험 정보를 공개해오고 있다. 이를 확대하는 차원에서 GSK는 임상연구보고서를 공개적으로 이용할 수 있게 하겠다고 발표한 것이다.

[그림] GSK의 모든 임상시험 결과를 공개한 Alltrials

GSK는 올 트라이얼을 통해 신약 허가 당국과 과학자들이 연구 데이터를 먼저 검토할 수 있게 개방하고 있다. 또한 민감한 환자개인정보를 제외하고 자사 의약품 승인이 완료되었거나, 개발이 중단된 임상시험 결과와 임상연구보고서를 즉시 공개하는 절차도 만들었다. GSK는 올 트라이얼 캠페인과는 별도로 2012년 10월부터 임상과학 지식 발전을 위해 연구자가 추가적인 과학적 조사와 분석을 할 수 있도록 임상시험 결과 외에 익명화된 환자 정보를 개방하는 시스템도 운영하고 있다.

제약 R&D부문을 총괄하고 있는 패트릭 밸란스(Patrick Vallance) 사장은 GSK는 자사 임상시험 자료를 더욱 투명하게 공유함으로써 의학 지식을 공유하는데 최선을 다하고 있다면서 이는 임상시험에 참여한 개개인의 지대한 공헌에 감사를 표하는 것이라고 소감을 밝혔다(GSK announces support for AllTrials campaign for clinical data transparency.). 이제부터라도 GSK와 같은 제약회사, 학계, 연구 기관 등 임상연구 수행에 관여한 모든 주체들은 환자 이익 증진을 위해 그 데이터를 공개적으로 이용할 수 있는 개방 장치를 고민해야 할 것이다.

국내 제약업계도 급변하는 연구개발(R&D) 환경과 불확실한 경쟁 상황에 직면해 있다. 단순 카피약에 의존한 폐쇄적 제품개발 환경에서는 더 이상 혁신은 고사하고 기업 존립위기를 걱정해야 할 처지가 되었다. 반면 2015년 한미약품은 글로벌 빅파마를 포함한 다국적 제약사들과 국내 제약업계 역사상 최대 규모 기술이전 계약들을 체결했다. 그 결과 단숨에 연 매출 1조3175억 원을 기록하며 업계 1위로 뛰어올랐다. 꾸준히 한 우물을 팠던 연구개발(R&D)결과도 있었지만 한미약품이 글로벌 제약사와 초대형 계약을 잇달아 성사시킬 수 있었던 비결은 오픈 플랫폼을 통한 공동연구의 결과이다. 연구개발 협력부서 전담 'eR&D(External R&D)'팀을 만들었고 전략적 투자와 공동개발을 위해 크리스탈지노믹스, 알레그로(Allegro) 등 국내외 연구기관, 바이오벤처와 적극적인 협력전략을 추진하고 있다.

여기에 멈추지 않고 한미약품은 개방형 혁신을 통한 신약 개발을 위해 국내외 유망 산·학·연과 온라인 소통 창구로 한미 오픈이노베이션을 열었다. 한미약품은 이곳에서 프로젝트 제안, 노하우 및 기술 공유, 오픈이노베이션 사례 등을 개방하고 있다. 여러 비난에도 불구하고 한미약품은 오픈 이노베이션 전략을 유망신약 기술을 보유한 국내 학계, 연구기관 등과 상생을 통해 신약 연구인프라를 만들자는 취지로 시작했다. 현재 비만, 당뇨, 항암, 자가면역 분야 등 7개 전임상 프로그램을 비롯해 복합신약 포함 총 28개 신약 파이프라인을 공유하여 운영하고 있다. 또 지속적으로 오픈이노베이션을 확장하여 신규 파이프라인 확보에 주력한다는 방침이다.

검증된 약물을 제대로 보유하고 있지 못한 국내 소규모 제약업계의 경우 신약을 연구하는 기업, 연구기관과 협력 연구를 시행해 신약재창출용 약물을 공동으로 활용할 수 있는 '오픈이노베이션 인프라' 구축이 필수적이라 할 수 있다. 이제 막 걸음마를 시작한 국내 제약 산업이 한미약품 사례와 같은 오픈 플랫폼들을 통해 신약재 창출을 확산한다면 제약 업계 산업 생태계 형성이 좀더 빨라질 것이다.

[그림] 한미약품 오픈 플랫폼

　국내와 같이 아직 신약 개발 여건이 미성숙한 상황에서 신약재
창출 기반 조성을 위한 정부 역할은 더욱 중요하다. 이를 위한 오픈
플랫폼으로 미국 국립첨단중개과학연구센터(NCATS)가 추진하고
있는 기존 약물중심 치료법 개발(NTU) 사업이나 영국 의학연구회–
아스트라제네카의 산학협력 연구 등은 우리나라 정부와 제약 업계
가 참조할 만한 협력 모델이 될 것이다.

오픈데이토피아로 한 걸음 다가간 헬스 라이프

| 전염병의 확산을 막아라

2015년 5월 최초 확진자가 나온 이후 6월 1일 첫 사망자 발생과 11월 25일 마지막 환자 사망 발생기간까지 총사망자 38명, 치사율 20.4%를 기록하며 전국을 악몽에 빠뜨린 사건은 메르스 사태였다. 2015년 대한민국 흑역사를 장식한 메스르 사태는 21세기 또 다른 흑사병이었다.

종종 단체 활동이 많은 어린이집이나 유치원에서 독감, 눈병이 발생하여 수많은 엄마들의 애를 태운 뉴스들을 자주 접하게 된다. 특히 유행처럼 번지는 전염병에 피해를 본 어린이집은 위생관리 소홀로 많은 사회적 지탄 대상이 된다. 전염병 주의예보를 미리 확인할 수 있다면 사전에 손씻기, 소독 등으로 미리 대비할 수 있지 않았을까? 이처럼 인류는 지금도 여러 전염병들과 사투를 벌이고 있다.

14세기에 창궐한 흑사병(black death)은 전 세계 7천5백만 명 목숨을 빼앗았고, 천연두(small pox)는 16세기에 스페인 군대와 함께 아메리카 대륙에 전해져 아즈텍과 잉카제국을 파멸했고, 20세기에도 3~5억 명의 목숨을 앗아갔다. 비록 흑사병과 천연두는 역사 속으로 사라졌지만, 에이즈(AIDS), 사스(SARS)와 같은 신종 전염병이 등장하며 인류의 생존을 크게 위협하고 있다.

전염병은 학문적으로 특정 사람이 일정 시간에 존재할 수 있는 상태를 다섯 단계로 구분한다. 현재 감염되어 있지 않지만 면역이 없어 감염의 가능성이 있는 의심 상태 S(susceptible), 잠복기에 있는 E(exposed), 감염되어 있고 다른 개체를 감염시킬 수 있는 I(infected), 면역된 건강한 상태에 있는 R(recovered), 그 외에 개체의 속성을 갖고 있는 M 의 다섯 가지로 분류한다. 이 중 M, E 단계는 생략되기도 한다. 전염병 유행 시 기존 체계는 다른 개체를 감염시키는 I단계에서 시작하는 사후 대처만 가능했고 이로 인해 사회경제적 비용이 만만치 않게 발생되었다. 유행이 한차례 휩쓸고 지나간 뒤 대처할 수밖에 없는 전염병을 새로운 과학기술로 사전에 준비할 수 는 없을까?

IT기업 구글은 감기가 유행한다고 하면, 트위터에 감기에 대한 이야기가 많이 있을 것이라는 전제로 트위터에 돌아다니는 텍스트의 빈도수를 확인하고, 과거 진료 건수를 확인한 결과 날짜에 따라 등락폭이 비슷한 그래프를 그렸다. 이것은 SNS데이터가 진료 동향과 융합해서 사용될 수 있음을 검증하며 전염병의 확산 예측을 데이터를 통해 사전에 발견하기도 했다. 이와 유사한 오픈데이터를 활용한 전염병 사전 예측 기술이 국내에서도 개발되었다. 국민건강보험공단은 진료정보와 다음카카오사의 소셜 정보를 융합하여 질병발생 예측 모델을 구축함으로써 국민 의료비 절감과 건강 증진에 도움되는 공공 서비스를 개발했다. 공익형 알람 서비스인 '국민건강알람서비스'는 정부 3.0의 핵심가치인 정보공개 및 협업을 반영한 개방형 사업이다. 국민건강알람서비스는 다빈도 상병 500개를 분석하여 등락폭이 있던 55개 질병 후보군을 도출하는 과정부터 시작된다. 이후 진료과별 의사들의 자문을 받아 최종 5개 질병을 선정했다. 이렇게 선정된 감기, 눈병, 식중독, 천식, 피부염 등 주요 질병에 대한 진료현황, 과거 진료통계, 질병 동향건강보험정보와 소셜미디어 정보를 결합했다. 그리고 자연어처리기술을 이용한 텍스트마이닝, 통계분석 및 기계학습 기술을 적용, 최종 각 질병별 발생 예측 모델을 완성했다. 또 질병 위험도 동향을 한눈에 파악할 수 있는 대시보드 서비스도 제공하고 있다. 이를 통해 전 국민이 5개 질병에 대해 사전 발생과 유행을 조기에 감지하여 예방할 수 있는 기반이 마련 되었다.

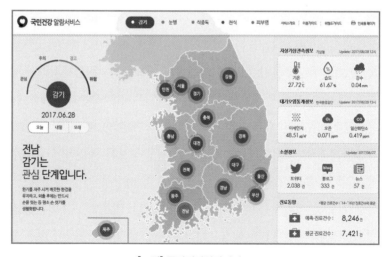

[그림] 국민건강알람서비스

이외에 지역별 주요 유행성 질병 위험도 정보, 지역 내 질병 관련 진료 동향 및 연령별 진료 현황정보 등 다양한 건강정보서비스도 함께 제공하고 있다. 국민건강알람서비스는 '건강이상' 징후를 사전에 '건강주의' 예보 형태로 시민들에게 제공하게 되어 국가 보건의료체계를 치료중심에서 예방중심으로 전환하는 획기적 계기가 되고 있다.

이제 오픈데이터기반 분석기술 발달로 질병감염신고에 의한 대규모 역학조사를 수행하지 않아도 사전에 질병확산을 예측할 수 있는 시대가 성큼 다가왔다. 또한 일반 시민들에게 스마트폰을 통해 개인별 맞춤형 모바일 건강서비스를 제공함으로써 오픈데이터 플랫폼을 활용한 국민건강증진 및 사회적 편익을 확대 할 수 있게 되었다.

| 당신의 몸을 웨어러블에 양보하세요

여성 CEO 앤 위짓스키는 의학분야의 떠오르는 위력적 인물이다. 위짓스키는 예일대학교에서 생물의학을 전공한 후 캘리포니아 샌디에고 대학과 미국 국립보건원에서 분자생물학을 연구한 경력이 있다. 유튜브 CEO인 수잔 위짓스키의 여동생이자 구글의 공동 창업자 세르게이 브린의 전처이기도 한 위짓스키는 생물학자 린다 애이비 등과 함께 2006년 공동으로 23앤드미를 창업했다. 위짓스키는 네트워크기반 IT기술과 유전공학 기술을 결합하여 정보 분석에 들어가는 시간과 비용은 줄이면서 그 정보를 사업에 활용하자는 목표로 23앤드미를 창업했다. 23앤드미는 '개인유전정보'라는 일반인들에게는 무거운 주제를 가볍게 풀었다. 위짓스키는 23앤드미를 의학과 관련된 회사로 자리매김 하는 것을 거부했다. 다문화 다인종 국가인 미국인들에게 조상분석을 통한 뿌리 찾기나 대머리가 될 확률 등 가벼운 주제들을 우선 비즈니스 모델로 정했다. 23앤드미는 재미있고 간단한 주제인 자가진단 유전 정보를 검사할 수 있는 키트를 시장에 출시하며 단숨에 미국 의학계에서 이슈 메이커가 되었다. 개인유전정보를 사용하는 일에 대한 찬반 논란이 일어난 것이다. 2013년 미국 식약청(FDA)으로부터 의학적 검증을 받을 때까지 키트 판매 중지 명령을 받으면서 한때 위기에 봉착하기도 했지만 2015년 2월 마침내 FDA로부터 개인 유전정보 분석 테스트를 승인받는 데 성공했다. 창업 10년 만에 80만 명에 달하는 고객들의 유전 정보를 모은 23앤드미는 현재 12개에 달하는 대형 제약사 및 연구소와 공동 연구를 진행하고 있다.

이런 23앤드미가 특별한 이유는 현대 의학의 중심점이며 매개자인 의사 없이 소비자 스스로 직접 건강관리 서비스를 이용할 수 있게 되었다는 점이다. 지금까지 의료 영역에서 의사들은 환자 건강의 주도권을 가짐으로써 질병을 더 잘 관리 할 수 있다는 전통을 고수했다. 하지만 IT 기술과 개방 데이터가 가지고 오는 변화는 헬스케어 산업을 전반을 파괴하고 있다.

사람들의 주머니 속 스마트폰은 과거 휴대용 의료 기기들이 가진 많은 문제를 해결하고 있다. 카메라나 마이크를 이용한 피부암 진단기, 모바일 심전도 측정기 등 환자 자신이 건강을 직접 모니터링 및 측정하고 관리할 수 있는 웨어러블 디바이스들이 바로 새로운 병원 밖 디지털 헬스 산업을 주도 하고 있다. 이미 애플, 구글, 삼성 등 스마트폰을 기반으로 모바일 디지털 헬스케어를 통합하는 플랫폼 개발이 한창이다.

구글은 2015년 안드로이드웨어라는 새로운 오픈 플랫폼을 선보이며 여러 가지 웨어러블 기기들과 함께, 새로운 헬스케어 플랫폼인 구글핏을 공개했다. 구글핏이 경쟁자 애플이 선보인 헬스킷과 유사한 점들이 많지만 가장 중요한 차이는 좀더 개방적으로 사업을 진행하고 있다는 점이다. 디지털 헬스케어 분야에 새롭게 등장하고 있는 오픈 플랫폼들과 기술들은 민간 부문 신규 비즈니스 창출을 가속화하게 될 것이다. 이를 통해 미래 혁신 산업 일자리 확대가 이루어질 것이고 멀게 보이던 맞춤형 개인 헬스케어 의료서비스를 우리 앞에 당겨 놓을 것이다.

오픈데이토피아
시즌2를 위한 준비

인간의 얼굴을 한 기술이면
얼마든지 행복하게 살 수 있다.
– 슈마허(경제학자)

21세기 세계 최고 슈퍼 리치인 마이크로소프트 창업자 빌 게이츠는 사회적으로 기부도 제일 많이 하는 선한 사람으로 자주 언론에 보도된다. 하지만 그가 마이크로소프트를 경영할 때는 결코 '착하게만' 행동하지 않았다. 경영자로서 빌 게이츠는 회사 이윤과 성장이 가장 큰 목표였기 때문에 회사를 중심으로 다른 이해관계자들이 모두 '윈윈' 할 수 있는 스마트 경영을 펼쳤다.

마이크로소프트 회장직에서 물러난 지금 부인 벨린다와 함께 게이츠재단을 통해 사회사업에 몰두하고 있는데, 지금도 무조건 사회 소외계층을 도와주는 것이 아니라 어떻게 하면 가장 효율적으로 사회사업을 할 것인지를 고민한다. 자원이 무한하다면 이럴 필요가 없다. 하지만 제아무리 빌 게이츠라도 재산이 유한하기 때문에 최소한의 자원을 활용해 가장 큰 효과를 노리면서 상생하는 전략이 필요하다. 때로는 이렇게 스마트한 행동이 단순히 착한 행동보다 더 큰 효과를 이끌어낼 수 있다. 시대와 세대를 막론하고 최소 투자, 최대 이윤은 모든 장사꾼들의 영리한 경영 법칙이다. 오픈데이토피아 시즌2는 이렇게 가장 명쾌하면서 단순한 원리로 진화하고 있다.

4차 산업혁명시대 이후

| 긱 이코노미가 문제다

긱(gig)의 의미는 '음악가의 하룻밤' 일을 나타내는 속어다. 주로 음악가들이 단기간 공연을 위해 계약하는 형식을 의미한다. 예를 들어 한 재즈 가수가 주말 서울의 홍대 작은 홀에서 공연하기로 했다. 이름있는 가수가 아닌 이상 반주를 같이 할 전속 연주자들과 항상 함께 공연을 할 수가 없을 것이다. 이럴 경우 차선책은 홍대 주변 연주자들을 찾을 것이다. 주변 연주자들은 바로 무대에서 연주 가능한 장르가 있을 것이고 전날이나 당일 공연 시작 몇 번 반주를 조율하는 것만으로도 무대에 설 수 있을 것이다.

1920년대 이후 미국의 대도시를 중심으로 늘어났던 재즈 클럽 주위에서 생겨난 '긱(사회성이 떨어지는 과학, 공학도를 놀릴 때 흔히 쓰는 geek과는 다른 단어다)'이라는 단어가 경제 형태를 가리키는 새로운 표현으로 등장하고 있다. 과거 특정집단에 국한되었던 작업형태를 다른 산업이 사용하고 있기 때문이다. 이제 몇 십 년 후에는 모든 노동이 긱 형태로 변할 것이라고까지 말하는 사람들도 있을 만큼 긱 이코노미는 산업 전반에 빠르게 확산되고 있다.

긱 이코노미와 같은 초단기 고용 즉, 단기 기간제 업무를 의미하는 고용방식은 우버, 에어비앤비 등 아이러니 하게 공유경제 서비스의 부상과 맞물려 더욱 이슈가 되고 있다. 이 고용 관행이 얼마나 커질지 정확히 판단하기는 힘들지만 미 국세청 보고서 수치를 보면 긱 이코노미가 빠르게 성장하고 있음을 알 수 있다. 대략 8200만 건의 1099 보고서가 2010년 접수됐고 2014년, 그 수는 9100만 건으로 증가했다(Economy Here's).

미국의 대표적인 프리랜서 대상 계약 마켓플레이스인 업워크(Upwork)에는 약 10억 달러 규모의 프리랜서 작업이 매년 이곳을 통해 거래되며, 새로운 기술 유행과 트렌드를 미리 알려주는 곳으로도 유명하다. 이 업워크 2015 프리랜싱 인 아메리카(Freelancing in America) 조사에서도 미국인 3명 중 1명이 2014년 긱 형태의 프리랜서로 일했고, 이들의 60%가 정규직 근무 대신 단기 긱 고용형태를 선택했다(America Freelancing).

지난 세기부터 지금까지 산업중심 사회에서 기업과 개인의 일반적인 근로 형태는 기업이 노동자를 채용하고 개인은 정기적으로 고정적인 보수를 지급받는 형식이었다. 여기서 노동자들은 안정적인 일자리와 함께 여러 노동권리를 보장받았다. 하지만 4차 산업혁명

300

과 같은 새로운 형태의 산업구조는 사회 전반에 여러 근로형식을 요구하기 시작했다. 현재 우리나라를 포함해서 미국, 일본, 인도, 중국 등 전 세계에서 노동가능 인구의 30~45%인 약 8억5000만 명이 파트타임 정도의 일만 하고 있다. 긱 이코노미 긍정론자들은 이들에게 양질의 일자리를 제공하여 사회 전반에 특정 기술이나 능력에 대한 수급 불균형을 완화할 수 있다고 주장한다. 물론 계약직이나 프리랜서 방식이 노동시장에서 차지하는 비중이 높아짐에 따라 고용 유연성도 함께 높아지는 긍정적인 효과도 가져왔다. 이미 고용주들은 긱 이코노미가 인재 채용 문제들을 해결하는 데 도움되고 있음을 점차 알아가고 있다. 기업은 이를 통해 고도로 능력 있는 노동자들을 필요에 맞춰 채용하는 데 도움을 받을 수 있게 됐다.

긱 이코노미 성장의 가장 큰 배경은 오픈데이토피아와 같은 개방형 플랫폼들을 통한 온라인 접근성의 확대도 한 몫 했다. 긱 이코노미 이전에도 기간제 고용 형식은 존재 해왔다. 하지만 모바일 앱과 같이 수요자와 공급자를 이어주는 O2O 중심 온-디멘드 플랫폼 인기가 높아지며 고용 시장에서 영향력이 커진 것이 긱 이코노미 확장의 주된 이유가 되고 있다. 이런 이유로 맥킨지앤컴퍼니는 2015년 한 보고서에서 긱 이코노미를 '온라인 탤런트 플랫폼'이라고 부르기 시작했다.

맥킨지앤컴퍼니에 의하면 2025년까지 온라인 탤런트 플랫폼이 창출하는 부가가치는 2조7000억 달러에 이를 전망이고 이는 전 세계 국내총생산(GDP)의 2%에 해당하는 규모다. 이를 통해 약 5억 4000만 명이 혜택을 받을 것으로 예측되었고 이 중 절반에 가까운

2억3000만 명이 구직 활동에 필요한 시간을 단축할 수 있으며, 2억 명은 이 온라인 플랫폼을 통해 근로 시간을 늘려 소득 증대 효과를 볼 수 있다고 언급했다. 이외에 6000만 명은 자신이 보유한 기술이나 관심사에 적합한 일자리를 구할 수 있으며, 5000만 명은 비정규직에서 정규직으로 전환할 수 있을 것으로 예상했다(James Manyika Susan). 이런 긍정적 신호에도 불구하고 세계경제 수장 미국 연방준비제도재닛 옐런 의장은 지난 6개월간 거의 모든 기자회견과 2번의 의회 증언에서 빼놓지 않고 긱 이코노미와 비정규직 문제를 언급할 정도로 긱 이코노미는 가뜩이나 어려운 세계 경제에 뜨거운 감자가 되고 있다.

CNN머니는 최근 보도에서 정규직을 희망하지만 비정규직 일자리를 전전하는 '비자발적 비정규직' 미국인이 600만 명으로, 지난 30년간의 평균치인 480만 명을 훨씬 웃돌고 있다고 전했다. 2014년 이후 미국의 실업률은 5%에 불과해 지난 2년간 고용시장이 튼튼한 흐름을 지속해온 것으로 평가되었지만 비정규직 문제는 여전히 미국 고용시장의 '아픈 손가락'으로 남아있다는 것이다. 비정규직 인구는 지난 2008년 금융위기 직후의 절정기에서 감소하는 추세이지만, 일부 전문가들은 높은 비정규직 비율이 미국의 '뉴노멀'(시대 변화에 따라 새롭게 떠오르는 기준)로 자리잡았다고 설명한다. 전문가들은 비정규직을 '숨겨진 실업'으로 간주해야 한다는 입장이다 (GillespiePatrick, 2016.4).

긱 이코노미와 같은 새로운 고용구조, 인공지능과 같은 미래 신

기술들은 향후 노동시장 환경을 극적으로 변화시킬 것이다. 이 새로운 부정하고 싶은 현실의 가장 큰 문제는 '사라지는 일자리'다. 산업혁명으로 생계를 잃은 영국 노동자들이 1811년 일자리를 앗아간 기계를 부쉈댔던 '러다이트 운동'이 벌어진 지 200여년이 흐른 지금, 상황은 비슷하다. 가구 공룡 '이케아'의 셀프 계산대, 과거 주유원을 대체하고 전국에 빠르게 보급된 셀프 주유소, 사람 하나 없는 자동차 공장 등 기술은 사람을 대신하며 빠르고 정확한 일꾼들을 만들어 냈다. 자본주의 사회에서 자동화로 인한 일자리 감소는 몇 백년간 이어져온 흔한 일이라고 하기에는 이미 임계점을 넘었다. 예언은 여러 번 있었다.

2016년 1월 20일부터 23일까지 스위스 다보스에서 개최된 세계경제포럼(WEF)에서는 제4차 산업혁명의 이해라는 주제로 활발한 세계 지도자들의 논의가 이루어 졌다. 로봇과 인공지능의 발달로 화이트칼라(사무, 행정직)의 일자리 2/3가 사라질 것이며 2020년까지 향후 5년간 15개국의 약 500만개 일자리가 사라진다는 충격적인 보고서가 나왔다.

경고는 이뿐만이 아니다. '유엔 미래보고서 2045'는 현재 일자리의 80%인 20억 개가 2030년이면 사라진다고 했다. 이 같은 현상에 대해 '21세기 자본'으로 유명한 세계적 진보 경제학자 토마 피케티는 과거 두 세기 동안 이어진 경제 불균형은 자본이 소수 대기업에 집중됐기 때문이었지만 오늘날에는 특화된 노동 플랫폼이 사회 불평등을 야기한다고 지적했다. 피케티는 긱 이코노미 같은 고용 형태와 O2O 등으로 대변되는 새로운 온라인 주문형 서비스 확산은 불특정 다수가 아닌 특정 고객층을 목표로 하고 있다는 것이다. 또 여기 종사하는 노동자들은 기존 사회안전망 울타리 밖에 머물 수밖에 없다는 지적은 세계 각국 지도자들에게 새로운 사회, 경제 과제를 만들어 내고 있다. 최근 새롭게 각광 받고 있는 오픈 플랫폼과 공유 기술 발전이 기업 경영의 긍정적 측면에서 경영자, 소비자, 노동자들 모두에게 도움 되는 쪽으로 갈 것은 분명해 지고 있다. 하지만 여전히 많은 부분에서 보완이 필요하고 이에 대한 사회적 합의는 지금부터 시작해야 한다. 왜냐하면 그 변화의 대상이 일부 계층이 아닌 바로 대다수 '우리' 자신이기 때문이다.

| 인더스트리 4.0이 모든 것을 바꾼다

기업 혁신 속도에 비해 정부 대응이 항상 보수적인 이웃나라 일본은 새로운 산업혁명 변화에 신속하게 대응하기 위한 신산업구조비전을 공개했다. 우선 로봇, 인공지능 등 미래 기술 혁신에 적절히 대처하지 못할 경우 2030년까지 일본 전체 노동인구(2015년 기준)의 10%인 735만 명이 일자리를 잃을 것으로 예상했다. 일본 정부가 AI와 로봇 등 기술혁신이 고용구조에 미칠 영향을 분석한 보고서를 작성한 것은 이번이 처음이다.

경제산업성은 직업을 9종류로 나눠 15년 후 각 직업별 종사자수 변화를 '현상 방치'했을 경우와 '혁신'으로 대처할 경우 등 2개의 시나리오로 구분해 분석했다. 매장 근로자나 공장 생산 종업원 같은 직업은 인공지능이나 로봇으로 대체되기 때문에 저임금인 일부 업종을 제외하고는 모두 고용이 줄어들것이며, 이들 업종은 '현상 방치'나 '혁신' 시나리오 모두에서 60만 명 이상이 줄어들 것으로 예측됐다.

반면 혁신 시나리오에서는 부가가치가 높은 서비스업 등이 성장해 고용감소를 보완할 고소득 업무가 늘어날 것으로 예측했다. 고도의 컨설팅을 수반하는 영업·판매직은 변혁 시나리오에서 15년 후인 2030년까지 오히려 114만 명 증가한다는 것이다. 고객수요 심층분석이나 새로운 서비스가 생겨나기 때문에 데이터 분석 등의 기술을 가진 인력이 점점 더 필요해 진다는 것이다. 반대로 현상을 방치하면 새로운 고객 서비스 창출이 이뤄지지 않아 종사자 수가 62만 명 줄어들 것으로 예상했다.

세계 경제 대국 일본은 "혁신을 한다는 결의를 갖고 대처하지 않으면 점차 가난해질 것"이라며 업계에 지금까지의 연장 선상이 아닌 말 그대로 혁신을 추진할 것을 촉구하기도 했다(경제산업성일본, 2016.4).

일본 경제산업성이 강조한 4차 산업혁명이 아직 초창기이지만 인더스트리 4.0으로 불리며 독일과 미국 등 전통적 산업 경제 국가들에서는 이미 시작되어 이제 4세대 산업혁명으로 발전하고 있다. 18세기 증기기관 발명으로 시작된 기계식 생산방식 도입(1784년 최초의 기계식 방직기)으로 기존 수작업 생산 방식과는 비교할 수 없을 정도로 생산성이 크게 향상되어 1차 산업혁명(인더스트리 1.0)이 시작되었다.

19세기에는 포디즘을 대표하는 컨베이어벨트(1870년 신시네티 도

축장 최초의 컨베이어 벨트)가 자동차 공장에 도입되고, 증기기관을 대신하는 전기동력이 공장에 도입되면서 분업과 자동화 생산이 급속히 확산되는 2차 산업혁명(인더스트리 2.0)을 맞게 된다.

이후 우리는 1970년대부터 오늘날까지 IT와 로봇, 컴퓨터를 통한 자동화 대량생산체계(1969년 최초의 Programmable Logic Controller)가 주류를 이루고 있는 3차 산업혁명(인더스트리 3.0)의 시대를 살고 있다.

하지만 이제 4차 산업혁명인 인더스트리 4.0을 통해 기계와 사람, 인터넷 서비스가 상호 연결되어 가볍고 유연한 생산체계를 구현하여 다품종 대량생산이 가능한 생산 패러다임의 시대에 접어들고 있다(딜로이트).

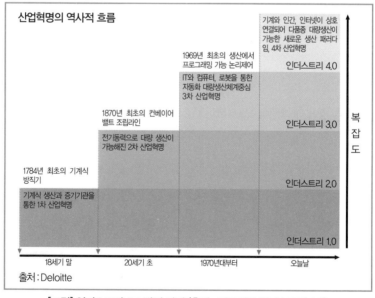

[그림] 인더스트리 4.0 발전 과정 (출처 : 딜로이트 인더스트리 4.0)

4차 산업혁명은 ICT기반 정보통신 기술과 제조업의 전통적인 생산공정에 광범위하게 확장되며, 사이버물리생산시스템(CPPSs: Cyber-Physical Productions Systems)으로 물리적 현실세계와 사이버 세계 경계가 사라질 것으로 예상된다. 이 공간은 소셜 네트워크와 유사한 방식으로 연결된 소셜 머신의 온라인 네트워크이다. 즉, IT가 기계/전자적 부품과 연계되어 네트워크와 상호 커뮤니케이션을 하게 된다는 것이다.

인더스트리 4.0으로 대변되는 디지털 혁신에서 사물, 사람, 데이터, 서비스가 인터넷으로 연결되며 새로운 네트워크와 결합된 산업들은 다시 한번 엄청난 변화를 가져올 것이다. 이미 대다수 선진국가들이 글로벌 경쟁력 향상, 저임금 국가로의 생산 공장 이전의 중단, 유럽과 북미지역의 새로운 생산공장 설립 등 많은 장점을 가지고 올 것으로 기대하고 있다.

인더스트리 4.0은 제조업 강국 독일 정부가 자국의 제조업의 경쟁력 강화를 위해 추진하고 있는 성장 전략 중 하나인 독인 산업 부흥정책 'High-Tech Strategy 2020 Action Plan'으로 세상에 처음 소개되었다. 제조 강국 독일은 다가오는 4차 산업혁명을 대표하는 국가로 자리매김할 것으로 예상된다.

4차 산업혁명기로 불리는 인더스트리 4.0을 통해 ICT와 제조업 융합으로 산업기기와 모든 생산과정은 우리 인간들과 모두 네트워크로 연결되어 소통하며 전사적 최적화가 가능하게 될 것이다. 전문가들은 이런 기술적 진보를 통해 산업 현장에서 스스로 생산, 공정통제 및 수리, 작업장 안전 등을 완벽하게 관리할 수 있는 산업

유토피아인 스마트 팩토리(Smart Factory)가 만들어질 것으로 예상하고 있다.

스마트 팩토리에서는 산업 공정의 완전한 자동생산 체계와 지능형 시스템을 통해 생산성과 효율성에 극적인 변화가 이루어진다. 또 센싱이나 확보된 데이터를 통해 사물에 인터넷을 연결하는 사물인터넷의 발전은 우리 일반적인 생활뿐 아니라 제조업 생산방식을 180도로 바꾸어 놓게 될 것으로 예상된다. '롱테일'과 '프리코노믹스(공짜경제학)' 이론을 주장한 크리스 앤더슨은 '메이커스'에서 인터넷 보급 이후 나타나고 있는 새로운 4차 산업혁명의 전조와 향후 10년간 일어날 기술혁명의 미래를 보여 주었다. 특히 제조업과 디지털 기술 융합으로 세상이 어떻게 바뀔지를 예측했다(크리스 앤더슨, 2013). 만드는 사람, 제조자, 제조업체 등을 뜻하는 '메이커스'는 어느 시대나 존재해 왔지만 인더스트리 4.0에서 새로운 '메이커'는 이전 세대와 달리 기술에 정통하고 강력한 오픈데이토피아 디지털 도구를 활용하는 산업 구조의 주인공이 되고 있다.

오픈데이토피아시대 착한 기술

| 시민 과학자로 살다

대표적 시민중심 성공 모델은 '주니버스'가 제시하는 참여형 기술이다. 인류의 우주 진출과 태양계 탐사는 냉전시대 미국과 소련이 벌인 체제 경쟁의 산물이었다. GPS 기반 오픈데이토피아 신호탄이 되었던 스푸트니크 발사 성공으로 앞서 나간 소련은 1959년 9월 달을 향해 로켓을 발사하는 데 성공했다. 우주에 대한 신비는 인류 시작과 함께 동경의 대상이었다.

2000년에 들어서면서 세계 여러 대학과 연구기관들은 '슬로언 디지털 하늘 탐사(Sloan Digital Sky Survey)'라는 프로젝트를 시작한다. 우리가 보고 있는 하늘 4분의 1에 해당하는 영역을 수 년에 걸쳐서 깊게 탐사하는 초대형 관측 사업이었다. 그 탐사 결과물로 수백만 개의 은하들에 대한 새로운 영상을 얻을 수 있었는데, 문제는 그 다음이었다.

은하 연구를 시작하는 가장 기본적인 일 중 하나는 바로 은하 형태를 분류하는 일인데, 은하 형태 분류는 대부분의 경우에 사람이 컴퓨터보다 훨씬 더 잘 하는 것으로 알려져 있다. 즉 수백만 개에 이르는 은하를 일일이 사람 눈으로 보고 분류할 필요가 생긴 것이다. 수십 명이 달라붙어도 수 년은 족히 걸릴 일이었다.

이를 해결하기 위해서 '갤럭시 주(http://www.galaxyzoo.org/)'라는 시민 과학 참여 프로젝트가 시작되었다. 참여 방법은 아주 간단했는데, 회원 가입 후 짧은 기본 교육을 받은 다음, 임의로 나타나는 은하 형태를 서너 가지 정도의 유형으로 고르기만 하면 되는 일이었다.

이후 약 오십만 명에 이르는 일반 시민들이 자발적으로 참여해 은하 형태 분류를 해냈고, 관련된 논문만 20여 편에 이르는 성공적인 참여형 프로젝트가 되었다. 디지털 세상 인터넷이 없던 시대라면 아마 이 갤럭시 '주' 프로젝트는 이뤄지지 못했을 것이다.

이 프로젝트는 인터넷 웹 기반으로 운영되어 전 세계 어디에서라도 프로젝트에 관심만 있다면 간단히 참여할 수 있다는 장점이 있었다. 이 프로젝트에 참가한 평범한 시민 중 한 명인 네덜란드 학교 교사 '해니 반 아르켈'은 푸른 빛이 도는 특이한 천체를 반복적으로 목격하고 이를 프로젝트 천문학자들과 의논하였다. 천문학자들도 이 천체가 독특하다는 것을 파악하고 결과를 새로운 논문으로 발표하기도 했다. 이 특이한 천체(실제로는 가스 구름)는 최초 발견자의 이름을 따서 '해니의 천체(Hanny's Voorwerp)'라고 명명하였다. 천문학자들이 필요로 하는 인력과 평범한 아마추어 천문학자들의 참여 욕구가 개방 인터넷 공간에서 적절하게 맞닿은 결과, 프로젝트를 완성 할 수 있게 된 것이다.

이후 '갤럭시 주' 프로젝트 성공에 힘을 받아 다양한 종류의 시민 과학 참여 프로젝트가 만들어지기 시작했다. 이러한 프로젝트들을 한데 모아놓은 개방 서비스가 '주니버스(Zooniverse)'이다. 여기에는 천문학뿐만 아니라 기상학, 생물학, 그리고 고고학에 이르기까지 다양한 네트워크 기반 시민 과학 참여 프로젝트들의 링크를 담고 있다.

대중들의 자발적 참여로 만들어진 주니버스와 같은 착한 오픈데이터피아 기술을 통해 작은 노력이 기술 혁신의 가지고 오는 사례는 이미 앞에서 여러 차례 보았다. 시민 오픈이노베이션 기반 요소들은 이미 주변에 차고 넘친다. 다만 우리들에게 알려지지 않았을 뿐이다.

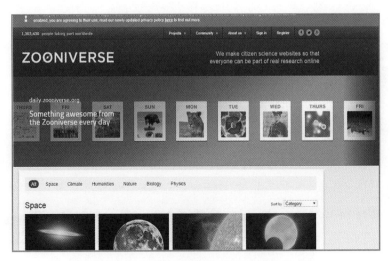

[그림] 대표적 시민과학 오픈데이토피아 프로젝트 주니버스

일본의 대표적인 반핵 과학자 다카기 진자부로는 암투병 중(2000년 10월에 영면)에 집필한 《시민 과학자로 살다》에서 명실상부한 도쿄대 출신 유능한 원자핵과학자가 어쩌다가 국가와 기업의 그늘에서 벗어나 '시민 과학자'로 살아가게 됐는지 자서전적인 책에서 대중과학자로의 삶을 표현했다(다카기 진자부로, 2011)

실험과학자로서, 나 또한 상아탑 안의 실험실에서가 아니라 스스로의 삶 자체를 실험실로 삼아, 방사능을 두려워하는 어민들과 불도저 앞에서 눈물 흘리는 농민의 처지를 내 것으로 하는 데서부터 출발할 수밖에 없다고 생각했다. 대학에서 나가자, 나는 그렇게 마음을 굳혔다.

| 인간중심형 적정기술

적정기술(Appropriate technology)의 사전적 정의는 그 기술이 사용되는 사회 공동체의 정치, 문화, 환경적 조건을 고려해 해당 지역에서 지속적인 생산과 소비가 가능하도록 만들어진 기술이며, 인간의 삶의 질을 궁극적으로 향상시킬 수 있는 기술을 말한다.

적정기술 개념은 1960년대 경제학자 슈마허(E. F. Schumacher, 1911~1977)가 만들어낸 중간기술(intermediate technology)에서 시작되었다. 슈마허는 선진국과 제3세계 빈부 양극화 문제에 대해 고민하던 중 간디의 자립경제 운동과 불교 철학에서 영감을 받아 올바른 개발이 달성되기 위해서는 중간 규모의 기술이 필요하다고 주장하였다. 중간기술은 과거의 원시적인 기술보다는 훨씬 우수하지만 선진국의 거대 기술(super technology)에 비하면 아주 많이 소박한 기술이다(https://en.wikipedia.org/wiki/Appropriate_technology).

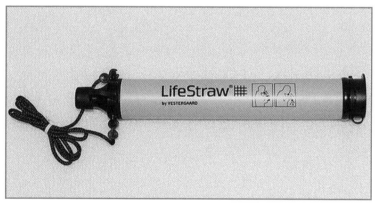

[그림] 빨대 형식의 휴대용 정수기 라이프스트로(Life straw) (출처 : 구글 이미지)

대표적 적정기술은 저개발국이나 저소득층 등 기술발달에서 소외된 이들을 위한 인식의 전환에서 출발한다. 깨끗한 물을 마시기 어려운 지역주민들을 위해 개발된 빨대 형식의 휴대용 정수기 라이프스트로(Life straw), 멀리서 물을 날라야 하는 생활에 큰 변화를 가져온 굴리는 물통 큐드럼(Q-Drum), 전기 없이도 농산물을 냉장 보관하는 팟인팟쿨러(Pot-in-pot cooler), 20달러 미만의 저렴한 인공 무릎관절 자이푸르니(Jaipur Knee) 등이 적정 기술을 넘어 착한 기술로 많이 소개되고 있다. 미래에는 이런 물리적 착한 기술이 앞서 소개한 오픈 플랫폼과 결합하여 좀 더 파괴적 인간 중심형 적정기술로 발전하기를 기대해 본다.

| 누구나 할 수 있는 적정기술이 미래 혁신이다

산업혁명 이후 과학과 기술은 인간을 물리적 제약 조건에서 해방시키는 원동력이며 대안인 듯 여겨졌다. 그러나 핵무기와 같은 첨단 전쟁 무기의 파괴력과 일본 후쿠시마 원전 사태에서도 보듯 과학의 진보는 종종 인간이 만든 또 다른 재난을 가지고 왔다. 과학의 합리성과 중립성이 훼손되면서 제시된 의문은 '누구를 위한 과학'이며 '과학이 갖는 위험성을 어떻게 통제할 수 있느냐?' 하는 것이었다. 시민 과학(Citizen science)은 바로 이러한 질문에 답을 찾기 위해 출발한다.

1970년대 이후 유럽과 미국에서 시작된 과학기술학(STS: Science and Technology Studies)은 과학기술이 사회적 구성원들과 합의에 의해 만들어진 결과물이며, 따라서 과학기술과 사회는 밀접하게 서로 연결되어있다는 시각이다. 과학기술 대중화와 사회 민주화는 서로 분리할 수 없으며, 과학기술이 이를 수행하는 시민들과 결합하여 오늘날 기후, 환경 등 사회 공통 문제를 풀 수 있는 유일한 대안으로 떠오르고 있다. 대중이 중심이 되는 시민과학은 과학 커뮤니케이션 모델 측면에서 다시 분류할 수 있다.

과학 커뮤니케이션 모델 유형

− 결손 모델: 전문가에서 시민으로 일방적으로 소통이 진행되는 가장 원시적인 형태의 모델로써 시민의 무지와 오류로 과학에 대한 저항이 발생한다.

− 대화 모델: 전문가와 다양한 그룹 사이의 대화를 강조하는 모델이다. 이는 결손 모델보다는 진보한 모델이지만 여전히 전문가의 관점이 유지된다는 한계가 있다.

− 참여 모델: 전문가, 그룹, 시민들의 대화가 서로 조화를 이루면서 이들 모두가 과학정책 의사결정에 참여하는 모델이다. 참여 모델은 과학의 발전 자체만을 전제하지 않고 과학이 무엇을 위해 존재하며 또는 과학이 누구를 위한 발전인가 등 과학의 외연을 확장해 논의한다.

어떤 과학기술이 사회에 등장했을 때 이 기술은 누구를 위한 기술이며, 우리는 어떤 미래에 살고 싶어 하는지, 누가 이익을 얻고 누가 손해를 보는지, 공공 복지를 위한 연구에 부합하는지 등 시민들이 궁금하고 의아해하는 점에 대해 과학자들이 대중과 허심탄회

하게 의사소통을 할 수 있을 때 비로소 그 과학기술은 한 사회에 뿌리내릴 수 있고 더 많은 정책 참여를 유도한다. 또한 과학기술 전문가가 대표하지 못하는 집단의 부분적 대표 기능까지 수행하여 결국 대중과 전문가 사이의 간극을 좁혀 과학 연구의 정당성을 회복하는 역할도 수행한다.

21세기 기술혁신은 너무나 복잡하게 융합되어 통합과 불확실성, 기술수혜자 이익에 따른 위험이 항상 공존하고 있다. 결국 불확실성 속에서 과학문화는 소통을 기반으로 다양한 시민참여가 옵션이 아니라 필수라는 새로운 패러다임을 요구하고 있다(자료: 능동적 시민참여, 과학문화 새 패러다임, 사이언스타임스, March 21, 2015).

4차 산업혁명으로 모든 노동 플랫폼이 변화하는 지금, 우리 사회가 최우선 고민해야 하는 과학기술 패러다임으로 누구나 접근하여 공감할 수 있는 '참여형 착한기술'이 대안이 되어야 하는 이유가 여기에 있다.

당신의 혁신은 민주적인가

| 오픈 에반젤리스트들을 믿는다

무한 경쟁시대 기업들은 뛰어난 제품이나 서비스를 제공하기 위해, 그리고 제품 개발과 매출 창출을 목표로 시장 선점을 향해 거침없이 달려가고 있다. 이렇게 기술로 무장한 제품과 서비스를 세상에 알리는 전도사 역할을 하는 사람들을 '테크놀로지 에반젤리스트'

라고 부른다. 오픈데이토피아에서는 무한 인터넷을 통해 넘치는 정보와 지식 공유를 바탕으로 전문가들 의견이나 신념이 소비자나 이해당사자들에게 가감 없이 확대되고 있다. 이런 환경에서 에반젤리스트들은 일방적으로 기업 입장만을 전달하는 공공의 적이 아닌 사용자나 외부 개발자 입장에서 좀더 객관적으로 신기술을 전파하는 역할로 성장하고 있다.

한 걸음 더 나아가 에반젤리스트들은 단순한 전달자(Messanger)가 아닌 기업 내, 외부를 연결하는 연결자(Connector)로도 성장하고 있다. 잘 알려지지는 않았지만 MS의 짐 플래먼든(Jim Plamondon)도 에반젤리스트 중 한 명이다. 플래먼든은 MS 플랫폼 기술을 업계 표준으로 확보하기 위해 전략을 구상하고 이를 성공적으로 확장하여 MS를 윈도 OS 시장의 지배자로 만들었다. 테크놀로지 에반젤리스트의 최초 개척자로 평가받는 사람은 '마이크 보이치(Mike Boich)'다.

매킨토시 개발로 심한 압박을 받던 스티브 잡스는 복잡한 상황에서 스탠퍼스 대학 강의 요청을 받아들인다. 당시 스탠퍼드 대학 측에서 잡스에게 마이크 보이치를 소개해주었다. 이 우연한 만남으로 매킨토시가 역사에 남을 성공 사례로, 또 애플이 새로운 혁신을 만드는 계기가 되었다. 보이치는 개발자들을 설득하여 매킨토시 전용 소프트웨어를 개발하도록 설득했다. 그 결과 애플이 세상에 선보인 매킨토시 컴퓨터를 소프트웨어 개발자들과 소비자들에게 소개하는 다리 역할을 했다.

스티브 잡스는 이 테크놀로지 에반젤리스트들을 가장 효과적으로 활용했다. 이미 잘 알려진 것처럼 본인이 직접 아이팟, 아이폰,

아이패드 등 많은 제품들을 출시할 때 마다 검은색 티와 청바지로 전 세계 수많은 충성고객을 확보했다. 뿐만 아니라 오늘날 애플 왕국을 만든 가장 강력한 도구인 개방형 생태계(애플 스토어)가 탄생하는 역할을 했다. 과거 에반젤리스트는 MS나 애플처럼 IT 기업에만 한정되었다. 하지만 최근 개방되어 제작되는 오픈데이토피아 플랫폼들은 네트워크 접속을 통해 누구나 에반젤리스트가 될 수 있는 간단한 파괴적 도구들을 제공하고 있다. 그리고 이들이 만든 기술 혁신이 민주적인 이유도 그 결과를 대중들과 공유하며 또 다른 혁신을 앞당기는 불씨가 되고 있기 때문일 것이다.

| 유니콘은 존재하지 않는다

스탠포드 대학 파멜라 힌즈(Pamela J. Hinds) 교수는 1990년대 중반 휴대폰이 아직 널리 보급되지 않았던 시기 재미 있는 연구 결과를 수행했다. 힌즈는 실험 도구로 휴대폰을 사용했다.

힌즈는 피실험 대상을 휴대폰 기능을 능숙하게 사용하는 휴대폰 영업사원들(전문가-18명), 어느 정도 휴대폰을 써본 사용자들(중간일반그룹-44명), 그리고 휴대폰 이용 경험이 전혀 없는 사람들(초보자-34명), 이렇게 세 그룹으로 나누어 실험을 수행한다. 이 사람들 중에는 휴대폰을 한번도 사용해 보지 않은 사람도 있었다. 그녀는 우선 대상자들 모두에게 최신형 휴대폰을 보여주면서, 초보자가 휴대폰에 딸려오는 설명서만 보고 음성메시지함에 인사말을 저장하고, 음성메시지를 발송하고, 도착한 음성메시지를 확인하는 등의 일을 얼마 시간 내에 완료할지 예측하라고 했다. 휴대폰 사용 학습

에 걸리는 시간을 예측해보라는 질문을 던진 것이다. 그런 다음, 힌
즈는 초보자들에게 휴대폰을 설명서와 함께 나눠 주고 실제로 과제
를 수행하게 했다. 세 그룹 중에 누가 초보자의 학습 능력을 올바르
게 예측했을까? 초보자들이 스스로 자기들 학습 능력을 객관적으로
판단했을까? 아니면 휴대폰 사용 경험이 많은 전문가 그룹인 영업
사원들이 가장 근접한 답을 구했을까?

　두 그룹 피시험자들은 실제값과 크게 빗나가는 예측을 하고 말았
다. 연구 결과 초보자들은 평균 31.5분 내에 과제를 수행했지만, 영
업사원들은 초보자들이 휴대폰 음성메시지함 사용법을 익히는 데
13분도 채 걸리지 않을 거라 예측했다. 예측의 오차가 약 20분이
나 되었던 것이다. 흥미로운 점은 초보자들도 자신들이 과제를 완
료하는 데에 13~15분 밖에 걸리지 않을 거라 예측했다. 자신의 능
력을 과신했던 것이다. 결국 가장 정확한 예측을 한 집단은 중간 정
도의 지식을 가지고 있는 일반인이었다. 이렇게 자신의 전문경험이
오히려 오판을 일으키는 원인이 되는 현상을 '전문가의 저주(curse
of the expert 혹은 curse of expertise)'라고 한다(The Curse of Expertise:
The Effects of Expertise and Debiasing Methods on Predictions of Novice
Performance, Journal of Experimental Psychology: Applied 1999, Vol. 5,
No. 2,205-221).

　전문가들이 능력을 발휘하는 경우는 일하는 환경이 변화가 적은
익숙한 일인 경우에나 유효했다. 익숙한 대상에 대하여 전문가들은
한번 보기만 해도 원인을 찾고, 해결책을 제시해 준다. 하지만 오픈

이노베이션 기술과 네트워크로 진화하고 있는 오늘날에는 그 변화가 너무 빠르게 다가온다. 변화는 시간이 지날수록 더욱 가속이 붙는다. 속도가 빠르면 시야가 좁아진다. 시야가 좁아지면 환경변화를 감지하기 어렵다. 그러므로, 변화가 심한 환경에서는 전문가는 자신의 경험이 더 이상 유효하지 않은 현상에 맞닥뜨리게 된다.

이런 '전문가의 저주'를 벗어나는 길은 무엇일까? 빠른 변화의 세계에서는 단지 전문가를 지향하는 것만으로는 부족하다. 속도의 시대에는 끊임없이 배우는 자세가 필요하며 그 대상은 내부가 아닌 외부에서 찾을 수 있을 것이다. 미래에, 아니 지금 혁신을 꿈꾸는 전문가들은 세상에 없거나 생소한 상품, 서비스를 소개하는 사람이 아니다. 네트워크로 연결되고 넘쳐나는 정보를 통해 시행착오를 최소화 하며 변화를 즐기는 사람들이 될 것이다. 새로운 신생 기업에 대한 이해가 가장 빠르고 뜨거운 스타트-업 성지인 실리콘 밸리가 지속할 수 있는 이유는 바로 기존 전문가들 쉼터가 아닌 개방된 정보를 활용하는 신생 기업가들이 도전할 수 있는 환경을 유지할 수 있어서 일 것이다. 세상에 머리에 뿔 달린 유니콘은 존재하지 않았고 앞으로도 나타나지 않을 것이다. 그 자리는 오직 개방과 협력을 무기로 하는 테크놀로지 에반젤리스트들만이 성공하는 기회를 찾게 될 것이라 감히 상상해 본다.

오픈데이토피아, 휴머니즘의 미래를 확보한다

| 컴퓨터와 인간의 대결

오픈데이터는 누구나 접근할 수 있으며, 자유로운 재사용과 배포가 가능하고, 상호 운영성을 가지고 결합할 수 있는 데이터를 의미한다. 컴퓨터 혹은 스마트폰과 월드와이드웹이라는 도구만 있으면 오픈데이터에 누구나 접근하여 사용할 수 있다는 의미이다. 또한 복잡한 문제도 대중의 힘을 빌어 인터넷 군중들에게 공개하면 간단하게 해결할 수도 있다. 오픈데이터 디지털 세상에서 가장 간단한 공개와 문제 해결 방법이 되고 있는 것이다.

하지만 오픈데이터는 정보 교환을 위해 상호 운영성(Interoperability)을 바탕으로 한다. 상호 운영성이라는 의미는 인간 대 인간, 컴퓨터와 컴퓨터, 컴퓨터와 인간이 서로 소통할 수 있는 형식을 의미한다. 우리가 네이버, 구글과 같은 인터넷을 검색 하게 되면 수많은 데이터 형식과 마주치게 된다. 신문 혹은 잡지 기사와 같은 텍스트(txt)형식일 수도 있고 일반적으로 사용하는 PDF(pdf), 아래한글(.hwp)이나 마이크로소프트 워드 문서(.doc)일 수도 있다. 이러한 형식은 인간이 읽고 해석 하기 쉬운 데이터 파일이다.

그러나 안타깝게도 컴퓨터는 인간과 달리 우리가 읽기 쉬운 데이터 파일 형식을 스스로 이해해서 자동적으로 처리할 수 없다. 다시 말해 엑셀에 저장된 비용(수치) 정보가 아래한글이나 pdf와 같은 형식으로 저장되고 작성되는 경우 컴퓨터는 단순히 이를 숫자가 아닌 그림 형식으로 이해하게 된다. 따라서 이를 컴퓨터에 이용할 수 있게 하려면 사람의 수작업을 거쳐 숫자 혹은 컴퓨터가 이해할 수 있는 형식으로 바꾸는 중간 과정이 필요하기도 하는데 이러한 과정을 데이터 가공 과정이라고 부른다.

물론 최근에는 이를 해결하기 위해 텍스트 마이닝(Text mining)과 같은 기술이 발달되어 좀더 인간과 컴퓨터 사이의 데이터 형식에 대한 거리를 좁히는 노력도 있으나 아직은 일반적으로 사용되는 방식은 아니고 일부 분야에서 진행되고 있다.

이러한 이유로 먼저 오픈데이터 형식은 컴퓨터가 해독 가능한(Machine-readable)형태의 데이터이어야 한다. 따라서 오픈데이터는 컴퓨터로 자동처리가 가능한 파일 포맷으로 공개되어야 하며, 이에 해당하는 데이터 파일 포맷은 XLS(X), TXT, CSV, XML, RDF 등이 있다. 또한 오픈데이터가 자유로운 재사용과 배포가 가능 하려면 어떠한 파일을 이용함에 있어 저작권이 있는 별도의 소프트웨어가 필요하지 않아야 한다. 예를 들어, 마이크로소프트 엑셀로 정보를 생산하면 컴퓨터 해독을 통해 데이터 자동 처리는 가능하지만, 엑셀이라는 저작권이 있는 소프트웨어를 보유하지 않고 있으면 정보에 접근해서 사용할 수 없기 때문에 엄밀히 말하면 오픈데이터에 해당하지 않는다.

결과적으로 저작권에서 자유로운 CSV, XML, RDF와 같은 형식의 데이터는 위의 두 조건을 모두 만족시켜 데이터 처리가 용이하기 때문에 오픈데이터로 가장 많이 사용되고 있다.

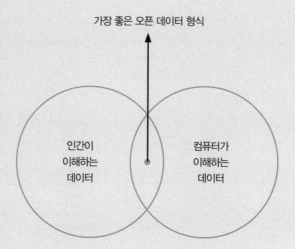

가장 좋은 오픈 데이터 형식

인간이
이해하는
데이터

컴퓨터가
이해하는
데이터

[그림] 인간과 컴퓨터에서 가장 좋은 오픈데이터 형식

| 오픈데이터 공유 방법 오픈 API

당신은 구글과 페이스북 사용자다. 몇 가지 정보를 입력하여 구글이나 페이스북 회원으로 가입했다. 이 권한을 가지고 직접 구매를 위해 새로운 해외 인터넷 쇼핑몰 사이트에 가입하려 한다. 그런데 해외로 내 개인 정보를 보내기는 부담스럽다. 다른 해외 직접 구매 인터넷 사이트에 다시 회원가입을 해야 할까?

이미 경험해 보았겠지만 이제는 그럴 필요가 없다. 이미 구글과 페이스북은 오픈 API를 개방하여 안전하게 회원가입 하는 과정을 제공해 주기 때문이다. 이렇게 적용된 기술을 개방과 공유의 사상이 적용된 '오픈 API(좀더 정확히 말해 인증 API)'라고 부른다.

페이스북이 적용하고 있는 API 인증방식은 기술용어로 OAuth 2.0에 해당한다. 오픈 API를 통해 개발자들은 보다 진화된 환경에서 더욱 빠르게 기능을 구현할 수 있고, 일반 사용자들은 구글과 페이스북 회원 가입만으로 여러 사이트에 추가로 회원가입 하는 번거로움 없이 안전하게 인터넷 환경을 이용할 수 있게 되었다.

이처럼 오픈 API는 서비스, 정보, 데이터 등을 언제, 어디서나 누구나 쉽게 이용할 수 있도록 개방된 프로그램 단위를 의미한다. 또한, 통신망 구조 및 독립적 기술로 새로운 응용 서비스를 쉽게 개발할 수 있도록 지원한다. 오픈 API는 데이터를 제어할 수 있는 간단하고 직관적인 인터페이스의 제공을 통해 이용자 참여를 유도하는 사용자 중심의 대표적 개방형 비즈니스 모델이다.

구글과 페이스북 인증 오픈 API는 이제 온라인 로그인의 표준이 되었으며 오픈 API로 플랫폼을 개방하는 전략은 트위터, 페이팔 등 대부분 IT 기업들이 추진하는 공개 비즈니스 모델 철학이 되었다. 특히 아마존은 제프 베조스의 지휘 아래 API를 개방한 후 아마존을 세상에서 가장 거대한 마켓으로 만들었다.

그럼 왜 구글, 애플, 아마존, 페이스북 등이 매년 수십 개의 기술기업을 인수합병하고 수천 개의 Open API를 발표할까? 주요 거대 IT서비스 업체들이 자기 서비스를 공개하면서 외부 개발자들을 유혹하고 있는 이유는 스스로 모든 것을 실행하는 전략보다 개방과 공유로 인한 가치 창출이 더 크기 때문일 것이다.

아마존은 서드 파티(제3자)들에게 파워 셀러를 위한 개별 쇼핑몰이나 상품 등록기능을 만들어 제공했고, 이들은 아마존에서 제공하는 마케팅 자료를 비즈니스 솔루션에 결합하는 프로그램을 상호 개발해서 비즈니스 영역을 확장할 수 있었다. 오픈 플랫폼의 가장 큰 효과는 서비스 제공 이용자들 사이에 상호작용이 일어나기 때문이다. 이런 오픈 플랫폼은 다른 경쟁 또는 대체 플랫폼에 의해 한계효용체감이 나타나도 기존에 확보되었던 고객 교차네트워크 효과로 사업 범위를 공고히 유지할 수 있는 특징이 있다. 따라서 오픈 플랫폼을 지속적으로 유지하기 위한 수단으로 인수합병을 통해 확보된 기술을 오픈 API형태로 고객들에게 개방하고 공짜 미끼로 교차 마케팅 수단을 제공하고 있는 것이다. IT기업들이 오픈 API를 중요한 개방비즈니스 플랫폼 전략으로 사용하는데 반해, 오픈데이터를 보유한 국가 플랫폼들은 시민들에게 정보를 제공하는 수단으로 오픈 API를 사용하기도 한다.

| 오픈데이터 활용 방식

우리는 앞에서 슈퍼 히어로 유주한 군이 버스 정보를 활용하여 새로운 모바일 앱 시스템을 개발하는 사례를 보았다. 버스 정보를 사용했다고 했는데 구체적으로 어떻게 활용했을까?

첫 번째 방법은 아래와 같이 버스 정보 오픈데이터 전체를 다운 받아 앱으로 예쁘게 만들어 서비스를 제공하는 방법이 있다. 누구나 쉽게 개방된 오픈 플랫폼에서 데이터를 다운받아 개인 사용 목적에 맞게 활용하면 된다. 그런데 이 방식에는 약간의 문제가 있다. 경기도 버스 정보는 버스 운영을 위한 효율적인 정책 방향에 따라 주기적으로 혹은 가끔씩 조정할 필요로 인해 운영 시간, 버스 노선, 정차역 등 제공하는 오픈데이터가 변경되는 경우가 있을 수 있다. 사용자 입장에서는 데이터가 언제 변경되는지 알 수도 없고 나중에 알았다면 다시 데이터를 다운받아야 하는 번거로움이 있다.

이를 해결하기 위한 방법이 오픈 API로 자료를 제공받아 서비스로 활용하는 것이다. 이 경우 프로그램이 요청할 때마다 데이터를 제공받을 수 있어서 변경 되는 버스 정보를 항상 최신 상태로 유지할 수 있다. 다만 프로그래밍 기술을 사용해야만 하는 단점이 있어 모든 사람들이 활용 하는 데는 일부 제약 사항이 있다. 어떤 방식을 선택하느냐는 오픈 데이터를 활용하는 사용자의 판단 기준에 맡기겠다.

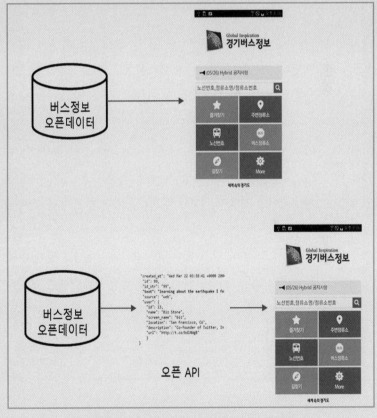

[그림] 데이터 다운로드(위)와 오픈 API (아래) 이해

구분	오픈데이터 다운로드	오픈 API
방법	파일로 데이터 전체를 다운 받음	요청할때 마다 데이터를 제공
장점	쉽게 사용 가능	변경된 데이터를 지속적으로 반영
단점	데이터가 변경되면?	프로그래밍 기술이 필요

[표] 오픈데이터 다운로드와 오픈 API 방식 비교

정리하면 오픈데이터 플랫폼에서 데이터를 제공받는 방식은 파일로 데이터 전체를 다운 받는 '오픈데이터 다운로드' 방식과 '오픈 API' 방법으로 나눌 수 있다. API는 구글이나 페이스북 로그인 방식에서 설명한 것과 같이 일반적으로 응용프로그램에서 운영체제나 프로그래밍 언어가 제공하는 기능을 제어할 수 있게 만든 인터페이스를 의미한다. 오픈데이터와 관련해서는 오픈데이터를 이용한 어플리케이션이 오픈데이터 제공 서버에 요청을 보내고 응답을 받기 위해 정의된 명세라고 이해하면 된다. 어플리케이션 개발자 입장에서 오픈 API는 큰 비용을 들이지 않고 대규모 데이터를 활용할 수 있는 수단이다. 최근 들어 오픈 API는 오픈데이터 활용 비즈니스에 있어 필수적인 요소로 자리잡고 있으며 활용 범위도 확장되고 있다. 오픈데이터 제공자 입장에서도 특히 데이터 양이 많거나 실시간 데이터처럼 자주 변동이 있는 데이터의 경우 API로 제공하는 것이 더 효율적일 수 있다.

| 더 진화된 인터넷 연결방법

팀 버너스리는 'Five Star Open Data'에서 별점을 이용해 오픈데이터

개방 단계와 효과를 언급했다. 이미 많은 국가 오픈데이터나 기관, 일반적인 웹사이트에서 정보를 공개하고 공유하는 방식은 별점 단계수준 1개~3개 별점에 해당하는 데 이런 유형의 데이터는 새로운 애플리케이션 혹은 서비스, 비즈니스 모델창출을 위해서 원(raw) 데이터의 가공과 정제에 많은 노력을 기울여야 한다. 그리고 서로 다른 정보원으로부터 동일 데이터인지 구별하는 데 또한 기술적, 비용적 노력을 필요로 한다.

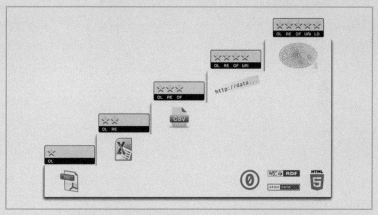

[그림] Five Star Open Data(자료 - http://5stardata.info/)

단계(수준)	개방 및 활용 상태
★	데이터를 웹상에 오픈 라이센스로 (포맷에 상관없이) 공개
★★	구조화된 데이터로 제공(예, 표를 스캔한 이미지 파일 대신 엑셀 파일)
★★★	비독점 포맷을 사용(예, 엑셀 파일 대신 CSV 파일)
★★★★	사람들이 가리킬 수 있도록 개체를 나타내기 위해 URI를 사용
★★★★★	데이터의 문맥과 배경을 제공하기 위해 다른 데이터와 링크

[표] 오픈데이터 수준 척도

이처럼 팀 버너스리는 현재 인터넷이 최초 그가 주장했던 환경과 달리, 대부분 인간이 이해하는 문장과 문서(텍스트.CSV.PDF 파일 등)가 하이퍼링크 된 '문서의 웹(Web of Document)'으로 되어있다고 이야기한다. 문서의 웹에서는 문서를 인간이 검색해 식별하고 이해해서 활용해야 하는데 웹상의 문서를 모두 찾기도 힘들고, 정확성도 떨어져 활용의 한계가 있다는 것이다. 이를 위해 데이터와 데이터베이스를 서로 연결하자는 링크된 오픈데이터(Linked Open Data, LOD) 프로젝트를 제안하면서 전 세계적으로 확대되고 있다. 링크드 오픈데이터는 오픈데이터 공유를 위한 인터넷 환경의 한계를 극복하기 위해 문서 단위가 아닌 기계가 이해할 수 있는 방법으로 문제를 해결해 보자는 것이다. 이를 통해 데이터를 의미 있게 하이퍼링크로 연결하는 '데이터의 웹(Web of Data)'으로 만들어 생활·비즈니스를 지원하는 데이터를 누구나 활용 가능한 형태로 개방해서 연결해 나가자는 기술 철학이다. 데이터를 소유가 아닌 공유·활용을 강조함으로 써 많은 참여자들이 오픈데이터를 필요에 따라 구조화하고 연결해 더 큰 가치를 만들어 나가자는 것이다.

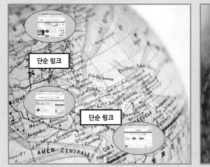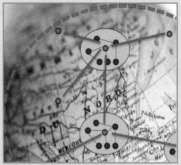

[그림] 기존 문서 웹(좌) LPD 기반 데이터 웹(우)

328

구분	데이터 다운로드	오픈 API	링크드 데이터
오픈데이터 형식	TXT, XLS, PDF	XML, JSON	RDF, SPARQL
오픈데이터 투명성	●●●	●●	●●●
서비스 안전성	●	●●●	●●
개발 난이도	●	●●●	●●
비즈니스활용도	●	●●●	●●

비고 − ●: 낮음, ●●: 중간, ●●●: 높음

[표] 오픈데이터 형식 비교

오픈데이토피아를 위한 오픈데이터 활용과 관련, 가장 바람직한 방법은 번거롭더라도 API와 데이터베이스 다운로드를 병행하는 방식이다. 기본적으로는 오픈데이터 포맷으로 데이터베이스를 제공하고 이용자가 이를 다운로드받아 자신의 시스템에 API를 구축하거나 자신들의 필요에 따라 활용할 수 있도록 하되 빠르게 변화하는 데이터나 엄청난 양의 데이터, 또는 데이터를 다루는데 있어 좀 더 고급의 기술이 필요해서 데이터를 그대로 공개했을 경우 활용이 폭이 적어질 수 있는 데이터의 경우에는 API를 함께 제공하는 것이다.

경우에 따라서는 데이터 조작의 위험성이 크거나 데이터 정확성이 민감하게 요구되는 경우에 다운로드 대신 API 만을 제공하여 데이터 관리를 고민해야 할 필요도 있을 수 있지만 이것이 원칙이 될 수는 없다. 수시로 업데이트되는 데이터의 경우 다운로드를 자주 받아야 하는 불편이 있을 수 있지만 자주 업데이트되는 파일명과 URL이 일관되게 지속되면

이를 업데이트하는 것이 큰 부담이 되지 않을 수도 있다. 한걸음 더 나아가 링크드 데이터를 통해 '사람만 이해하는 웹'에서 '기계가 이해하는 (의미처리) 웹'으로 전환하는 방법 기법으로, 데이터를 누구나 이용할 수 있는 형식으로 개방해 링크시켜 나가는 구조를 제공함으로써 오픈데이터의 효율성을 극대화 할 수 있을 것이다.

오픈데이토피아 시대 지구촌 시민들이 참여하는 대규모 공공 실험과 이를 통한 오픈데이터 개방은 이미 출발선을 넘어 섰다. 빅데이터, 인공지능과 결합된 오픈데이터는 상호운용성과 정보공유·분석이 다양한 분야에서 융합되고 확장될 것이며 이러한 진화는 4차 산업혁명 비즈니스를 추진하는 데 있어 중요한 핵심요소가 되어 시장과 세상을 변화시키는 또 다른 미래가 되고 있다.

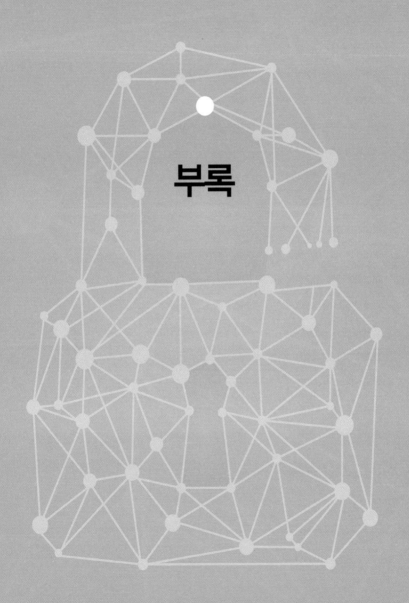

부록

국가 글로벌 오픈데이터 플랫폼

구분	주소	비고
미국 연방 정부 데이터포털	https://www.data.gov/	
영국 정부 오픈데이터	https://data.gov.uk/	
호주 정부 오픈데이터	http://data.gov.au/	
캐나다 정부 오픈데이터	http://open.canada.ca	
뉴질랜드 정부 오픈데이터	https://data.govt.nz/	
노르웨이 정부 오픈데이터	http://data.norge.no/	
러시아 정부 오픈데이터	https://opengovdata.ru/	
벨기에 정부 오픈데이터	http://data.belgium.be	
네덜란드 정부 오픈데이터	https://data.overheid.nl/	
칠레 정부 오픈데이터	http://datos.gob.cl/	
이탈리아 정부 오픈데이터	http://www.dati.gov.it/	
스페인 정부 오픈데이터	http://datos.gob.es/	
프랑스 정부 오픈데이터	http://www.data.gouv.fr/	
오스트리아 정부 오픈데이터	https://www.data.gv.at/	
인도 정부 오픈데이터	http://data.gov.in/	
유럽연합 오픈데이터	https://data.europa.eu	
런던시 데이터스토어	https://data.london.gov.uk/	
뉴욕시 오픈데이터 포털	https://data.ny.gov/	

기관 글로벌 오픈데이터 플랫폼

구 분	주 소	비고
오픈 지식 재단	https://okfn.org	
오픈데이터 연구소	http://theodi.org/	
오픈데이터 재단	http://www.opendatafoundation.org	
오픈데이터 500	http://www.opendata500.com/	
오픈 거버먼트 데이터그룹	https://opengovernmentdata.org/	
세계오픈 정부 파트너십	http://www.opengovpartnership.org/	
글로벌 오픈데이터 플랫폼	https://ckan.org/	
오픈바로메타	http://opendatabarometer.org/	
UN 오픈데이터	http://data.un.org/	
세계은행 오픈데이터	http://data.worldbank.org/	
유럽원자핵공동연구소(CERN)	http://opendata.cern.ch/	
미 우주 항공국 NASA	https://data.nasa.gov/	
미국 식약처 오픈데이터	https://open.fda.gov/	
오픈스트리트맵	https://www.openstreetmap.org/	지리정보
소크라타	https://socrata.com/	플랫폼
오픈데이터 네트워크	https://www.opendatanetwork.com/	플랫폼
오픈뱅크	http://www.openbankproject.com/	금융
사이언스 오픈	https://www.scienceopen.com/	과학
오픈 스펜딩	https://openspending.org	세금
칸아카데미	https://www.khanacademy.org/	교육
코세라	https://www.coursera.org/	교육
요다 프로젝트	http://yoda.yale.edu/	의학

올 트라이얼	http://www.alltrials.net/	의학
오픈 헬스 IT	https://www.osehra.org/	의학
갤럭시 주	https://www.galaxyzoo.org/	과학
주니버스	https://www.zooniverse.org/	우주과학
아크GIS	https://opendata.arcgis.com/	지리정보
세계생물다양성정보기구	http://www.gbif.org/	식물정보

국내 오픈데이터 플랫폼

구 분	주소	비고
대한민국정부포털	https://www.korea.go.kr/	
대한민국정부공공데이터포털	https://www.data.gov/	
국가지표체계 포털	http://www.index.go.kr	
공공데이터전략위원회	http://www.odsc.go.kr	
국가통계포털	http://kosis.kr/	
공공데이터조정위원회	http://www.odmc.or.kr	
오픈지식한국재단	http://okfn.kr/	
국가정보공개	https://www.open.go.kr/	
국가빅데이터	http://www.bigdata.go.kr/	
국가데이터베이스	http://koreadb.data.go.kr/	
국가빅데이터센터	https://kbig.kr/	
국가통계마이크로 데이터포털	https://mdis.kostat.go.kr	
통계지리정보서비스	https://sgis.kostat.go.kr	지리

공공누리	http://www.kogl.or.kr/	플랫폼
빅 카인즈	http://www.bigkinds.or.kr/	뉴스분석
오픈 컬처링	http://www.culturing.kr/	역사,문화
국가건강정보	http://health.mw.go.kr/	보건의료
보건의료빅데이터개방시스템	http://opendata.hira.or.kr/	보건의료
국민건강알림서비스	http://forecast.nhis.or.kr	보건의료
한반도의 생물다양성	http://species.nibr.go.kr	농업/생물
과학기술정보통합서비스	http://www.ndsl.kr	과학기술
과학기술유통플랫폼	http://nos.ndsl.kr/	과학기술
한국학술정보	http://kiss.kstudy.com/	과학기술
오픈액세스 코리아	http://www.oak.go.kr	과학기술
국가과학기술지식정보	http://www.ntis.go.kr	과학기술
국토지리정보원	http://www.ngii.go.kr	지리정보
국토정보플랫폼	http://map.ngii.go.kr	지리정보
국가공간정보통합서비스	http://www.nsdi.go.kr/	지리정보
부동산정보	http://www.onnara.go.kr/	지리정보
공간정보오픈플랫폼	http://map.vworld.kr/	지리정보
법원종합법률정보	http://glaw.scourt.go.kr	법률정보
국가법령정보센터	http://www.law.go.kr/	법률정보
식품안전나라	http://www.foodsafetykorea.go.kr	식품안전
온라인의약도서관	http://drug.mfds.go.kr/	보건의료
독성정보제공	http://www.nifds.go.kr/	보건의료
서울 열린데이터광장	http://data.seoul.go.kr/	지역
서울시 행정공개	http://opengov.seoul.go.kr/	지역

강원공공데이터	http://data.gwd.go.kr/	지역
경기데이터드림	http://data.gg.go.kr	지역
한국도로공사공공데이터	http://data.ex.co.kr/	교통정보
국가교통정보센터	http://www.its.go.kr/	교통정보
국가위험물정보제공	http://hazmat.mpss.kfi.or.kr/	생활
국가재난안전	https://data.mpss.go.kr	생활
관세청전자통관서비스	https://call.customs.go.kr/crmcc/	생활
민원24	http://www.minwon.go.kr	생활
배움나라	http://www.estudy.or.kr	생활
건축행정세움터	http://www.eais.go.kr/	생활
네이버데이터랩	http://datalab.naver.com/	기업